Handgun Cartridge Databook

By

John E. Parnell

ISBN 978-1625129970

© 2013 Tutor Turtle Press, LLC

Tutor Turtle Press, LLC

1027 S. Pendleton St., Suite B-10, Easley, SC 29642

info@TutorTurtlePress.com

(864) 553 - 1533

ALL RIGHTS RESERVED. This book contains material protected under International and Federal Copyright Laws and Treaties. Any unauthorized reprint or use of this material is prohibited. No part of this book may be reproduced or transmitted in any form or by any means, electronic or mechanical, including photocopying, recording, or by any information storage and retrieval system without express written permission from the author / publisher.

SMOKELESS POWDER PROPERTIES AND STORAGE

SAAMI

SPORTING ARMS AND AMMUNITION MANUFACTURERS' INSTITUTE, INC. 555 DANBURY RD. WILTON, CT 06897

Ammunition handloading has become increasingly popular in recent years. This article discusses properties of smokeless powder and offers recommendations for its storage.

This article is intended to increase the knowledge of all concerned individuals and groups regarding smokeless powder. The statements and recommendations made are not intended to supersede local, state or Federal regulations. Proper authorities should be consulted on regulations for storage and use of smokeless powder in each specific community. A second leaflet entitled *"SPORTING AMMUNITION PRIMERS: PROPERTIES, HANDLING & STORAGE FOR HANDLOADING"* supplements this leaflet on smokeless powder.

PROPERTIES OF SMOKELESS POWDER

Smokeless powders, or propellants, are essentially mixtures of chemicals designed to burn under controlled conditions at the proper rate to propel a projectile from a gun. Smokeless powders are made in three forms:

1. Thin, circular flakes or wafers
2. Small cylinders
3. Small spheres

Single-base smokeless powders derive their main source of energy from nitrocellulose. The energy released from double-base smokeless powders is derived from both nitrocellulose and nitroglycerin.

All smokeless powders are extremely flammable; by design, they are intended to burn rapidly and vigorously when ignited.

Oxygen from the air is not necessary for the combustion of smokeless powders since they contain sufficient built-in oxygen to burn completely, even in an enclosed space such as the chamber of a firearm.

In effect, ignition occurs when the powder granules are heated above their ignition temperature. This can occur by exposing powder to:

1. A flame such as a match or primer flash.
2. An electrical spark or the sparks from welding, grinding, etc.
3. Heat from an electric hot plate or a fire directed against or near a closed container even if the powder itself is not exposed to the flame. When smokeless powder burns, a great deal of gas at high temperature is formed. If the powder is confined, this gas will create pressure in the surrounding structure. The rate of gas generation is such, however, that the pressure can be kept at a low level if sufficient space is available, or if the gas can escape.

In this respect smokeless powder differs from blasting agents or high explosives such as dynamite or blasting gelatin, although smokeless powder may contain chemical ingredients common to some of these products.

High explosives such as dynamite are made to detonate, that is, to change from solid state to gaseous state with evolution of intense heat at such a rapid rate that shock waves are propagated through any medium in contact with them. Such shock waves exert pressure on anything they contact, and, as a matter of practical consideration, it is almost impossible to satisfactorily vent away the effects of a detonation involving any appreciable quantity of dynamite.

Smokeless powder differs considerably in its burning characteristics from common "black powder."

Black powder burns essentially at the same rate out in the open (unconfined) as when in a gun. When ignited in an unconfined state, smokeless powder burns inefficiently with an orange-colored flame. It produces a considerable amount of light brown noxious smelling smoke. It leaves a residue of ash and partially burned powder. The flame is hot enough to cause severe burns.

The opposite is true when it burns under pressure as in a cartridge fired in a gun. Then it produces very little smoke, a small glow, and leaves very little or no residue. The burning rate of smokeless powder increases with increased pressure.

If burning smokeless powder is confined, gas pressure will rise and eventually can cause the container to burst. Under such circumstances, the bursting of a strong container creates effects similar to an explosion.

For this reason, the Department of Transportation (formerly Interstate Commerce Commission) sets specifications for shipping containers for propellants and requires tests of loaded containers - under actual fire conditions - before approving them for use. When smokeless powder in D.O.T.-approved containers is ignited during such tests, container seams split open or lids pop off - to release gases and powder from confinement at low pressure.

HOW TO CHECK SMOKELESS POWDER FOR DETERIORATION

Although modern smokeless powders are basically free from deterioration under proper storage conditions, safe practices require a recognition of the signs of deterioration and its possible effects.

Powder deterioration can be checked by opening the cap on the container and smelling the contents. Powder undergoing deterioration has an irritating acidic odor. (Don't confuse this with common solvent odors such as alcohol, ether and acetone.)

Check to make certain that powder is not exposed to extreme heat as this may cause deterioration. Such exposure produces an acidity which accelerates further reaction and has been known, because of the heat generated by the reaction, to cause spontaneous combustion. Never salvage powder from old cartridges and do not attempt to blend salvaged powder with new powder. Don't accumulate old powder stocks.

The best way to dispose of deteriorated smokeless powder is to burn it out in the open at an isolated location in small shallow piles (not over 1" deep). The quantity burned in any one pile should never exceed one pound. Use an ignition train of slow burning combustible material so that the person may retreat to a safe distance before powder is ignited.

CONSIDERATIONS FOR STORAGE OF SMOKELESS POWDER

Smokeless powder is intended to function by burning, so it must be protected against accidental exposure to flame, sparks or high temperatures.

For these reasons, it is desirable that storage enclosures be made of insulating materials to protect the powder from external heat sources.

Once smokeless powder begins to burn, it will normally continue to burn (and generate gas pressure) until it is consumed.

D.O.T.-approved containers are constructed to open up at low internal pressures to avoid the effects normally produced by the rupture or bursting of a strong container.

Storage enclosures for smokeless powder should be constructed in a similar manner:

1. Of fire-resistant and heat-insulating materials to protect contents from external heat.

2. Sufficiently large to satisfactorily vent the gaseous products of combustion which would result if the quantity of smokeless powder within the enclosure accidentally ignited.

If a small, tightly enclosed storage enclosure is loaded to capacity with containers of smokeless powder, the walls of the enclosure will expand to move outwards to release the gas pressure - if the powder in storage is accidentally ignited. Under such conditions, the effects of the release of gas pressure are similar or identical to the effects produced by an explosion. Hence, only the smallest practical quantities of smokeless powder should be kept in storage, and then in strict compliance with all applicable regulations and recommendations of the National Fire Protection Association (reprinted at end of article).

RECOMMENDATIONS FOR STORAGE OF SMOKELESS POWDER

STORE IN A COOL, DRY PLACE. Be sure the storage area selected is free from any possible sources of excess heat and is isolated from open flame, furnaces, hot water heaters, etc. Do not store smokeless powder where it will be exposed to the sun's rays. Avoid storage in areas where mechanical or electrical equipment is in operation. Restrict from the storage areas heat or sparks which may result from improper, defective or overloaded electrical circuits.

DO NOT STORE SMOKELESS POWDER IN THE SAME AREA WITH SOLVENTS, FLAMMABLE GASES OR HIGHLY COMBUSTIBLE MATERIALS.

STORE ONLY IN DEPARTMENT OF TRANSPORTATION APPROVED CONTAINERS. Do not transfer the powder from an approved container into one which is not approved.

DO NOT SMOKE IN AREAS WHERE POWDER IS STORED OR USED. Place appropriate "No Smoking" signs in these areas.

DO NOT SUBJECT THE STORAGE CABINETS TO CLOSE CONFINEMENT.

STORAGE CABINETS SHOULD BE CONSTRUCTED OF INSULATING MATERIALS AND WITH A WEAK WALL, SEAMS OR JOINTS TO PROVIDE AN EASY MEANS OF SELF-VENTING.

DO NOT KEEP OLD OR SALVAGED POWDERS. Check old powders for deterioration regularly. Destroy deteriorated powders immediately.

OBEY ALL REGULATIONS REGARDING QUANTITY AND METHODS OF STORING. Do not store all your powders in one place. If you can, maintain separate storage locations. Many small containers are safer than one or more large containers.

KEEP YOUR STORAGE AND USE AREA CLEAN. Clean up spilled powder promptly. Make sure the surrounding area is free of trash or other readily combustible materials.

KNOWING THE FOLLOWING RECOMMENDATIONS ON STORAGE AND HANDLING ISSUED BY THE NATIONAL FIRE PROTECTION ASSOCIATION

BATTERY MARCH PARK QUINCY, MA 02269 AND REPRINTED WITH THEIR PERMISSION:

NFPA 495 Code for the Manufacture, Transportation, Storage and Use of Explosive Materials 1985 Edition

This edition of NFPA 495, Code for the Manufacture, Transportation, Storage, and Use of Explosive Materials, was prepared by the Technical Committee on Explosives, released by the Correlating Committee on Chemicals and Explosives, and acted on by the National Fire Protection Association, Inc. at its Annual Meeting held May 13-17, 1985, in Chicago, Illinois. It was issued by the Standards Council on June 6, 1985, with an effective date of June 26, 1985, and supersedes all previous editions.

The 1985 edition of this standard has been approved by the American National Standards Institute.

Changes other than editorial are indicated by a vertical rule in the margin of the pages on which they appear. These lines are included as an aid to the user in identifying changes from the previous edition.

Origin and Development of NFPA 495

This Code, originally developed by the Committee on Hazardous Chemicals and Explosives, was first adopted by the NFPA in 1959. Following reorganization of the Committee in 1960, NFPA 495 was assigned to the Technical Committee on Explosives. Amendments were adopted in 1963, 1965, 1967, 1968, 1969, and 1970. A complete revision was adopted in 1972, and this complete revision was amended in 1973.

In 1976, the Technical Committee on Explosives began a detailed review of the 1973 edition, primarily to amend its requirements so that there were no conflicts with the regulations promulgated by the various federal agencies concerned with explosive materials (U.S. Bureau of Alcohol, Tobacco, and Firearms, U.S. Mine Safety and Health Administration, U.S. Department of Transportation, etc.) This review, plus editorial and minor technical amendments, resulted in this 1982 edition of NFPA 495.

Chapter 10. Small Arms Ammunition and Primers, Smokeless Propellants, and Black Powder Propellants

10-1 Basic Requirements.

10-1.1 In addition to all other applicable requirements of this Code, intrastate transportation of small arms ammunition, small arms primers, smokeless propellants, and black powder shall comply with U.S. Department of Transportation Hazardous Materials Regulations.

10-1.2 This chapter applies to channels of distribution of and to the users of small arms ammunition, small arms primers, smokeless propellants, and black powder.

10-1.3 This chapter does not apply to in-process storage and intra-plant transportation during manufacture.

10-1.4 This chapter applies to the transportation and storage of small arms ammunition and components.

10-1.5 This chapter does not apply to safety procedures in the use of small arms ammunition and components.

10-3 Smokeless Propellants

10-3.1 Quantities of smokeless propellants not exceeding 25 lb. (11.3 kg), in shipping containers approved by the U.S. Department of Transportation, may be transported in a private vehicle.

10-3.2 Quantities of smokeless propellants exceeding 25 lb (11.3 kg) but not exceeding 50 lb. (22.5 kg), transported in a private vehicle, shall be transported in a portable magazine having wood walls of at least 1-in. (25.4 mm) nominal thickness.

10-3.3 Transportation of more than 50 lb. (22.7 kg) of smokeless propellants in a private vehicle is prohibited.

10-3.4 Commercial shipments of smokeless propellants in quantities not exceeding 100 lb. (45.4 kg) are classified for transportation purposes as flammable solids when packaged according to U.S. Department of Transportation Hazardous Materials Regulations (Title 49, Code of Federal Regulations, Part 173.197a) and shall be transported accordingly.

10-3.5 Commercial shipments of smokeless propellants exceeding 100 lb. (45.4 kg) or not packaged in accordance with the regulations cited in 10-3.4 shall be transported according to U.S. Department of Transportation regulations for Class B propellant explosives.

10-3.6 Smokeless propellants shall be stored in shipping containers specified by U.S. Department of Transportation Hazardous Materials Regulations.

10-3.7 Smokeless propellants intended for personal use in quantities not exceeding 20 lb. (9.1 kg) may be stored in original containers in residences. Quantities exceeding 20 lb. (9.1 kg), but not exceeding 50 lb. (22.7 kg), may be stored in residences if kept in a wooden box or cabinet having walls of at least 1-in. (25.4 mm) nominal thickness.

10-3.8 Not more than 20 lb. (9.1 kg) of smokeless propellants, in containers of 1-lb. (0.45 kg) maximum capacity, shall be displayed in commercial establishments.

10-3.9 Commercial stocks of smokeless propellants shall be stored as follows:

(a) Quantities exceeding 20 lb. (9.1 kg), but not exceeding 100 lb. (45.4 kg), shall be stored in potable wooden boxes having walls of at least 1-in. (25.4 mm) thickness.

(b) Quantities exceeding 100 lb (45.4 kg), but not exceeding 900 lb. (363 kg), shall be stored in nonportable storage cabinets having walls of at least 1-in. (25.4 mm) thickness. Not more than 400 lb. (181 kg) may be stored in any one cabinet and cabinets shall be separated by a distance of at least 25 ft. (7.63 m) or by a fire partition having a fire endurance of at least 1 hour.

(c) Quantities exceeding 800 lb. (363 kg), but not exceeding 5,000 lb. (2268 kg), may be stored in a building if the following requirements are met:

1. The warehouse or storage room shall not be accessible to unauthorized personnel.

2. Smokeless propellant shall be stored in nonportable storage cabinets having wood walls at least 1 in. (25.4 mm) thick and having shelves with no less than 3 ft. (0.92 m) separation between shelves.

3. No more than 400 lb. (181 kg) shall be stored in any one cabinet.

4. Cabinets shall be located against walls of the storage room or warehouse with at least 40 ft. (12.2 m) between cabinets.

5. Separation between cabinets may be reduced to 20 ft. (6.1 m) if barricades twice the height of the cabinets are attached to the wall, midway between each cabinet. The barricades shall extend at least 10 ft. (3 m) outward, shall be firmly attached to the wall, and shall be constructed of 1/2 in. (6.4 mm) boiler plate, 2-in. (55 mm) thick wood, brick or concrete block.

6. Smokeless propellant shall be separated from materials classified by the US Department of Transportation as flammable liquids, flammable solids, and oxidizing materials by a distance of 25 ft. (7.63 m) or by a fire partition having a fire endurance of at least 1 hour.

7. The building shall be protected by an automatic sprinkler system installed according to NFPA 13, Standard for the Installation of Sprinkler Systems.

(d) Smokeless propellants not stored according to (a), (b) and (c) above shall be stored in a Type 4 magazine constructed and located according to Chapter 6. Reprinted with permission from MFPA 495-1985, Code for the

Manufacture, Transportation, Storage and Use of Explosive Materials, Copyright © 1985, National Fire Protection Association, Quincy, MA 02269. This reprinted material is not the complete and official position of the NFPA on the referenced subject which is represented only by the standard in its entirety.

WARNING

The information contained in this manual, including ballistic data, was derived from tightly controlled laboratory conditions. This information and data may vary considerably depending on many factors, including the components used, component assembly, the type of firearm used, reloading techniques, safety precautions practiced, etc.

Never mix any two powders regardless of type, brand, or source. Never substitute any smokeless powder for Black Powder or its substitute.

Tutor Turtle Press LLC and the Author expressly disclaims any and all warranties with respect to any and all products sold or distributed by it, the safety or suitability thereof, or the results obtained including, without limitation, any implied warranty of merchantability or fitness for a particular purpose and/or any other warranty. Buyers and users of this databook assume all risk, responsibility and liability whatsoever for any and all injuries (including death), losses or damages to persons or property (including consequential damages), arising from the use of any product or data, whether or not occasioned by seller's negligence or based on strict liability or principles of indemnity or contribution. Tutor Turtle Press LLC and the Author neither assumes nor authorizes any person to assume for it any liability in connection with the use of any product or data.

The individual accessing this databook assumes the risk of safe loading practices. Failure to do so could result in severe personal injury (or death) and/or property damage.

REDUCE RIFLE AND HANDGUN CHARGE WEIGHTS BY 10% TO ESTABLISH A STARTING LOAD.

DO NOT EXCEED THE LOADS LISTED IN THIS DATABOOK.

Table of Contents

17 Bumble Bee	1
22 Remington Jet	1
22 Hornet	1
22 K Hornet	2
221 Fireball	3
222 Remington	3
223 Remington	4
22 BR Remington	7
6mm TCU	8
6mm-204 RR	9
6mm BR Remington	9
243 Winchester	11
25 ACP	13
25-35 Winchester	13
256 Winchester	14
6.5mm TCU	14
6.5mm BR	15
6.5mm JDJ	16
270 Ren	17
270 Winchester	17
7mm TCU	18
7mm BR Remington	19
7-30 Waters	21
7mm IHMSA	22
7mm-08 Remington	24
30 Luger (7.65mm Parabellum)	25
30 Carbine	25
30 Herrett	26
30-30 Winchester	26
308 Winchester	27
30-06	30
32 ACP	32
32 S&W	32
32 S&W Long	32
32 North American Arms	33
32 H&R Magnum	33
32-20 Winchester	35
327 Federal Magnum	36
380 Auto	38
38 S&W	39
38 Short Colt	38
38 Long Colt	38
9mm Luger	39
38 Super Auto	42
38 Super Auto +P	45
9x23 mm Winchester	45
38 Special	45
38 Special +P	48
357 SIG	50
357 Magnum	51
357-44 Bain & Davis	55
357 Remington Maximum	55
357 Herrett	56
35 Remington	56
9 x 18mm Makarov	57
375 Super Mag	57

375 JDJ	57
38-40 Winchester	58
40 S&W	58
10mm Auto	62
41 Action Express	63
41 Remington Magnum	63
44 Colt	65
44 Russian	66
44 S&W Special	66
44-40 Winchester	68
44 Remington Magnum	69
44 Auto Mag	73
445 Super Mag	74
444 Marlin	74
45 S&W (Schofield)	75
45 GAP (Glock Auto)	76
45 ACP	76
45 SUPER	80
460 Rowland	80
45 Colt	81
45 Colt (Ruger, Freedom Arms & T/C only)	84
45 Winchester Magnum	85
450 Extreme	85
454 Casull	86
460 S&W MAGNUM	88
45-70 Government	89
480 Ruger	90
475 Linebaugh	91
50 Action Express	91
500 Linebaugh	92
500 Wyoming Express	92
500 S&W Magnum	93

There are four books in the Reloading Series:

Reloading Logbook	(ISBN 978-1625124395)		$9.95
Handgun Cartridge Databook	(ISBN 978-1625129970)		$9.95
Rifle Cartridge Databook	(ISBN 978-1625129987)		$14.95
Shot Shell Databook	(ISBN 978-1625129994)		$19.95

The books are available from your favorite online or brick-and-mortar bookstore, your favorite gun shop, or directly from the publisher:

Tutor Turtle Press, LLC
1027 S. Pendleton St., Suite B-10
Easley, SC 29642

www.TutorTurtlePress.com

Cartridge: 17 Bumble Bee
Load Type: Pistol

Bullet Weight (Gr.)	Manufacturer	Powder	Bullet Diam.	C.O.L.	Starting Loads Grs.	Starting Loads Vel. (ft/s)	Starting Loads Pressure	Maximum Loads Grs.	Maximum Loads Vel. (ft/s)	Maximum Loads Pressure
25 GR. HDY HP	Hodgdon	H4227	.172"	1.290"	6.0	2033		7.0	2331	
25 GR. HDY HP	Hodgdon	H110	.172"	1.290"	6.0	2241		6.8	2455	

Cartridge: 22 Remington Jet
Load Type: Pistol

Bullet Weight (Gr.)	Manufacturer	Powder	Bullet Diam.	C.O.L.	Starting Loads Grs.	Starting Loads Vel. (ft/s)	Starting Loads Pressure	Maximum Loads Grs.	Maximum Loads Vel. (ft/s)	Maximum Loads Pressure
40 GR. HDY JET	IMR	IMR 4227	.222"	1.550"				13.5	2290	32,900 CUP
40 GR. HDY JET	Hodgdon	H110	.222"	1.550"	10.0	1892		11.0	2019	
40 GR. HDY JET	IMR	SR 4756	.222"	1.550"				6.7	1925	
40 GR. HDY JET	Hodgdon	HS-6	.222"	1.550"	6.5	1769		7.5	1883	31,200 CUP

Cartridge: 22 Hornet
Load Type: Pistol

Bullet Weight (Gr.)	Manufacturer	Powder	Bullet Diam.	C.O.L.	Starting Loads Grs.	Starting Loads Vel. (ft/s)	Starting Loads Pressure	Maximum Loads Grs.	Maximum Loads Vel. (ft/s)	Maximum Loads Pressure
35 GR. HDY V-MAX	Hodgdon	H4227	.224"	1.725"	10.5	2579	35,600 CUP	11.6C	2770	42,500 CUP
35 GR. HDY V-MAX	Winchester	296	.224"	1.725"	11.0	2616	32,700 CUP	12.3	2861	41,400 CUP
35 GR. HDY V-MAX	Hodgdon	H110	.224"	1.725"	11.0	2616	32,700 CUP	12.3	2861	41,400 CUP
35 GR. HDY V-MAX	Hodgdon	Lil'Gun	.224"	1.725"	12.0	2641	22,000 CUP	13.0	2770	24,000 CUP
40 GR. SPR SP	Hodgdon	H4227	.224"	1.725"	9.0	2403	39,900 CUP	10.2	2458	43,000 CUP
40 GR. SPR SP	Winchester	296	.224"	1.725"	10.0	2484	32,400 CUP	11.2	2652	41,800 CUP
40 GR. SPR SP	Hodgdon	H110	.224"	1.725"	10.0	2484	32,400 CUP	11.2	2652	41,800 CUP
40 GR. SPR SP	Hodgdon	Lil'Gun	.224"	1.725"	12.0	2646	24,900 CUP	13.0	2793	28,400 CUP
45 GR. BAR XBT	Hodgdon	H4198	.224"	1.850"	10.5	2010	31,500 CUP	11.5C	2261	36,900 CUP
45 GR. BAR XBT	Hodgdon	H4227	.224"	1.850"	8.5	2189	37,000 CUP	9.8	2339	42,700 CUP
45 GR. BAR XBT	Winchester	296	.224"	1.850"	9.0	2279	35,200 CUP	9.9	2403	40,400 CUP
45 GR. BAR XBT	Hodgdon	H110	.224"	1.850"	9.0	2279	35,200 CUP	9.9	2403	40,400 CUP
45 GR. BAR XBT	Hodgdon	Lil'Gun	.224"	1.850"	12.0	2642	35,700 CUP	13.0	2803	38,500 CUP
45 GR. HDY SP	Hodgdon	H4198	.224"	1.750"	10.5	2002	28,000 CUP	11.5C	2200	32,000 CUP
45 GR. HDY SP	Hodgdon	H4227	.224"	1.750"	8.5	2202	39,900 CUP	9.8	2349	42,000 CUP
45 GR. HDY SP	Winchester	296	.224"	1.750"	9.0	2134	33,500 CUP	10.4	2382	43,000 CUP
45 GR. HDY SP	Hodgdon	H110	.224"	1.750"	9.0	2134	33,500 CUP	10.4	2382	43,000 CUP
45 GR. HDY SP	Hodgdon	Lil'Gun	.224"	1.750"	12.0	2532	26,500 CUP	13.0	2637	31,600 CUP
50 GR. SIE SP	Hodgdon	H4198	.224"	1.850"	10.5	2007	28,200 CUP	11.5C	2203	34,100 CUP
50 GR. SIE SP	Hodgdon	H4227	.224"	1.850"	8.4	2120	39,700 CUP	9.4	2270	41,800 CUP
50 GR. SIE SP	Winchester	296	.224"	1.850"	9.0	2147	37,500 CUP	10.0	2292	42,300 CUP
50 GR. SIE SP	Hodgdon	H110	.224"	1.850"	9.0	2147	37,500 CUP	10.0	2292	42,300 CUP

Bullet Weight (Gr.)	Manufacturer	Powder	Bullet Diam.	C.O.L.	Grs.	Vel. (ft/s)	Pressure	Grs.	Vel. (ft/s)	Pressure
50 GR. SIE SP	Hodgdon	Lil'Gun	.224"	1.850"	12.0	2501	31,600 CUP	13.0	2659	35,300 CUP
53 GR. BAR XFB	Hodgdon	H4198	.224"	1.850"	10.0	1859	31,600 CUP	11.0	2098	40,600 CUP
53 GR. BAR XFB	Hodgdon	H4227	.224"	1.850"	8.0	1943	37,600 CUP	8.7	2068	43,000 CUP
53 GR. BAR XFB	Winchester	296	.224"	1.850"	8.0	2048	38,300 CUP	9.0	2110	41,000 CUP
53 GR. BAR XFB	Hodgdon	H110	.224"	1.850"	8.0	2048	38,300 CUP	9.0	2110	41,000 CUP
53 GR. BAR XFB	Hodgdon	Lil'Gun	.224"	1.850"	11.0	2350	32,800 CUP	12.0	2537	39,000 CUP
55 GR. HDY SP	Hodgdon	H4198	.224"	1.850"	10.0	1846	30,000 CUP	11.5	2182	41,000 CUP
55 GR. HDY SP	Hodgdon	H4227	.224"	1.850"	8.0	1987	41,800 CUP	9.0	2151	43,000 CUP
55 GR. HDY SP	Hodgdon	Lil'Gun	.224"	1.850"	12.0	2528	39,400 CUP	13.0	2681	42,900 CUP

Cartridge: 22 K Hornet
Load Type: Pistol

Bullet Weight (Gr.)	Manufacturer	Powder	Bullet Diam.	C.O.L.	Starting Loads			Maximum Loads		
					Grs.	Vel. (ft/s)	Pressure	Grs.	Vel. (ft/s)	Pressure
35 GR. HDY V-MAX	Hodgdon	H4227	.224"	1.725"	11.0	2747	39,500 CUP	12.3	2924	46,000 CUP
35 GR. HDY V-MAX	Hodgdon	H110	.224"	1.725"	11.5	2779	35,100 CUP	12.8	3009	45,500 CUP
35 GR. HDY V-MAX	Hodgdon	Lil'Gun	.224"	1.725"	12.5	2858	29,900 CUP	13.5	2935	35,300 CUP
40 GR. NOS BT	Hodgdon	H4227	.224"	1.900"	11.0	2644	37,500 CUP	12.2C	2822	45,500 CUP
40 GR. NOS BT	Hodgdon	H110	.224"	1.900"	11.5	2636	33,100 CUP	12.9	2940	45,600 CUP
40 GR. NOS BT	Hodgdon	Lil'Gun	.224"	1.900"	12.5	2695	29,400 CUP	13.5	2817	33,800 CUP
45 GR. BAR XBT	Hodgdon	H4227	.224"	1.850"	10.5	2502	40,900 CUP	11.3	2619	45,300 CUP
45 GR. BAR XBT	Hodgdon	H110	.224"	1.850"	10.5	2524	38,700 CUP	11.2	2640	45,300 CUP
45 GR. BAR XBT	Hodgdon	Lil'Gun	.224"	1.850"	12.0	2672	36,700 CUP	13.0	2859	40,200 CUP
45 GR. SPR SP	Hodgdon	H4227	.224"	1.750"	10.7	2520	40,700 CUP	11.7	2669	45,500 CUP
45 GR. SPR SP	Hodgdon	H110	.224"	1.750"	11.5	2658	37,000 CUP	12.4	2761	45,500 CUP
45 GR. SPR SP	Hodgdon	Lil'Gun	.224"	1.750"	12.0	2568	28,100 CUP	13.2	2744	35,800 CUP
50 GR. SIE BK	Hodgdon	H4198	.224"	1.900"	11.5	2201	30,100 CUP	12.5C	2386	38,700 CUP
50 GR. SIE BK	Hodgdon	H4227	.224"	1.900"	10.0	2375	40,200 CUP	11.0	2520	45,700 CUP
50 GR. SIE BK	Hodgdon	H110	.224"	1.900"	10.4	2416	37,900 CUP	11.1	2552	45,800 CUP
50 GR. SIE BK	Hodgdon	Lil'Gun	.224"	1.900"	12.0	2542	34,300 CUP	13.0	2751	40,700 CUP
53 GR. BAR XFB	Hodgdon	H4198	.224"	1.850"	11.5	2153	30,200 CUP	12.5C	2335	42,600 CUP
53 GR. BAR XFB	Hodgdon	H4227	.224"	1.850"	9.5	2240	39,000 CUP	10.5	2357	45,900 CUP
53 GR. BAR XFB	Hodgdon	H110	.224"	1.850"	9.5	2247	40,300 CUP	10.2	2340	46,100 CUP
53 GR. BAR XFB	Hodgdon	Lil'Gun	.224"	1.850"	11.5	2446	38,700 CUP	12.3	2571	45,700 CUP
55 GR. HDY SP	Hodgdon	H4198	.224"	1.850"	11.5	2167	31,100 CUP	12.5C	2352	39,400 CUP
55 GR. HDY SP	Hodgdon	H4227	.224"	1.850"	10.0	2313	43,400 CUP	11.0	2443	46,100 CUP

Cartridge: 221 Fireball
Load Type: Pistol

Bullet Weight (Gr.)	Manufacturer	Powder	Bullet Diam.	C.O.L.	Starting Loads Grs.	Starting Loads Vel. (ft/s)	Starting Loads Pressure	Maximum Loads Grs.	Maximum Loads Vel. (ft/s)	Maximum Loads Pressure
40 GR. SPR SP	Hodgdon	H4227	.224"	1.830"	15.5	2925		17.0	3033	
40 GR. SPR SP	Hodgdon	H110	.224"	1.830"	13.0	2714		14.0	2933	
45 GR. HDY SP	IMR	IMR 4198	.224"	1.830"				17.7C	2575	44,500 CUP
45 GR. HDY SP	Hodgdon	H4198	.224"	1.840"	16.0	2451		17.0	2632	
45 GR. HDY SP	IMR	IMR 4227	.224"	1.840"	15.0	2451		16.0	2697	
45 GR. HDY SP	Hodgdon	H4227	.224"	1.840"	15.0	2592		16.0	2697	
45 GR. HDY SP	Hodgdon	H110	.224"	1.840"	13.0	2553		14.0	2714	
50 GR. NOS BT	IMR	IMR 4198	.224"	1.850"				16.7C	2380	44,000 CUP
50 GR. NOS BT	Hodgdon	H4198	.224"	1.850"	15.5	2412		16.5	2539	
50 GR. NOS BT	IMR	IMR 4227	.224"	1.850"	15.0	2449		16.0	2672	
50 GR. NOS BT	Hodgdon	H4227	.224"	1.850"	15.0	2582		16.0	2672	
50 GR. NOS BT	Hodgdon	H110	.224"	1.850"	12.5	2520		13.5	2637	
53 GR. SIE HPBT	Hodgdon	H4198	.224"	1.840"	15.5	2343		16.5	2537	
53 GR. SIE HPBT	Hodgdon	H4227	.224"	1.840"	15.0	2449		16.0	2603	
53 GR. SIE HPBT	Hodgdon	H110	.224"	1.840"	12.0	2492		13.0	2619	
55 GR. SPR SP	IMR	IMR 4198	.224"	1.830"				16.4C	2315	51,700 CUP
55 GR. SPR SP	Hodgdon	H4198	.224"	1.830"	15.0	2261		16.0	2441	
55 GR. SPR SP	IMR	IMR 4227	.224"	1.830"	14.5	2418		15.5	2503	
55 GR. SPR SP	Hodgdon	H4227	.224"	1.830"	14.5	2418		15.5	2503	
60 GR. HDY SP	Hodgdon	H4198	.224"	1.840"	15.0	2251		16.0	2399	
60 GR. HDY SP	Hodgdon	H4227	.224"	1.840"	14.0	2328		15.0	2414	

Cartridge: 222 Remington
Load Type: Pistol

Bullet Weight (Gr.)	Manufacturer	Powder	Bullet Diam.	C.O.L.	Starting Loads Grs.	Starting Loads Vel. (ft/s)	Starting Loads Pressure	Maximum Loads Grs.	Maximum Loads Vel. (ft/s)	Maximum Loads Pressure
45 GR. SIE SP	IMR	IMR 4895	.224"	2.130"				24.2C	2380	37,400 CUP
45 GR. SIE SP	IMR	IMR 4198	.224"	2.130"				21.1	2640	45,800 CUP
45 GR. SIE SP	IMR	IMR 4227	.224"	2.130"				17.1	2500	45,200 CUP
50 GR. REM PSP	IMR	IMR 4895	.224"	2.130"				24.2C	2365	39,300 CUP
50 GR. REM PSP	IMR	IMR 4198	.224"	2.130"				20.0	2510	45,600 CUP
50 GR. REM PSP	IMR	IMR 4227	.224"	2.130"				16.1	2365	45,800 CUP
52 GR. SIE HPBT	IMR	IMR 4895	.224"	2.190"				23.8C	2325	40,500 CUP
52 GR. SIE HPBT	IMR	IMR 4198	.224"	2.190"				19.8	2455	45,800 CUP
52 GR. SIE HPBT	IMR	IMR 4227	.224"	2.190"				15.8	2300	45,600 CUP
55 GR. SPR FMJ	IMR	IMR 4895	.224"	2.085"				23.0C	2275	41,200 CUP
55 GR. SPR FMJ	IMR	IMR 3031	.224"	2.085"				21.5C	2225	37,800 CUP

55 GR. SPR FMJ	IMR	IMR 4198	.224"	2.085"			19.0	2375	45,200 CUP
60 GR. HDY HP	IMR	IMR 4895	.224"	2.245"			23.0C	2235	42,400 CUP
60 GR. HDY HP	IMR	IMR 4198	.224"	2.245"			19.1	2330	45,800 CUP
60 GR. HDY HP	IMR	IMR 4227	.224"	2.245"			14.7	2105	45,000 CUP

Cartridge: 223 Remington
Load Type: Pistol

Bullet Weight (Gr.)	Manufacturer	Powder	Bullet Diam.	C.O.L.	Starting Loads			Maximum Loads		
					Grs.	Vel. (ft/s)	Pressure	Grs.	Vel. (ft/s)	Pressure
36 GR. BAR VG FB	IMR	IMR 4320	.224"	2.200"	25.2	2758	39,700 PSI	28.0C	3120	52,200 PSI
36 GR. BAR VG FB	IMR	IMR 4895	.224"	2.200"	24.8	2725	39,700 PSI	27.0C	3014	50,100 PSI
36 GR. BAR VG FB	IMR	IMR 8208 XBR	.224"	2.200"	25.4	2829	44,500 PSI	27.0C	3057	50,600 PSI
36 GR. BAR VG FB	IMR	IMR 3031	.224"	2.200"	23.3	2839	41,600 PSI	24.8C	3068	48,200 PSI
36 GR. BAR VG FB	IMR	IMR 4198	.224"	2.200"	21.2	2995	43,500 PSI	22.5	3247	52,500 PSI
40 GR. NOS BT	Hodgdon	Varget	.224"	2.280"	25.0	2609	34,400 CUP	28.0C	3069	47,200 CUP
40 GR. NOS BT	IMR	IMR 4320	.224"	2.280"	26.0	2781	43,500 PSI	27.7C	3049	48,900 PSI
40 GR. NOS BT	Hodgdon	BL-C(2)	.224"	2.280"	26.5	2696	35,400 CUP	28.5	2910	45,400 CUP
40 GR. NOS BT	IMR	IMR 4895	.224"	2.280"	24.9	2653	35,200 PSI	26.5C	2907	44,200 PSI
40 GR. NOS BT	Hodgdon	H335	.224"	2.280"	26.0	2931	34,400 CUP	28.0	3231	44,600 CUP
40 GR. NOS BT	Hodgdon	H4895	.224"	2.280"	25.0	2628	32,100 CUP	27.5C	3060	44,500 CUP
40 GR. NOS BT	IMR	IMR 8208 XBR	.224"	2.280"	25.0	2755	41,500 PSI	26.7C	2985	50,400 PSI
40 GR. NOS BT	IMR	IMR 3031	.224"	2.280"	23.5	2746	42,600 PSI	25.2C	3066	46,200 PSI
40 GR. NOS BT	Hodgdon	Benchmark	.224"	2.280"	25.3	2900	39,600 CUP	27.3	3174	51,000 CUP
40 GR. NOS BT	Hodgdon	H322	.224"	2.280"	23.5	2783	34,600 CUP	25.5	3087	48,000 CUP
40 GR. NOS BT	IMR	IMR 4198	.224"	2.280"	19.5	2901	42,500 PSI	22.2	3129	53,400 PSI
40 GR. NOS BT	Hodgdon	H4198	.224"	2.280"	20.5	2755	29,400 CUP	22.5	3014	49,600 CUP
45 GR. SIE SP	Hodgdon	Varget	.224"	2.240"	25.0	2550	30,200 CUP	28.0C	3010	43,700 CUP
45 GR. SIE SP	IMR	IMR 4320	.224"	2.240"	25.5	2601	40,300 PSI	27.8C	2982	46,300 PSI
45 GR. SIE SP	Hodgdon	BL-C(2)	.224"	2.240"	26.5	2644	36,000 CUP	28.5	2915	48,000 CUP
45 GR. SIE SP	Hodgdon	H335	.224"	2.240"	24.0	2667	41,500 CUP	26.2	2877	51,000 CUP
45 GR. SIE SP	Hodgdon	H4895	.224"	2.240"	25.0	2603	33,800 CUP	27.5C	3017	43,400 CUP
45 GR. SIE SP	IMR	IMR 8208 XBR	.224"	2.240"	24.5	2617	41,700 PSI	26.8	3022	52,000 PSI
45 GR. SIE SP	IMR	IMR 3031	.224"	2.240"	22.7	2506	37,700 PSI	25.2C	2980	45,800 PSI
45 GR. SIE SP	Hodgdon	Benchmark	.224"	2.240"	25.3	2815	41,400 CUP	27.3	3089	51,100 CUP
45 GR. SIE SP	Hodgdon	H322	.224"	2.240"	23.0	2635	36,000 CUP	25.0	2926	47,400 CUP
45 GR. SIE SP	IMR	IMR 4198	.224"	2.240"	19.5	2731	44,600 PSI	22.1	3005	52,000 PSI
45 GR. SIE SP	Hodgdon	H4198	.224"	2.240"	20.0	2617	28,800 CUP	22.0	2847	49,100 CUP
50 GR. SPR SP	Hodgdon	Varget	.224"	2.210"	26.5	2842	40,800 CUP	27.5C	2959	44,800 CUP

Bullet	Mfr	Powder	Diameter	OAL	Charge	Velocity	Pressure	Velocity	Pressure
50 GR. SPR SP	IMR	IMR 4320	.224"	2.210"	24.8	2461	39,400 PSI	2852	48,900 PSI
50 GR. SPR SP	Hodgdon	BL-C(2)	.224"	2.210"	26.0	2569	34,200 CUP	2851	47,100 CUP
50 GR. SPR SP	IMR	IMR 4895	.224"	2.210"	25.2	2646	43,300 PSI	2892	45,200 CUP
50 GR. SPR SP	Hodgdon	H335	.224"	2.210"	24.0	2538	43,000 CUP	2834	51,700 CUP
50 GR. SPR SP	Hodgdon	H4895	.224"	2.210"	25.0	2658	38,300 CUP	3024	51,300 CUP
50 GR. SPR SP	IMR	IMR 8208 XBR	.224"	2.210"	23.5	2525	40,500 PSI	2849	53,300 PSI
50 GR. SPR SP	IMR	IMR 3031	.224"	2.210"	23.5	2698	44,600 PSI	3002	46,900 PSI
50 GR. SPR SP	Hodgdon	Benchmark	.224"	2.210"	24.0	2639	38,600 CUP	2953	50,400 CUP
50 GR. SPR SP	Hodgdon	H322	.224"	2.210"	22.0	2460	36,500 CUP	2740	49,300 CUP
50 GR. SPR SP	IMR	IMR 4198	.224"	2.210"	19.8	2769	42,800 PSI	3012	52,100 PSI
50 GR. SPR SP	Hodgdon	H4198	.224"	2.210"	19.5	2429	32,400 CUP	2824	45,900 CUP
53 GR. SIE HP	Hodgdon	Varget	.224"	2.210"	24.0	2449	38,400 CUP	2833	47,900 CUP
53 GR. SIE HP	IMR	IMR 4320	.224"	2.200"	24.0	2365	40,400 CUP	2851	52,300 PSI
53 GR. SIE HP	IMR	IMR 4064	.224"	2.200"	24.0	2483	41,600 PSI	2765	45,600 CUP
53 GR. SIE HP	Hodgdon	BL-C(2)	.224"	2.200"	26.0	2562	36,600 CUP	2914	47,600 CUP
53 GR. SIE HP	IMR	IMR 4895	.224"	2.200"	24.5	2568	43,900 CUP	2856	52,300 PSI
53 GR. SIE HP	Hodgdon	H335	.224"	2.200"	24.0	2539	44,100 CUP	2880	52,000 CUP
53 GR. SIE HP	Hodgdon	H4895	.224"	2.200"	25.0	2660	37,400 CUP	2965	48,600 CUP
53 GR. SIE HP	IMR	IMR 8208 XBR	.224"	2.200"	23.0	2382	41,400 PSI	2789	53,400 CUP
53 GR. SIE HP	IMR	IMR 3031	.224"	2.200"	22.0	2401	40,700 PSI	2869	53,300 PSI
53 GR. SIE HP	Hodgdon	Benchmark	.224"	2.200"	24.0	2652	39,900 CUP	2932	49,800 CUP
53 GR. SIE HP	Hodgdon	H322	.224"	2.200"	21.5	2527	39,200 CUP	2707	48,900 CUP
53 GR. SIE HP	IMR	IMR 4198	.224"	2.200"	19.0	2680	43,800 PSI	2886	48,200 PSI
55 GR. SIE HP	Hodgdon	H4198	.224"	2.200"	19.5	2650	34,200 CUP	2846	46,700 CUP
55 GR. SPR SP	Hodgdon	Varget	.224"	2.200"	25.5	2697	41,300 CUP	2972	49,700 CUP
55 GR. SPR SP	IMR	IMR 4320	.224"	2.200"	23.5	2254	41,300 CUP	2652	50,700 PSI
55 GR. SPR SP	IMR	IMR 4064	.224"	2.200"	23.0	2268	40,300 PSI	2672	52,600 CUP
55 GR. SPR SP	Hodgdon	BL-C(2)	.224"	2.200"	25.5	2558	37,200 CUP	2816	48,500 CUP
55 GR. SPR SP	IMR	IMR 4895	.224"	2.200"	23.0	2251	39,500 CUP	2757	53,200 CUP
55 GR. SPR SP	Hodgdon	H335	.224"	2.200"	23.0	2463	40,800 CUP	2799	49,300 CUP
55 GR. SPR SP	Hodgdon	H4895	.224"	2.200"	25.0	2721	39,700 CUP	2880	49,000 CUP
55 GR. SPR SP	IMR	IMR 8208 XBR	.224"	2.200"	23.0	2390	42,100 PSI	2715	53,100 PSI
55 GR. SPR SP	IMR	IMR 3031	.224"	2.200"	21.6	2300	41,100 PSI	2874	52,500 PSI
55 GR. SPR SP	Hodgdon	Benchmark	.224"	2.200"	24.0	2625	42,600 CUP	2840	50,000 CUP
55 GR. SPR SP	Hodgdon	H322	.224"	2.200"	21.0	2439	38,600 CUP	2638	48,900 CUP
55 GR. SPR SP	IMR	IMR 4198	.224"	2.200"	18.8	2599	41,600 PSI	2789	53,600 CUP
55 GR. SPR SP	Hodgdon	H4198	.224"	2.200"	19.0	2400	34,800 CUP	2719	47,600 CUP
60 GR. HDY V-MAX	Hodgdon	Varget	.224"	2.250"	25.0	2544	40,400 CUP	2825	51,900 CUP
60 GR. HDY V-MAX	IMR	IMR 4320	.224"	2.250"	23.7	2309	45,400 PSI	2529	52,100 PSI

Bullet	Mfr	Powder	Dia.	COL	Start Charge	Velocity	Pressure	Max Charge	Velocity	Pressure
60 GR. HDY V-MAX	IMR	IMR 4064	.224"	2.250"	23.0	2312	42,500 PSI	24.7C	2517	52,600 PSI
60 GR. HDY V-MAX	Hodgdon	BL-C(2)	.224"	2.250"	25.0	2482	44,900 CUP	27.0	2791	51,900 CUP
60 GR. HDY V-MAX	IMR	IMR 4895	.224"	2.250"	23.7	2386	45,000 PSI	25.2	2619	52,700 CUP
60 GR. HDY V-MAX	Hodgdon	H335	.224"	2.250"	22.5	2401	43,700 CUP	24.0	2643	50,600 CUP
60 GR. HDY V-MAX	Hodgdon	H4895	.224"	2.250"	24.0	2514	37,600 CUP	26.0C	2804	50,100 CUP
60 GR. HDY V-MAX	IMR	IMR 8208 XBR	.224"	2.250"	21.5	2179	43,500 PSI	23.6	2488	51,700 PSI
60 GR. HDY V-MAX	IMR	IMR 3031	.224"	2.250"	21.0	2281	42,500 PSI	22.5	2514	51,700 PSI
60 GR. HDY V-MAX	Hodgdon	Benchmark	.224"	2.250"	23.0	2515	42,500 CUP	24.6	2744	49,900 CUP
60 GR. HDY V-MAX	Hodgdon	H322	.224"	2.250"	22.0	2526	40,300 CUP	23.5	2657	49,800 CUP
60 GR. HDY V-MAX	IMR	IMR 4198	.224"	2.250"	18.3	2488	42,500 PSI	19.5	2570	52,000 PSI
60 GR. HDY V-MAX	Hodgdon	H4198	.224"	2.250"	18.0	2450	42,500 CUP	20.0	2647	47,600 CUP
63 GR. SIE SP	Hodgdon	Varget	.224"	2.200"	24.5	2566	42,400 CUP	26.4	2809	50,700 CUP
63 GR. SIE SP	IMR	IMR 4320	.224"	2.200"	23.0	2206	42,500 PSI	25.5	2533	52,900 PSI
63 GR. SIE SP	IMR	IMR 4064	.224"	2.200"	22.5	2203	44,400 PSI	24.8	2566	52,600 PSI
63 GR. SIE SP	Hodgdon	BL-C(2)	.224"	2.200"	24.0	2347	36,600 CUP	26.0	2630	46,300 CUP
63 GR. SIE SP	IMR	IMR 4895	.224"	2.200"	22.9	2308	42,700 PSI	25.3	2638	53,500 CUP
63 GR. SIE SP	Hodgdon	H335	.224"	2.200"	22.5	2390	41,000 CUP	25.0	2724	50,000 CUP
63 GR. SIE SP	Hodgdon	H4895	.224"	2.200"	23.5	2434	43,300 CUP	25.5	2800	50,000 CUP
63 GR. SIE SP	IMR	IMR 8208 XBR	.224"	2.200"	21.0	2158	43,000 PSI	23.1	2409	52,400 PSI
63 GR. SIE SP	IMR	IMR 3031	.224"	2.200"	21.0	2247	42,900 PSI	23.3	2674	53,000 CUP
63 GR. SIE SP	Hodgdon	Benchmark	.224"	2.200"	22.0	2318	41,800 CUP	24.2	2601	50,500 CUP
63 GR. SIE SP	Hodgdon	H322	.224"	2.200"	20.0	2240	38,100 CUP	22.0	2482	48,400 CUP
63 GR. SIE SP	IMR	IMR 4198	.224"	2.200"	18.5	2473	48,100 PSI	20.0	2608	53,500 PSI
63 GR. SIE SP	Hodgdon	H4198	.224"	2.200"	18.0	2294	33,600 CUP	20.0	2572	44,600 CUP
69 GR. SIE HPBT	IMR	IMR 4320	.224"	2.235"	23.0	2218	43,500 PSI	24.8	2471	53,100 PSI
69 GR. SIE HPBT	IMR	IMR 4064	.224"	2.235"	22.5	2227	42,200 PSI	24.0C	2435	50,900 PSI
69 GR. SIE HPBT	IMR	IMR 4895	.224"	2.235"	23.3	2393	44,600 PSI	24.8C	2608	53,600 PSI
69 GR. SIE HPBT	IMR	IMR 8208 XBR	.224"	2.235"	21.0	2168	42,200 PSI	23.8	2515	52,900 PSI
69 GR. SIE HPBT	IMR	IMR 3031	.224"	2.235"	21.0	2277	42,900 PSI	22.5	2476	52,800 PSI
69 GR. SIE HPBT	IMR	IMR 4198	.224"	2.235"	18.3	2389	46,300 PSI	19.5	2489	52,300 PSI
70 GR. SPR SP	IMR	IMR 4320	.224"	2.140"	20.3	1891	38,200 PSI	24.3	2337	52,900 PSI
70 GR. SPR SP	IMR	IMR 4064	.224"	2.140"	19.5	1861	42,000 PSI	23.5C	2325	53,300 PSI
70 GR. SPR SP	IMR	IMR 4895	.224"	2.140"	20.2	1943	45,700 PSI	24.5C	2495	52,300 PSI
70 GR. SPR SP	IMR	IMR 8208 XBR	.224"	2.140"	20.0	2051	44,100 PSI	21.8	2201	52,800 PSI
70 GR. SPR SP	IMR	IMR 3031	.224"	2.140"	19.0	2029	47,200 PSI	21.2	2270	50,900 PSI

Cartridge: 22 BR Remington
Load Type: Pistol

Bullet Weight (Gr.)	Manufacturer	Powder	Bullet Diam.	C.O.L.	Starting Loads Grs.	Starting Loads Vel. (ft/s)	Starting Loads Pressure	Maximum Loads Grs.	Maximum Loads Vel. (ft/s)	Maximum Loads Pressure
40 GR. NOS BT	Hodgdon	Varget	.224"	2.090"	33.5	3101	36,500 CUP	31.5	3285	43,500 CUP
40 GR. NOS BT	Hodgdon	BL-C(2)	.224"	2.090"	32.5	3036	40,700 CUP	34.9	3306	48,700 CUP
40 GR. NOS BT	Hodgdon	H335	.224"	2.090"	29.5	3108	42,300 CUP	31.5	3283	49,200 CUP
40 GR. NOS BT	Hodgdon	H4895	.224"	2.090"	31.0	3152	38,300 CUP	32.8	3320	46,400 CUP
40 GR. NOS BT	Hodgdon	Benchmark	.224"	2.090"	30.0	3248	41,400 CUP	32.0	3485	49,200 CUP
40 GR. NOS BT	Hodgdon	H322	.224"	2.090"	28.0	3002	38,000 CUP	30.0	3245	49,000 CUP
40 GR. NOS BT	Hodgdon	H4198	.224"	2.090"	25.5	3145	43,200 CUP	27.6	3394	50,400 CUP
45 GR. SPR SP	Hodgdon	Varget	.224"	1.945"	31.5	3005	36,800 CUP	33.5	3246	43,600 CUP
45 GR. SPR SP	Hodgdon	BL-C(2)	.224"	1.945"	34.0	3183	40,400 CUP	36.0	3465	48,000 CUP
45 GR. SPR SP	Hodgdon	H335	.224"	1.945"	31.0	3233	41,200 CUP	33.0	3453	48,600 CUP
45 GR. SPR SP	Hodgdon	H4895	.224"	1.945"	30.0	2980	41,600 CUP	32.5	3334	49,000 CUP
45 GR. SPR SP	Hodgdon	Benchmark	.224"	1.945"	29.5	3106	41,100 CUP	31.6	3412	48,900 CUP
45 GR. SPR SP	Hodgdon	H322	.224"	1.945"	29.0	3130	41,000 CUP	31.5	3446	49,400 CUP
50 GR. SPR SP	Hodgdon	Varget	.224"	1.945"	31.5	3040	38,900 CUP	33.5	3248	44,600 CUP
50 GR. SPR SP	Hodgdon	BL-C(2)	.224"	1.945"	33.5	3118	41,400 CUP	35.5	3348	49,000 CUP
50 GR. SPR SP	Hodgdon	H335	.224"	1.945"	30.0	3051	40,600 CUP	32.0	3299	48,800 CUP
50 GR. SPR SP	Hodgdon	H4895	.224"	1.945"	29.5	2957	41,200 CUP	32.0	3229	48,000 CUP
50 GR. SPR SP	Hodgdon	Benchmark	.224"	1.945"	29.5	3113	40,400 CUP	31.5	3377	49,700 CUP
50 GR. SPR SP	Hodgdon	H322	.224"	1.945"	28.0	3036	37,000 CUP	30.5	3289	50,000 CUP
53 GR. HDY HP	Hodgdon	Varget	.224"	2.065"	31.0	3050	43,400 CUP	33.0	3224	51,500 CUP
53 GR. HDY HP	Hodgdon	BL-C(2)	.224"	2.065"	32.5	3098	41,200 CUP	35.0	3340	48,800 CUP
53 GR. HDY HP	Hodgdon	H335	.224"	2.065"	29.5	3116	40,400 CUP	31.5	3299	49,200 CUP
53 GR. HDY HP	Hodgdon	H4895	.224"	2.065"	29.5	3034	41,900 CUP	31.5	3233	49,000 CUP
53 GR. HDY HP	Hodgdon	Benchmark	.224"	2.065"	28.5	3075	41,200 CUP	30.5	3272	49,200 CUP
53 GR. HDY HP	Hodgdon	H322	.224"	2.065"	28.0	3070	38,000 CUP	30.0	3281	48,400 CUP
55 GR. SPR SP	Hodgdon	Varget	.224"	2.050"	30.0	3030	41,600 CUP	32.5	3203	49,300 CUP
55 GR. SPR SP	Hodgdon	BL-C(2)	.224"	2.050"	32.5	3142	41,500 CUP	34.5	3298	48,200 CUP
55 GR. SPR SP	Hodgdon	H335	.224"	2.050"	29.5	3119	40,800 CUP	31.5	3278	49,800 CUP
55 GR. SPR SP	Hodgdon	H4895	.224"	2.050"	29.0	3015	37,100 CUP	31.0	3214	49,400 CUP
55 GR. SPR SP	Hodgdon	Benchmark	.224"	2.050"	28.5	3062	41,600 CUP	30.5	3276	49,600 CUP
55 GR. SPR SP	Hodgdon	H322	.224"	2.050"	28.0	3125	40,000 CUP	30.0	3277	48,400 CUP
63 GR. SIE SP	Hodgdon	Varget	.224"	2.015"	28.5	2869	44,500 CUP	30.5	3017	49,300 CUP
63 GR. SIE SP	Hodgdon	BL-C(2)	.224"	2.015"	31.0	2947	40,200 CUP	33.0	3116	48,400 CUP
63 GR. SIE SP	Hodgdon	H335	.224"	2.015"	26.5	2785	41,400 CUP	29.0	2976	49,900 CUP
63 GR. SIE SP	Hodgdon	H4895	.224"	2.015"	26.0	2691	41,600 CUP	28.0	2884	49,400 CUP
63 GR. SIE SP	Hodgdon	Benchmark	.224"	2.015"	27.0	2901	42,000 CUP	29.0	3074	49,300 CUP

63 GR. SIE SP	Hodgdon	H322	.224"	2.015"	24.0	2699	40,800 CUP	26.5	2909	48,800 CUP
70 GR. SPR SP	Hodgdon	Varget	.224"	1.900"	26.0	2650	43,000 CUP	28.0	2814	49,500 CUP
70 GR. SPR SP	Hodgdon	BL-C(2)	.224"	1.900"	26.5	2651	41,200 CUP	28.5	2777	49,500 CUP
70 GR. SPR SP	Hodgdon	H335	.224"	1.900"	24.0	2560	41,600 CUP	26.0	2738	49,900 CUP
70 GR. SPR SP	Hodgdon	H4895	.224"	1.900"	23.0	2491	41,400 CUP	24.5	2611	50,000 CUP
70 GR. SPR SP	Hodgdon	Benchmark	.224"	1.900"	26.0	2829	43,400 CUP	28.0	2955	49,700 CUP
70 GR. SPR SP	Hodgdon	H322	.224"	1.900"	22.0	2516	40,000 CUP	24.0	2675	49,900 CUP

Cartridge: 6mm TCU
Load Type: Pistol

Bullet Weight (Gr.)	Manufacturer	Powder	Bullet Diam.	C.O.L.	Starting Loads Grs.	Starting Loads Vel. (ft/s)	Starting Loads Pressure	Maximum Loads Grs.	Maximum Loads Vel. (ft/s)	Maximum Loads Pressure
70 GR. NOS BT	Hodgdon	BL-C(2)	.243"	2.375"	29.0	2647		31.0	2939	
70 GR. NOS BT	Hodgdon	H335	.243"	2.375"	27.5	2614		30.0	2917	
70 GR. NOS BT	Hodgdon	H4895	.243"	2.375"	27.5	2589		29.5	2896	
70 GR. NOS BT	Hodgdon	H322	.243"	2.375"	26.5	2600		28.5	2859	
75 GR. SPR HP	Hodgdon	BL-C(2)	.243"	2.480"	28.5	2577		30.5	2880	
75 GR. SPR HP	Hodgdon	H335	.243"	2.480"	27.0	2540		29.5	2844	
75 GR. SPR HP	Hodgdon	H4895	.243"	2.480"	27.0	2513		29.0	2819	
75 GR. SPR HP	Hodgdon	H322	.243"	2.480"	26.0	2499		28.0	2808	
80 GR. HDY SP	Hodgdon	BL-C(2)	.243"	2.410"	27.5	2504		30.0	2734	
80 GR. HDY SP	Hodgdon	H335	.243"	2.410"	26.5	2534		29.0	2744	
80 GR. HDY SP	Hodgdon	H4895	.243"	2.410"	26.0	2480		28.5	2739	
80 GR. HDY SP	Hodgdon	H322	.243"	2.410"	25.0	2466		27.5	2728	
85 GR. SPR SPBT	Hodgdon	BL-C(2)	.243"	2.500"	27.0	2420		29.0	2666	
85 GR. SPR SPBT	Hodgdon	H335	.243"	2.500"	26.0	2480		28.0	2674	
85 GR. SPR SPBT	Hodgdon	H4895	.243"	2.500"	25.5	2449		27.5	2649	
85 GR. SPR SPBT	Hodgdon	H322	.243"	2.500"	24.5	2437		26.5	2644	
90 GR. SPR SP	Hodgdon	BL-C(2)	.243"	2.580"	26.5	2404		28.5	2597	
90 GR. SPR SP	Hodgdon	H335	.243"	2.580"	25.5	2419		27.5	2588	
90 GR. SPR SP	Hodgdon	H4895	.243"	2.580"	25.0	2401		27.0	2538	
90 GR. SPR SP	Hodgdon	H322	.243"	2.580"	24.0	2380		26.0	2507	
100 GR. HDY SP	Hodgdon	BL-C(2)	.243"	2.500"	25.0	2229		27.0	2492	
100 GR. HDY SP	Hodgdon	H335	.243"	2.500"	24.0	2198		26.0	2489	
100 GR. HDY SP	Hodgdon	H4895	.243"	2.500"	24.0	2172		26.0	2412	
100 GR. HDY SP	Hodgdon	H322	.243"	2.500"	23.0	2179		25.0	2398	

Cartridge: 6mm-204 RR
Load Type: Pistol

Bullet Weight (Gr.)	Manufacturer	Powder	Bullet Diam.	C.O.L.	Starting Loads Grs.	Starting Loads Vel. (ft/s)	Starting Loads Pressure	Maximum Loads Grs.	Maximum Loads Vel. (ft/s)	Maximum Loads Pressure
70 GR. NOS BT	Hodgdon	H335	.243"	2.480"				27.6	2955	
70 GR. NOS BT	IMR	IMR 8208 XBR	.243"	2.480"				29.6	3020	
70 GR. NOS BT	Hodgdon	Benchmark	.243"	2.480"				29.0	2980	
70 GR. NOS BT	Hodgdon	H322	.243"	2.480"				27.5	2970	
75 GR. HDY V-MAX	Hodgdon	BL-C(2)	.243"	2.480"				29.5	2830	
75 GR. HDY V-MAX	IMR	IMR 8208 XBR	.243"	2.480"				28.9	2935	
75 GR. HDY V-MAX	Hodgdon	Benchmark	.243"	2.480"				28.2	2865	
80 GR. BAR TTSX BT	Hodgdon	BL-C(2)	.243"	2.500"				30.0	2745	
80 GR. BAR TTSX BT	IMR	IMR 8208 XBR	.243"	2.500"				28.4	2855	
80 GR. BAR TTSX BT	Hodgdon	Benchmark	.243"	2.500"				27.6	2805	

Cartridge: 6mm BR Remington
Load Type: Pistol

Bullet Weight (Gr.)	Manufacturer	Powder	Bullet Diam.	C.O.L.	Starting Loads Grs.	Starting Loads Vel. (ft/s)	Starting Loads Pressure	Maximum Loads Grs.	Maximum Loads Vel. (ft/s)	Maximum Loads Pressure
55 GR. NOS BT	Hodgdon	Varget	.243"	2.080"	31.0	2723	31,600 CUP	34.0C	3014	41,800 CUP
55 GR. NOS BT	Hodgdon	BL-C(2)	.243"	2.080"	34.0	2886	40,400 CUP	36.0	3063	46,400 CUP
55 GR. NOS BT	Hodgdon	H335	.243"	2.080"	30.0	2790	37,900 CUP	32.5	3055	50,600 CUP
55 GR. NOS BT	Hodgdon	H4895	.243"	2.080"	31.0	2910	37,300 CUP	33.0C	3084	45,300 CUP
55 GR. NOS BT	Hodgdon	Benchmark	.243"	2.080"	31.0	2991	41,200 CUP	33.5C	3229	50,300 CUP
55 GR. NOS BT	Hodgdon	H322	.243"	2.080"	30.0	3029	38,800 CUP	32.5	3275	51,100 CUP
55 GR. NOS BT	Hodgdon	H4198	.243"	2.080"	26.0	2963	37,600 CUP	28.8	3228	51,000 CUP
58 GR. HDY V-MAX	Hodgdon	Varget	.243"	2.140"	31.0	2849	34,300 CUP	34.0	3115	46,100 CUP
58 GR. HDY V-MAX	Hodgdon	BL-C(2)	.243"	2.140"	33.0	2919	41,900 CUP	35.0	3099	48,600 CUP
58 GR. HDY V-MAX	Hodgdon	H335	.243"	2.140"	30.0	2919	41,500 CUP	32.2	3108	51,200 CUP
58 GR. HDY V-MAX	Hodgdon	H4895	.243"	2.140"	31.5	3021	38,000 CUP	33.5	3204	45,100 CUP
58 GR. HDY V-MAX	Hodgdon	Benchmark	.243"	2.140"	30.0	3013	42,000 CUP	32.0	3201	50,600 CUP
58 GR. HDY V-MAX	Hodgdon	H322	.243"	2.140"	29.5	2984	40,100 CUP	31.3	3179	48,400 CUP
58 GR. HDY V-MAX	Hodgdon	H4198	.243"	2.140"	26.0	2995	38,000 CUP	28.5	3235	49,900 CUP
60 GR. SIE HP	Hodgdon	Varget	.243"	2.080"	31.0	2753	36,000 CUP	34.0C	3056	48,500 CUP
60 GR. SIE HP	Hodgdon	BL-C(2)	.243"	2.080"	34.0	2931	38,700 CUP	36.0	3131	47,500 CUP
60 GR. SIE HP	Hodgdon	H335	.243"	2.080"	30.0	2927	41,500 CUP	32.0	3130	49,000 CUP
60 GR. SIE HP	Hodgdon	H4895	.243"	2.080"	31.0	2927	42,000 CUP	33.0C	3131	47,000 CUP
60 GR. SIE HP	Hodgdon	Benchmark	.243"	2.080"	30.0	2945	41,400 CUP	32.0	3141	49,900 CUP
60 GR. SIE HP	Hodgdon	H322	.243"	2.080"	30.0	3066	42,000 CUP	32.0	3265	49,500 CUP
60 GR. SIE HP	Hodgdon	H4198	.243"	2.080"	25.0	2889	39,600 CUP	27.5	3121	50,700 CUP
65 GR. HDY V-MAX	Hodgdon	Varget	.243"	2.140"	31.0	2840	42,200 CUP	33.0C	3028	49,900 CUP

Bullet	Mfg	Powder	Caliber	OAL	Start Charge	Start Velocity	Start Pressure	Max Charge	Max Velocity	Max Pressure
65 GR. HDY V-MAX	Hodgdon	BL-C(2)	.243"	2.140"	31.5	2755	38,200 CUP	34.0	2974	48,800 CUP
65 GR. HDY V-MAX	Hodgdon	H335	.243"	2.140"	27.5	2678	36,800 CUP	30.5	2942	48,100 CUP
65 GR. HDY V-MAX	Hodgdon	H4895	.243"	2.140"	30.0	2820	37,700 CUP	33.0C	3145	49,300 CUP
65 GR. HDY V-MAX	Hodgdon	Benchmark	.243"	2.140"	27.0	2678	36,000 CUP	30.5	2987	46,400 CUP
65 GR. HDY V-MAX	Hodgdon	H322	.243"	2.140"	27.0	2761	36,800 CUP	30.5	3075	49,600 CUP
65 GR. HDY V-MAX	Hodgdon	H4198	.243"	2.140"	25.0	2848	42,200 CUP	27.0	3023	49,100 CUP
70 GR. NOS BT	Hodgdon	Varget	.243"	2.100"	31.0	2754	38,900 CUP	34.0	2986	49,400 CUP
70 GR. NOS BT	Hodgdon	BL-C(2)	.243"	2.100"	33.0	2796	42,500 CUP	35.0	3023	48,000 CUP
70 GR. NOS BT	Hodgdon	H335	.243"	2.100"	29.0	2743	43,000 CUP	31.0	2938	47,000 CUP
70 GR. NOS BT	Hodgdon	H4895	.243"	2.100"	29.0	2657	38,200 CUP	31.0	2894	47,000 CUP
70 GR. NOS BT	Hodgdon	Benchmark	.243"	2.100"	29.7	2817	39,900 CUP	31.6	3053	49,000 CUP
70 GR. NOS BT	Hodgdon	H322	.243"	2.100"	28.0	2764	38,700 CUP	30.0	2979	47,000 CUP
75 GR. SPR HP	Hodgdon	Varget	.243"	2.115"	30.5	2709	42,200 CUP	32.5	2867	50,000 CUP
75 GR. SPR HP	Hodgdon	BL-C(2)	.243"	2.115"	31.0	2623	38,200 CUP	33.0	2822	46,000 CUP
75 GR. SPR HP	Hodgdon	H335	.243"	2.115"	28.0	2703	43,000 CUP	30.0	2851	47,000 CUP
75 GR. SPR HP	Hodgdon	H4895	.243"	2.115"	28.5	2662	40,000 CUP	30.5	2860	47,000 CUP
75 GR. SPR HP	Hodgdon	Benchmark	.243"	2.115"	29.0	2787	41,700 CUP	31.0	2978	49,600 CUP
75 GR. SPR HP	Hodgdon	H322	.243"	2.115"	26.0	2656	47,100 CUP	28.0	2802	47,000 CUP
80 GR. SPR SP	Hodgdon	Varget	.243"	2.115"	30.5	2695	43,100 CUP	32.5	2850	50,700 CUP
80 GR. SPR SP	Hodgdon	BL-C(2)	.243"	2.115"	31.0	2618	42,500 CUP	33.0	2791	47,500 CUP
80 GR. SPR SP	Hodgdon	H335	.243"	2.115"	28.0	2654	42,000 CUP	30.0	2801	48,000 CUP
80 GR. SPR SP	Hodgdon	H4895	.243"	2.115"	28.0	2611	40,400 CUP	30.0	2766	47,000 CUP
80 GR. SPR SP	Hodgdon	Benchmark	.243"	2.115"	28.5	2713	40,900 CUP	30.5	2895	49,400 CUP
80 GR. SPR SP	Hodgdon	H322	.243"	2.115"	26.0	2628	39,300 CUP	28.0	2771	47,000 CUP
85 GR. SPR SP	Hodgdon	Varget	.243"	2.115"	29.0	2589	43,100 CUP	31.0	2761	50,800 CUP
85 GR. SPR SP	Hodgdon	BL-C(2)	.243"	2.115"	29.0	2523	43,000 CUP	31.0	2678	48,500 CUP
85 GR. SPR SP	Hodgdon	H335	.243"	2.115"	24.5	2406	41,000 CUP	26.5	2562	49,000 CUP
85 GR. SPR SP	Hodgdon	H4895	.243"	2.115"	24.5	2326	38,100 CUP	26.5	2495	49,500 CUP
85 GR. SPR SP	Hodgdon	Benchmark	.243"	2.115"	27.7	2670	42,100 CUP	29.7	2826	49,800 CUP
85 GR. SPR SP	Hodgdon	H322	.243"	2.115"	22.0	2302	40,400 CUP	24.0	2457	47,000 CUP
90 GR. SPR SP	Hodgdon	Varget	.243"	2.115"	27.5	2488	39,500 CUP	30.2	2694	47,500 CUP
90 GR. SPR SP	Hodgdon	BL-C(2)	.243"	2.115"	29.0	2506	44,000 CUP	31.0	2653	48,800 CUP
90 GR. SPR SP	Hodgdon	H335	.243"	2.115"	24.0	2338	38,200 CUP	26.0	2471	49,000 CUP
90 GR. SPR SP	Hodgdon	H4895	.243"	2.115"	24.5	2323	40,400 CUP	27.0	2546	48,000 CUP
90 GR. SPR SP	Hodgdon	Benchmark	.243"	2.115"	27.0	2597	43,200 CUP	29.0	2761	49,300 CUP
90 GR. SPR SP	Hodgdon	H322	.243"	2.115"	22.0	2275	40,600 CUP	24.0	2437	48,000 CUP
100 GR. HDY SP	Hodgdon	Varget	.243"	2.150"	26.0	2292	43,000 CUP	28.0	2453	48,900 CUP

Bullet Weight (Gr.)	Manufacturer	Powder	Bullet Diam.	C.O.L.	Grs.	Vel. (ft/s)	Pressure	Grs.	Vel. (ft/s)	Pressure
100 GR. HDY SP	Hodgdon	BL-C(2)	.243"	2.150"	27.0	2289	41,500 CUP	29.0	2456	47,000 CUP
100 GR. HDY SP	Hodgdon	H335	.243"	2.150"	24.0	2253	43,000 CUP	26.0	2403	50,000 CUP
100 GR. HDY SP	Hodgdon	H4895	.243"	2.150"	24.5	2273	42,500 CUP	27.0	2472	49,000 CUP
100 GR. HDY SP	Hodgdon	Benchmark	.243"	2.150"	26.0	2447	43,100 CUP	28.0	2611	49,500 CUP
100 GR. HDY SP	Hodgdon	H322	.243"	2.150"	22.0	2212	42,000 CUP	23.5	2328	50,000 CUP
107 GR. SIE HPBT	Hodgdon	Varget	.243"	2.250"	26.0	2255	39,800 CUP	29.0C	2497	50,100 CUP
107 GR. SIE HPBT	Hodgdon	BL-C(2)	.243"	2.250"	28.0	2333	38,100 CUP	30.0	2490	44,200 CUP
107 GR. SIE HPBT	Hodgdon	H335	.243"	2.250"	26.0	2365	43,200 CUP	28.0	2524	50,400 CUP
107 GR. SIE HPBT	Hodgdon	H4895	.243"	2.250"	24.5	2264	37,900 CUP	27.5	2480	49,800 CUP
107 GR. SIE HPBT	Hodgdon	Benchmark	.243"	2.250"	26.0	2407	42,000 CUP	28.0	2575	49,800 CUP
107 GR. SIE HPBT	Hodgdon	H322	.243"	2.250"	23.0	2272	40,800 CUP	25.5	2437	49,200 CUP

Cartridge: 243 Winchester
Load Type: Pistol

Bullet Weight (Gr.)	Manufacturer	Powder	Bullet Diam.	C.O.L.	Starting Loads			Maximum Loads		
					Grs.	Vel. (ft/s)	Pressure	Grs.	Vel. (ft/s)	Pressure
55 GR. NOS BT	Hodgdon	H414	.243"	2.650"	45.0	3001	37,400 CUP	50.0	3361	51,600 CUP
55 GR. NOS BT	Hodgdon	H380	.243"	2.650"	46.0	3156	40,600 CUP	51.0	3406	48,700 CUP
55 GR. NOS BT	Hodgdon	Varget	.243"	2.650"	41.0	3124	42,600 CUP	45.0	3329	50,000 CUP
55 GR. NOS BT	Hodgdon	BL-C(2)	.243"	2.650"	43.0	3184	42,600 CUP	47.0	3498	49,400 CUP
55 GR. NOS BT	Hodgdon	H4895	.243"	2.650"	40.0	3223	35,100 CUP	44.5	3515	49,300 CUP
55 GR. NOS BT	Hodgdon	Benchmark	.243"	2.650"	39.0	3288	42,600 CUP	41.5	3387	50,100 CUP
58 GR. HDY V-MAX	Hodgdon	H414	.243"	2.600"	46.0	3121	43,600 CUP	49.0	3359	49,100 CUP
58 GR. HDY V-MAX	Hodgdon	H380	.243"	2.600"	46.0	3331	47,500 CUP	49.5	3483	51,000 CUP
58 GR. HDY V-MAX	Hodgdon	Varget	.243"	2.600"	41.0	3198	44,800 CUP	44.0	3329	49,800 CUP
58 GR. HDY V-MAX	Hodgdon	H335	.243"	2.600"	39.5	3179	47,800 CUP	41.5	3363	50,600 CUP
58 GR. HDY V-MAX	Hodgdon	H4895	.243"	2.600"	40.0	3210	43,300 CUP	43.0	3353	49,900 CUP
58 GR. HDY V-MAX	Hodgdon	Benchmark	.243"	2.600"	35.0	2989	41,800 CUP	37.5	3177	50,400 CUP
60 GR. SIE HP	Hodgdon	H414	.243"	2.600"	43.0	2904	38,600 CUP	47.5	3219	49,600 CUP
60 GR. SIE HP	Hodgdon	H380	.243"	2.600"	43.0	2995	38,900 CUP	48.0	3249	47,400 CUP
60 GR. SIE HP	Hodgdon	Varget	.243"	2.600"	40.0	3035	45,400 CUP	42.7	3188	50,400 CUP
60 GR. SIE HP	Hodgdon	H335	.243"	2.600"	35.0	3127	41,400 CUP	39.0	3289	50,300 CUP
60 GR. SIE HP	Hodgdon	H4895	.243"	2.600"	38.0	3177	40,500 CUP	42.0	3264	50,500 CUP
60 GR. SIE HP	Hodgdon	Benchmark	.243"	2.600"	38.5	3296	47,000 CUP	41.2	3435	50,700 CUP
65 GR. HDY V-MAX	Hodgdon	H414	.243"	2.600"	45.0	3054	41,400 CUP	48.0	3259	49,400 CUP
65 GR. HDY V-MAX	Hodgdon	H380	.243"	2.600"	42.0	2947	45,200 CUP	45.0	3127	50,000 CUP
65 GR. HDY V-MAX	Hodgdon	Varget	.243"	2.600"	38.0	2707	43,100 CUP	41.0	3045	49,600 CUP
65 GR. HDY V-MAX	Hodgdon	BL-C(2)	.243"	2.600"	39.0	2978	47,300 CUP	42.0	3187	49,500 CUP
65 GR. HDY V-MAX	Hodgdon	H4895	.243"	2.600"	38.0	3055	44,500 CUP	41.0	3220	49,200 CUP
65 GR. HDY V-MAX	Hodgdon	Benchmark	.243"	2.600"	37.0	3090	44,300 CUP	40.0	3255	50,600 CUP

Bullet	Mfr	Powder	Cal	OAL	Start Load	Start Vel	Start Pressure	Max Load	Max Vel	Max Pressure
70 GR. SPR HP	Hodgdon	H414	.243"	2.625"	42.0	2840	41,600 CUP	46.0	3083	49,800 CUP
70 GR. SPR HP	Hodgdon	H380	.243"	2.625"	42.0	2933	42,900 CUP	46.0	3154	48,900 CUP
70 GR. SPR HP	Hodgdon	Varget	.243"	2.625"	38.0	2921	45,500 CUP	40.5	3061	50,100 CUP
70 GR. SPR HP	Hodgdon	BL-C(2)	.243"	2.625"	35.0	2913	47,900 CUP	39.0	3007	50,400 CUP
70 GR. SPR HP	Hodgdon	H4895	.243"	2.625"	36.0	2912	42,700 CUP	39.5	3167	49,200 CUP
70 GR. SPR HP	Hodgdon	Benchmark	.243"	2.625"	36.5	3080	45,100 CUP	39.3	3196	50,300 CUP
75 GR. HDY HP	Hodgdon	H414	.243"	2.640"	42.0	2863	41,100 CUP	46.0	3096	50,100 CUP
75 GR. HDY HP	Hodgdon	H380	.243"	2.640"	40.0	2774	42,700 CUP	44.5	3045	48,600 CUP
75 GR. HDY HP	Hodgdon	Varget	.243"	2.640"	36.0	2737	45,000 CUP	38.5	2899	50,500 CUP
75 GR. HDY HP	Hodgdon	BL-C(2)	.243"	2.640"	34.0	2863	45,100 CUP	37.5	2969	49,200 CUP
75 GR. HDY HP	Hodgdon	H4895	.243"	2.640"	34.0	2741	40,900 CUP	38.0	3018	49,400 CUP
80 GR. SIE BTSP	Hodgdon	H414	.243"	2.635"	42.0	3026	46,300 CUP	45.0	2861	50,100 CUP
80 GR. SIE BTSP	Hodgdon	H380	.243"	2.635"	38.0	2657	44,700 CUP	41.2	2877	50,300 CUP
80 GR. SIE BTSP	Hodgdon	Varget	.243"	2.635"	36.0	2714	45,400 CUP	38.5	2854	50,500 CUP
80 GR. SIE BTSP	Hodgdon	BL-C(2)	.243"	2.635"	35.0	2806	47,100 CUP	38.5	2943	50,600 CUP
80 GR. SIE BTSP	Hodgdon	H4895	.243"	2.635"	35.0	2786	45,800 CUP	38.0	2988	50,100 CUP
85 GR. BAR XBTC	Hodgdon	H4350	.243"	2.560"	42.0	2637	39,700 CUP	45.5C	2850	49,600 CUP
85 GR. BAR XBTC	Hodgdon	H414	.243"	2.560"	42.0	2706	41,400 CUP	45.0	2939	50,200 CUP
85 GR. BAR XBTC	Hodgdon	H380	.243"	2.560"	40.0	2654	43,400 CUP	43.0	2784	48,800 CUP
85 GR. BAR XBTC	Hodgdon	Varget	.243"	2.560"	35.0	2621	44,200 CUP	38.0	2811	50,400 CUP
85 GR. BAR XBTC	Hodgdon	H4895	.243"	2.560"	35.0	2797	45,100 CUP	38.0	2952	49,900 CUP
90 GR. SPR SP	Hodgdon	H4831	.243"	2.625"	45.0	2638	43,700 CUP	48.0C	2793	50,800 CUP
90 GR. SPR SP	Hodgdon	H4350	.243"	2.625"	42.0	2729	44,400 CUP	44.5	2850	50,600 CUP
90 GR. SPR SP	Hodgdon	H414	.243"	2.625"	41.0	2731	43,600 CUP	43.5	2886	49,600 CUP
90 GR. SPR SP	Hodgdon	H380	.243"	2.625"	38.0	2598	43,100 CUP	40.5	2756	49,500 CUP
90 GR. SPR SP	Hodgdon	Varget	.243"	2.625"	34.0	2548	44,800 CUP	36.5	2670	50,400 CUP
90 GR. SPR SP	Hodgdon	H4895	.243"	2.625"	34.0	2654	44,900 CUP	36.5	2819	50,800 CUP
95 GR. NOS PART	Hodgdon	H1000	.243"	2.650"	45.0	2434	44,900 CUP	48.0C	2603	50,000 CUP
95 GR. NOS PART	Hodgdon	H4831	.243"	2.650"	42.0	2459	47,000 CUP	44.5C	2589	50,700 CUP
95 GR. NOS PART	Hodgdon	H4350	.243"	2.650"	39.0	2524	45,800 CUP	42.0	2688	50,500 CUP
95 GR. NOS PART	Hodgdon	H414	.243"	2.650"	39.0	2568	43,800 CUP	42.0	2781	50,700 CUP
95 GR. NOS PART	Hodgdon	H380	.243"	2.650"	36.0	2433	43,000 CUP	38.0	2569	49,100 CUP
95 GR. NOS PART	Hodgdon	Varget	.243"	2.650"	33.0	2485	45,000 CUP	35.0	2600	50,200 CUP
95 GR. NOS PART	Hodgdon	H4895	.243"	2.650"	33.0	2592	45,000 CUP	35.0	2740	50,700 CUP
100 GR. SPR BTSP	Hodgdon	H1000	.243"	2.650"	44.0	2419	45,700 CUP	47.0C	2571	49,800 CUP
100 GR. SPR BTSP	Hodgdon	H4831	.243"	2.650"	39.0	2276	44,400 CUP	42.0	2438	50,100 CUP
100 GR. SPR BTSP	Hodgdon	H4350	.243"	2.650"	37.0	2434	45,100 CUP	40.0	2582	51,000 CUP

Bullet Weight (Gr.)	Manufacturer	Powder			Grs.	Vel. (ft/s)	Pressure	Grs.	Vel. (ft/s)	Pressure
100 GR. SPR BTSP	Hodgdon	H414	.243"	2.650"	37.0	2487	44,500 CUP	40.0	2667	50,600 CUP
100 GR. SPR BTSP	Hodgdon	H380	.243"	2.650"	34.0	2317	43,600 CUP	36.0	2439	50,100 CUP
100 GR. SPR BTSP	Hodgdon	Varget	.243"	2.650"	31.0	2311	42,700 CUP	33.7	2465	50,400 CUP
100 GR. SPR BTSP	Hodgdon	H4895	.243"	2.650"	31.0	2400	44,900 CUP	33.0	2521	50,100 CUP
105 GR. HDY A-MAX	Hodgdon	H1000	.243"	2.760"	43.0	2330	45,400 CUP	46.0C	2517	50,200 CUP
105 GR. HDY A-MAX	Hodgdon	H4831	.243"	2.760"	38.0	2227	43,900 CUP	41.0	2375	50,200 CUP
105 GR. HDY A-MAX	Hodgdon	H4350	.243"	2.760"	35.0	2267	44,300 CUP	37.5	2443	49,500 CUP
105 GR. HDY A-MAX	Hodgdon	H414	.243"	2.760"	36.0	2389	43,700 CUP	39.0	2559	50,100 CUP
105 GR. HDY A-MAX	Hodgdon	H380	.243"	2.760"	33.0	2261	43,700 CUP	35.0	2378	49,800 CUP
105 GR. HDY A-MAX	Hodgdon	Varget	.243"	2.760"	31.0	2297	45,600 CUP	33.0	2411	50,800 CUP
105 GR. HDY A-MAX	Hodgdon	H4895	.243"	2.760"	30.5	2390	44,900 CUP	32.5	2503	50,100 CUP
107 GR. SIE BTHP	Hodgdon	H1000	.243"	2.850"	43.0	2345	44,700 CUP	46.0C	2513	50,100 CUP
107 GR. SIE BTHP	Hodgdon	H4831	.243"	2.850"	38.0	2215	43,700 CUP	41.0	2360	50,100 CUP
107 GR. SIE BTHP	Hodgdon	H4350	.243"	2.850"	35.0	2266	43,100 CUP	37.5	2424	50,200 CUP
107 GR. SIE BTHP	Hodgdon	H414	.243"	2.850"	35.0	2353	43,400 CUP	38.0	2528	49,500 CUP
107 GR. SIE BTHP	Hodgdon	H380	.243"	2.850"	33.0	2245	44,400 CUP	34.8	2361	50,100 CUP
107 GR. SIE BTHP	Hodgdon	Varget	.243"	2.850"	31.0	2272	45,300 CUP	33.0	2385	50,400 CUP
107 GR. SIE BTHP	Hodgdon	H4895	.243"	2.850"	30.5	2348	45,900 CUP	32.5	2472	49,900 CUP

Cartridge: 25 ACP
Load Type: Pistol

Bullet Weight (Gr.)	Manufacturer	Powder	Bullet Diam.	C.O.L.	Starting Loads			Maximum Loads		
					Grs.	Vel. (ft/s)	Pressure	Grs.	Vel. (ft/s)	Pressure
35 GR. HDY XTP	Hodgdon	Universal	.251"	.860"	1.5	823	14,500 CUP	1.7	922	16,200 CUP
35 GR. HDY XTP	Hodgdon	HP-38	.251"	.860"	1.6	890	15,700 CUP	1.8	963	17,900 CUP
35 GR. HDY XTP	Hodgdon	Titegroup	.251"	.860"	1.5	888	15,900 CUP	1.7	970	17,300 CUP
50 GR. SIE FMJ	IMR	800-X	.251"	.900"				1.8	815	17,800 CUP
50 GR. SIE FMJ	IMR	SR 4756	.251"	.900"				1.4	770	16,900 CUP
50 GR. SIE FMJ	Hodgdon	Universal	.251"	.900"	1.2	620	12,000 CUP	1.4	751	16,600 CUP
50 GR. SIE FMJ	Hodgdon	HP-38	.251"	.900"	1.3	704	15,600 CUP	1.5	788	17,900 CUP
50 GR. SIE FMJ	IMR	SR 7625	.251"	.900"				1.2	755	17,900 CUP
50 GR. SIE FMJ	IMR	PB	.251"	.900"				1.1	740	17,700 CUP
50 GR. SIE FMJ	Hodgdon	Titegroup	.251"	.900"	1.1	657	14,500 CUP	1.3	752	17,200 CUP
50 GR. SIE FMJ	IMR	700-X	.251"	.900"				1.1	740	14,400 CUP

Cartridge: 25-35 Winchester
Load Type: Pistol

Bullet Weight (Gr.)	Manufacturer	Powder	Bullet Diam.	C.O.L.	Starting Loads			Maximum Loads		
					Grs.	Vel. (ft/s)	Pressure	Grs.	Vel. (ft/s)	Pressure
60 GR. SPR SP	IMR	IMR 4064	.257"	2.390"				30.5C	2285	36,000 CUP

60 GR. SPR SP	IMR	IMR 3031	.257"	2.390"	28.3	2325	36,900 CUP
87 GR. HDY SP	IMR	IMR 4064	.257"	2.690"	25.7	1960	36,500 CUP
87 GR. HDY SP	IMR	IMR 3031	.257"	2.690"	23.4	1965	36,800 CUP
100 GR. SPR SP	IMR	IMR 4350	.257"	2.700"	31.0C	1900	36,400 CUP
100 GR. SPR SP	IMR	IMR 4064	.257"	2.700"	25.2	1875	37,000 CUP
100 GR. SPR SP	IMR	IMR 3031	.257"	2.700"	22.1	1845	36,500 CUP
117 GR. SIE SPBT	IMR	IMR 4350	.257"	2.700"	28.3C	1760	35,900 CUP
117 GR. SIE SPBT	IMR	IMR 4895	.257"	2.700"	22.2	1750	37,000 CUP
117 GR. SIE SPBT	IMR	IMR 3031	.257"	2.700"	21.5	1760	36,700 CUP

Cartridge: 256 Winchester
Load Type: Pistol

					Starting Loads			Maximum Loads		
Bullet Weight (Gr.)	Manufacturer	Powder	Bullet Diam.	C.O.L.	Grs.	Vel. (ft/s)	Pressure	Grs.	Vel. (ft/s)	Pressure
60 GR. HDY FP	Hodgdon	H4198	.257"	1.560"	15.0	2156		18.0	1704	
60 GR. HDY FP	Hodgdon	H4227	.257"	1.560"	15.0	2264		16.0	2386	
60 GR. HDY FP	Hodgdon	H110	.257"	1.560"	14.0	2026		16.0	2369	
75 GR. SPR HP	Hodgdon	H4227	.257"	1.740"	14.0	2115		15.0	2120	
75 GR. SPR HP	Hodgdon	H110	.257"	1.740"				15.0	2180	
87 GR. HDY SP	Hodgdon	H4198	.257"	1.825"	13.0	1798		15.0	2007	
87 GR. HDY SP	Hodgdon	H4227	.257"	1.825"				14.0	2040	
87 GR. HDY SP	Hodgdon	H110	.257"	1.825"	12.5	1883		13.5	2049	

Cartridge: 6.5mm TCU
Load Type: Pistol

					Starting Loads			Maximum Loads		
Bullet Weight (Gr.)	Manufacturer	Powder	Bullet Diam.	C.O.L.	Grs.	Vel. (ft/s)	Pressure	Grs.	Vel. (ft/s)	Pressure
87 GR. SPR SP	Hodgdon	BL-C(2)	.264"	2.350"	28.0	2063		29.0	2246	
87 GR. SPR SP	Hodgdon	H335	.264"	2.350"	26.0	2049		28.0	2293	
87 GR. SPR SP	Hodgdon	H4895	.264"	2.350"	25.0	2180		27.0	2403	
87 GR. SPR SP	Hodgdon	H322	.264"	2.350"	24.0	2116		26.0	2310	
87 GR. SPR SP	Hodgdon	H4198	.264"	2.350"	21.0	2140		23.0	2368	
100 GR. NOS BT	Hodgdon	BL-C(2)	.264"	2.400"	26.5	1944		28.5	2149	
100 GR. NOS BT	Hodgdon	H335	.264"	2.400"	25.5	1967		27.5	2153	
100 GR. NOS BT	Hodgdon	H4895	.264"	2.400"	24.0	2049		26.0	2229	
100 GR. NOS BT	Hodgdon	H322	.264"	2.400"	23.0	1921		25.0	2119	
100 GR. NOS BT	Hodgdon	H4198	.264"	2.400"	20.0	1914		22.0	2101	
120 GR. SPR SP	Hodgdon	BL-C(2)	.264"	2.350"	26.0	1904		27.5	2092	

Bullet Weight	Manufacturer	Powder					
120 GR. SPR SP	Hodgdon	H335	.264"	2.350"	24.0	1860	26.0	2079
120 GR. SPR SP	Hodgdon	H4895	.264"	2.350"	23.0	1880	25.0	2075
120 GR. SPR SP	Hodgdon	H322	.264"	2.350"	21.5	1857	23.5	2036
120 GR. SPR SP	Hodgdon	H4198	.264"	2.350"	19.0	1770	21.0	1993
129 GR. HDY SP	Hodgdon	BL-C(2)	.264"	2.550"	25.0	1779	27.0	1984
129 GR. HDY SP	Hodgdon	H335	.264"	2.550"	23.5	1730	25.5	1938
129 GR. HDY SP	Hodgdon	H4895	.264"	2.550"	22.5	1784	24.5	1970
129 GR. HDY SP	Hodgdon	H322	.264"	2.550"	21.0	1731	23.0	1911
129 GR. HDY SP	Hodgdon	H4198	.264"	2.550"	18.0	1688	20.0	1849
140 GR. HDY BTHP	Hodgdon	BL-C(2)	.264"	2.700"	23.5	1641	25.5	1819
140 GR. HDY BTHP	Hodgdon	H335	.264"	2.700"	22.0	1597	24.0	1793
140 GR. HDY BTHP	Hodgdon	H4895	.264"	2.700"	21.0	1660	23.0	1842
140 GR. HDY BTHP	Hodgdon	H322	.264"	2.700"	20.0	1616	22.0	1799
140 GR. HDY BTHP	Hodgdon	H4198	.264"	2.700"	17.0	1590	19.0	1714

Cartridge: 6.5mm BR
Load Type: Pistol

Bullet Weight (Gr.)	Manufacturer	Powder	Bullet Diam.	C.O.L.	Starting Loads			Maximum Loads		
					Grs.	Vel. (ft/s)	Pressure	Grs.	Vel. (ft/s)	Pressure
90 GR. SPR TNT	Hodgdon	Varget	.264"	2.140"	31.0	2441	35,400 CUP	33.0C	2625	41,500 CUP
90 GR. SPR TNT	Hodgdon	BL-C(2)	.264"	2.140"	32.0	2374	34,000 CUP	34.0	2567	40,000 CUP
90 GR. SPR TNT	Hodgdon	H335	.264"	2.140"	30.5	2523	43,400 CUP	32.5	2710	49,600 CUP
90 GR. SPR TNT	Hodgdon	H4895	.264"	2.140"	31.0	2507	35,800 CUP	33.0C	2715	44,100 CUP
90 GR. SPR TNT	Hodgdon	Benchmark	.264"	2.140"	29.7	2581	42,300 CUP	31.7	2808	49,100 CUP
90 GR. SPR TNT	Hodgdon	H322	.264"	2.140"	29.0	2558	39,400 CUP	31.0	2737	49,100 CUP
95 GR. HDY V-MAX	Hodgdon	Varget	.264"	2.220"	31.0	2483	40,000 CUP	33.0C	2647	45,900 CUP
95 GR. HDY V-MAX	Hodgdon	BL-C(2)	.264"	2.220"	32.0	2413	41,800 CUP	34.0	2612	49,500 CUP
95 GR. HDY V-MAX	Hodgdon	H335	.264"	2.220"	29.6	2496	42,400 CUP	31.5	2648	50,200 CUP
95 GR. HDY V-MAX	Hodgdon	H4895	.264"	2.220"	31.0	2546	40,000 CUP	33.0C	2746	48,500 CUP
95 GR. HDY V-MAX	Hodgdon	Benchmark	.264"	2.220"	29.0	2548	43,200 CUP	31.0	2707	49,000 CUP
95 GR. HDY V-MAX	Hodgdon	H322	.264"	2.220"	28.8	2540	40,300 CUP	30.7	2727	50,000 CUP
100 GR. NOS BT	Hodgdon	Varget	.264"	2.220"	31.0	2475	39,600 CUP	33.0C	2641	48,700 CUP
100 GR. NOS BT	Hodgdon	BL-C(2)	.264"	2.220"	31.7	2372	41,800 CUP	33.8	2536	50,100 CUP
100 GR. NOS BT	Hodgdon	H335	.264"	2.220"	29.0	2389	43,100 CUP	31.0	2563	51,300 CUP
100 GR. NOS BT	Hodgdon	H4895	.264"	2.220"	31.0	2531	41,700 CUP	33.0C	2707	49,100 CUP
100 GR. NOS BT	Hodgdon	Benchmark	.264"	2.220"	28.3	2404	41,700 CUP	30.2	2548	49,400 CUP
100 GR. NOS BT	Hodgdon	H322	.264"	2.220"	28.0	2424	39,400 CUP	29.7	2573	50,200 CUP
107 GR. HPBT	Hodgdon	Varget	.264"	2.340"	30.5	2462	41,800 CUP	32.5C	2623	48,500 CUP
107 GR. HPBT	Hodgdon	BL-C(2)	.264"	2.340"	31.0	2375	41,900 CUP	33.0	2539	47,800 CUP
107 GR. HPBT	Hodgdon	H335	.264"	2.340"	28.2	2328	41,000 CUP	30.1	2493	49,800 CUP

Bullet Weight (Gr.)	Manufacturer	Powder	Bullet Diam.	C.O.L.	Grs.	Vel. (ft/s)	Pressure	Grs.	Vel. (ft/s)	Pressure
107 GR. HPBT	Hodgdon	H4895	.264"	2.340"	29.8	2489	38,900 CUP	31.8C	2633	47,900 CUP
107 GR. HPBT	Hodgdon	Benchmark	.264"	2.340"	27.8	2330	40,200 CUP	29.6	2588	49,400 CUP
107 GR. HPBT	Hodgdon	H322	.264"	2.340"	27.2	2393	39,100 CUP	29.0	2528	49,800 CUP
120 GR. NOS BT	Hodgdon	Varget	.264"	2.250"	29.0	2289	39,400 CUP	31.0C	2423	45,100 CUP
120 GR. NOS BT	Hodgdon	BL-C(2)	.264"	2.250"	30.3	2266	40,500 CUP	32.2	2423	49,400 CUP
120 GR. NOS BT	Hodgdon	H335	.264"	2.250"	27.6	2223	41,700 CUP	29.4	2362	49,500 CUP
120 GR. NOS BT	Hodgdon	H4895	.264"	2.250"	29.0	2360	41,300 CUP	31.0C	2507	47,700 CUP
120 GR. NOS BT	Hodgdon	Benchmark	.264"	2.250"	27.2	2198	43,800 CUP	29.0	2396	50,000 CUP
120 GR. NOS BT	Hodgdon	H322	.264"	2.250"	26.7	2242	40,800 CUP	28.5	2413	49,500 CUP
129 GR. HDY SP	Hodgdon	Varget	.264"	2.280"	29.0	2237	44,200 CUP	31.0C	2387	49,900 CUP
129 GR. HDY SP	Hodgdon	BL-C(2)	.264"	2.280"	29.7	2173	39,800 CUP	31.7	2335	48,100 CUP
129 GR. HDY SP	Hodgdon	H335	.264"	2.280"	27.4	2154	41,500 CUP	29.2	2309	50,200 CUP
129 GR. HDY SP	Hodgdon	H4895	.264"	2.280"	28.4	2228	44,200 CUP	30.3C	2387	49,400 CUP
129 GR. HDY SP	Hodgdon	Benchmark	.264"	2.280"	26.3	2148	43,800 CUP	28.0	2272	49,600 CUP
129 GR. HDY SP	Hodgdon	H322	.264"	2.280"	26.0	2190	44,500 CUP	27.7	2298	49,200 CUP
140 GR. SPR SP	Hodgdon	Varget	.264"	2.300"	28.3	2167	42,100 CUP	30.2C	2300	49,000 CUP
140 GR. SPR SP	Hodgdon	BL-C(2)	.264"	2.300"	29.6	2136	42,000 CUP	31.5	2275	49,600 CUP
140 GR. SPR SP	Hodgdon	H335	.264"	2.300"	27.2	2152	44,400 CUP	29.0	2283	50,600 CUP
140 GR. SPR SP	Hodgdon	H4895	.264"	2.300"	28.2	2193	44,200 CUP	30.0C	2308	49,000 CUP
140 GR. SPR SP	Hodgdon	Benchmark	.264"	2.300"	26.3	2100	44,200 CUP	28.0	2229	49,800 CUP
140 GR. SPR SP	Hodgdon	H322	.264"	2.300"	25.0	2075	43,900 CUP	26.7	2178	50,200 CUP
142 GR. SIE HPBT	Hodgdon	Varget	.264"	2.350"	27.9	2165	40,900 CUP	29.7C	2284	49,600 CUP
142 GR. SIE HPBT	Hodgdon	BL-C(2)	.264"	2.350"	29.0	2124	39,500 CUP	31.0	2277	48,500 CUP
142 GR. SIE HPBT	Hodgdon	H335	.264"	2.350"	26.8	2135	43,800 CUP	28.5	2263	49,800 CUP
142 GR. SIE HPBT	Hodgdon	H4895	.264"	2.350"	27.3	2147	41,900 CUP	29.0	2291	49,300 CUP
142 GR. SIE HPBT	Hodgdon	Benchmark	.264"	2.350"	25.2	2065	45,500 CUP	26.9	2178	49,900 CUP
142 GR. SIE HPBT	Hodgdon	H322	.264"	2.350"	24.5	2067	44,200 CUP	26.1	2193	49,400 CUP

Cartridge: 6.5mm JDJ
Load Type: Pistol

Bullet Weight (Gr.)	Manufacturer	Powder			Starting Loads			Maximum Loads		
			Bullet Diam.	C.O.L.	Grs.	Vel. (ft/s)	Pressure	Grs.	Vel. (ft/s)	Pressure
85 GR. SIE HP	Hodgdon	H414	.264"	2.700"	36.0	2245		40.0	2537	
100 GR. HDY SP	Hodgdon	H414	.264"	2.700"	36.0	2119		40.0	2479	
120 GR. SPR SP	Hodgdon	H4350	.264"	2.700"	35.0	2122		40.0	2414	
120 GR. SPR SP	Hodgdon	H414	.264"	2.700"	34.0	2055		38.0	2329	
129 GR. HDY SP	Hodgdon	H4831	.264"	2.750"	35.0	1973		39.0	2194	
140 GR. SPR SP	Hodgdon	H4831	.264"	2.700"	33.0	1651		37.0	1968	

Cartridge: 270 Ren
Load Type: Pistol

Bullet Weight (Gr.)	Manufacturer	Powder	Bullet Diam.	C.O.L.	Grs.	Vel. (ft/s)	Pressure	Grs.	Vel. (ft/s)	Pressure
					Starting Loads			**Maximum Loads**		
90 GR. SPR HP	Hodgdon	H4227	.277"	1.900"	8.5	1370		9.5	1589	
90 GR. SPR HP	Hodgdon	H110	.277"	1.900"	9.5	1447		10.5	1622	
100 GR. HDY SP	Hodgdon	H4227	.277"	1.790"	8.0	1179		9.0	1404	
100 GR. HDY SP	Hodgdon	H110	.277"	1.790"	9.0	1210		10.0	1431	
110 GR. HDY HP	Hodgdon	H4227	.277"	1.900"	7.8	1160		8.7	1370	
110 GR. HDY HP	Hodgdon	H110	.277"	1.900"	8.8	1189		9.8	1419	

Cartridge: 270 Winchester
Load Type: Pistol

Bullet Weight (Gr.)	Manufacturer	Powder	Bullet Diam.	C.O.L.	Grs.	Vel. (ft/s)	Pressure	Grs.	Vel. (ft/s)	Pressure
					Starting Loads			**Maximum Loads**		
90 GR. SIE HP	Hodgdon	H4350	.277"	3.200"	58.0	2859	43,700 CUP	62.0C	3051	49,800 CUP
90 GR. SIE HP	Hodgdon	H414	.277"	3.200"	55.0	2918	42,200 CUP	59.0	3128	50,700 CUP
90 GR. SIE HP	Hodgdon	H380	.277"	3.200"	53.0	2841	45,600 CUP	56.3	3019	50,900 CUP
90 GR. SIE HP	Hodgdon	Varget	.277"	3.200"	51.0	2958	46,000 CUP	55.0	3091	51,400 CUP
90 GR. SIE HP	Hodgdon	H4895	.277"	3.200"	50.0	3096	48,100 CUP	53.0	3216	50,400 CUP
100 GR. SPR SP	Hodgdon	H4350	.277"	3.145"	56.0	2759	44,000 CUP	59.4	2917	50,200 CUP
100 GR. SPR SP	Hodgdon	H414	.277"	3.145"	53.0	2789	46,000 CUP	56.0	2929	50,700 CUP
100 GR. SPR SP	Hodgdon	H380	.277"	3.145"	50.0	2680	46,200 CUP	53.7	2856	50,300 CUP
100 GR. SPR SP	Hodgdon	Varget	.277"	3.145"	48.0	2782	44,400 CUP	52.0	2928	50,200 CUP
100 GR. SPR SP	Hodgdon	H4895	.277"	3.145"	47.0	2940	47,000 CUP	50.0	3051	50,200 CUP
110 GR. HDY HP	Hodgdon	H4350	.277"	3.250"	54.0	2667	46,900 CUP	57.0	2843	50,100 CUP
110 GR. HDY HP	Hodgdon	H414	.277"	3.250"	51.0	2688	43,500 CUP	55.0	2886	50,700 CUP
110 GR. HDY HP	Hodgdon	H380	.277"	3.250"	48.0	2575	46,000 CUP	52.0	2779	50,500 CUP
110 GR. HDY HP	Hodgdon	Varget	.277"	3.250"	43.0	2479	44,100 CUP	48.7	2788	50,800 CUP
110 GR. HDY HP	Hodgdon	H4895	.277"	3.250"	45.0	2816	46,700 CUP	47.5	2927	50,800 CUP
120 GR. BAR XFB	Hodgdon	H4831	.277"	3.270"	58.0	2627	45,800 CUP	62.0C	2782	51,200 CUP
120 GR. BAR XFB	Hodgdon	H4350	.277"	3.270"	51.0	2533	44,700 CUP	55.0	2723	51,200 CUP
120 GR. BAR XFB	Hodgdon	H414	.277"	3.270"	49.0	2578	43,100 CUP	53.0	2772	51,100 CUP
120 GR. BAR XFB	Hodgdon	H380	.277"	3.270"	46.0	2454	43,200 CUP	49.5	2615	51,000 CUP
120 GR. BAR XFB	Hodgdon	Varget	.277"	3.270"	44.0	2504	46,300 CUP	47.0	2650	51,000 CUP
120 GR. BAR XFB	Hodgdon	H4895	.277"	3.270"	42.0	2559	45,000 CUP	45.0	2719	50,400 CUP
130 GR. HDY SP	Hodgdon	H1000	.277"	3.280"	61.0	2508	42,900 CUP	64.0C	2650	48,100 CUP
130 GR. HDY SP	Hodgdon	H4831	.277"	3.280"	56.0	2471	44,400 CUP	60.0C	2609	51,000 CUP
130 GR. HDY SP	Hodgdon	H4350	.277"	3.280"	51.0	2501	45,200 CUP	54.3	2619	50,500 CUP
130 GR. HDY SP	Hodgdon	H414	.277"	3.280"	50.0	2559	44,700 CUP	53.5	2718	50,800 CUP

Bullet Weight (Gr.)	Manufacturer	Powder	Bullet Diam.	C.O.L.	Grs.	Vel. (ft/s)	Pressure	Grs.	Vel. (ft/s)	Pressure
130 GR. HDY SP	Hodgdon	H380	.277"	3.280"	47.0	2461	46,400 CUP	49.8	2606	51,000 CUP
130 GR. HDY SP	Hodgdon	Varget	.277"	3.280"	43.0	2416	43,900 CUP	46.0	2557	49,600 CUP
130 GR. HDY SP	Hodgdon	H4895	.277"	3.280"	42.0	2528	44,700 CUP	45.0	2676	51,000 CUP
135 GR. SIE BT	Hodgdon	H1000	.277"	3.340"	61.0	2547	43,100 CUP	63.0C	2608	47,600 CUP
135 GR. SIE BT	Hodgdon	H4831	.277"	3.340"	55.0	2446	43,600 CUP	59.5C	2618	51,000 CUP
135 GR. SIE BT	Hodgdon	H4350	.277"	3.340"	50.0	2460	44,400 CUP	53.5	2633	50,700 CUP
135 GR. SIE BT	Hodgdon	H414	.277"	3.340"	47.0	2444	45,400 CUP	50.0	2584	50,500 CUP
135 GR. SIE BT	Hodgdon	H380	.277"	3.340"	44.0	2329	43,600 CUP	47.0	2488	50,500 CUP
135 GR. SIE BT	Hodgdon	Varget	.277"	3.340"	41.0	2336	40,800 CUP	45.0	2523	50,200 CUP
135 GR. SIE BT	Hodgdon	H4895	.277"	3.340"	41.0	2465	44,300 CUP	44.0	2616	50,600 CUP
140 GR. SFT SP	Hodgdon	H1000	.277"	3.280"	59.0	2539	41,800 CUP	63.0C	2694	50,800 CUP
140 GR. SFT SP	Hodgdon	H4831	.277"	3.280"	54.0	2442	43,900 CUP	58.0C	2588	50,100 CUP
140 GR. SFT SP	Hodgdon	H4350	.277"	3.280"	49.0	2458	44,500 CUP	52.0	2570	50,400 CUP
140 GR. SFT SP	Hodgdon	H414	.277"	3.280"	46.0	2369	42,900 CUP	48.9	2522	49,800 CUP
140 GR. SFT SP	Hodgdon	Varget	.277"	3.280"	41.0	2313	44,300 CUP	43.7	2437	50,500 CUP
140 GR. SFT SP	Hodgdon	H4895	.277"	3.280"	40.0	2381	45,300 CUP	42.6	2515	50,600 CUP
150 GR. HDY SP	Hodgdon	H1000	.277"	3.285"	55.0	2284	44,900 CUP	59.0C	2472	51,000 CUP
150 GR. HDY SP	Hodgdon	H4831	.277"	3.285"	52.0	2319	46,300 CUP	55.7	2437	51,200 CUP
150 GR. HDY SP	Hodgdon	H4350	.277"	3.285"	46.0	2298	43,400 CUP	49.0	2420	51,000 CUP
150 GR. HDY SP	Hodgdon	H414	.277"	3.285"	45.0	2304	45,000 CUP	48.0	2455	51,200 CUP
160 GR. NOS PART	Hodgdon	H1000	.277"	3.340"	55.0	2336	44,200 CUP	59.0C	2467	50,900 CUP
160 GR. NOS PART	Hodgdon	H4831	.277"	3.340"	50.0	2246	43,000 CUP	54.0	2388	50,500 CUP
160 GR. NOS PART	Hodgdon	H4350	.277"	3.340"	46.0	2271	43,600 CUP	49.0	2430	51,100 CUP

Cartridge: 7mm TCU
Load Type: Pistol

Bullet Weight (Gr.)	Manufacturer	Powder	Bullet Diam.	C.O.L.	Starting Loads Grs.	Starting Loads Vel. (ft/s)	Starting Loads Pressure	Maximum Loads Grs.	Maximum Loads Vel. (ft/s)	Maximum Loads Pressure
100 GR. SIE HP	Hodgdon	BL-C(2)	.284"	2.475"	27.0	2009		28.0	2098	
100 GR. SIE HP	Hodgdon	H335	.284"	2.475"	26.0	1983		27.0	2077	
100 GR. SIE HP	Hodgdon	H4895	.284"	2.475"	25.0	1913		26.0	2071	
100 GR. SIE HP	Hodgdon	H322	.284"	2.475"	25.0	2029		26.0	2169	
100 GR. SIE HP	Hodgdon	H4198	.284"	2.475"	22.0	2007		24.0	2176	
100 GR. SIE HP	Hodgdon	H4227	.284"	2.475"	17.0	1749		19.0	2011	
120 GR. SPR SP	Hodgdon	BL-C(2)	.284"	2.410"	26.0	1862		28.0	2047	
120 GR. SPR SP	Hodgdon	H335	.284"	2.410"	25.0	1839		27.0	2035	
120 GR. SPR SP	Hodgdon	H4895	.284"	2.410"	24.0	1818		26.0	2020	
120 GR. SPR SP	Hodgdon	H322	.284"	2.410"	24.0	1898		26.0	2117	

Bullet Weight (Gr.)	Manufacturer	Powder	Bullet Diam.	C.O.L.	Grs.	Vel. (ft/s)	Grs.	Vel. (ft/s)
120 GR. SPR SP	Hodgdon	H4198	.284"	2.410"	21.0	1880	23.0	2075
120 GR. SPR SP	Hodgdon	H4227	.284"	2.410"	16.0	1662	18.0	1914
130 GR. SPR SP	Hodgdon	BL-C(2)	.284"	2.465"	25.0	1771	27.0	1972
130 GR. SPR SP	Hodgdon	H335	.284"	2.465"	24.0	1774	26.0	1964
130 GR. SPR SP	Hodgdon	H4895	.284"	2.465"	24.0	1797	26.0	2007
130 GR. SPR SP	Hodgdon	H322	.284"	2.465"	23.0	1724	25.0	1988
130 GR. SPR SP	Hodgdon	H4198	.284"	2.465"	20.0	1745	22.0	1935
130 GR. SPR SP	Hodgdon	H4227	.284"	2.465"	15.0	1490	17.0	1675
139 GR. HDY SP	Hodgdon	BL-C(2)	.284"	2.625"	25.0	1724	27.0	1979
139 GR. HDY SP	Hodgdon	H335	.284"	2.625"	24.0	1702	26.0	1946
139 GR. HDY SP	Hodgdon	H4895	.284"	2.625"	23.0	1750	25.0	2001
139 GR. HDY SP	Hodgdon	H322	.284"	2.625"	22.0	1747	24.0	1938
139 GR. HDY SP	Hodgdon	H4198	.284"	2.625"	19.0	1717	21.0	1904
139 GR. HDY SP	Hodgdon	H4227	.284"	2.625"	14.5	1441	16.5	1635
150 GR. SIE HPBT	Hodgdon	BL-C(2)	.284"	2.630"	24.0	1691	26.0	1899
150 GR. SIE HPBT	Hodgdon	H335	.284"	2.630"	23.0	1680	25.0	1885
150 GR. SIE HPBT	Hodgdon	H4895	.284"	2.630"	22.0	1688	24.0	1874
150 GR. SIE HPBT	Hodgdon	H322	.284"	2.630"	21.5	1674	23.5	1859
150 GR. SIE HPBT	Hodgdon	H4198	.284"	2.630"	18.5	1640	20.5	1835
150 GR. SIE HPBT	Hodgdon	H4227	.284"	2.630"	14.0	1404	16.0	1597
162 GR. HDY SPBT	Hodgdon	BL-C(2)	.284"	2.675"	22.0	1570	24.0	1749
162 GR. HDY SPBT	Hodgdon	H335	.284"	2.675"	22.0	1592	24.0	1776
162 GR. HDY SPBT	Hodgdon	H4895	.284"	2.675"	21.0	1628	23.0	1795
162 GR. HDY SPBT	Hodgdon	H322	.284"	2.675"	20.0	1611	22.0	1792
162 GR. HDY SPBT	Hodgdon	H4198	.284"	2.675"	17.5	1519	19.5	1729
162 GR. HDY SPBT	Hodgdon	H4227	.284"	2.675"	13.0	1314	15.0	1474

Cartridge: 7mm BR Remington
Load Type: Pistol

Bullet Weight (Gr.)	Manufacturer	Powder	Bullet Diam.	C.O.L.	Starting Loads			Maximum Loads		
					Grs.	Vel. (ft/s)	Pressure	Grs.	Vel. (ft/s)	Pressure
100 GR. BAR XFB	Hodgdon	H335	.284"	2.125"	29.0	2113	41,100 CUP	32.0	2369	50,700 CUP
100 GR. BAR XFB	Hodgdon	H4895	.284"	2.125"	31.0	2309	40,900 CUP	33.0C	2486	45,300 CUP
100 GR. BAR XFB	Hodgdon	Benchmark	.284"	2.125"	29.0	2194	38,800 CUP	32.0C	2510	50,100 CUP
100 GR. BAR XFB	Hodgdon	H322	.284"	2.125"	29.0	2248	37,700 CUP	31.5C	2516	49,800 CUP
100 GR. BAR XFB	Hodgdon	H4198	.284"	2.125"	26.0	2334	36,600 CUP	28.5	2569	49,900 CUP
115 GR. SPR HP	Hodgdon	H335	.284"	2.150"	30.0	2159	40,000 CUP	32.5	2401	49,800 CUP
115 GR. SPR HP	Hodgdon	H4895	.284"	2.150"	31.0	2313	38,900 CUP	33.0C	2450	45,300 CUP
115 GR. SPR HP	Hodgdon	Benchmark	.284"	2.150"	30.0	2251	41,600 CUP	32.0C	2476	49,800 CUP
115 GR. SPR HP	Hodgdon	H322	.284"	2.150"	29.0	2227	37,200 CUP	31.5C	2473	49,800 CUP

Bullet	Manufacturer	Powder	Diameter	OAL	Charge	Velocity	Pressure	Charge	Velocity	Pressure
115 GR. SPR HP	Hodgdon	H4198	.284"	2.150"	26.0	2254	41,500 CUP	28.5	2474	50,500 CUP
120 GR. HDY V-MAX	Hodgdon	H335	.284"	2.300"	29.5	2171	43,100 CUP	31.5	2322	50,400 CUP
120 GR. HDY V-MAX	Hodgdon	H4895	.284"	2.300"	30.0	2202	39,600 CUP	32.7C	2460	49,800 CUP
120 GR. HDY V-MAX	Hodgdon	Benchmark	.284"	2.300"	29.0	2202	43,100 CUP	31.0	2390	49,900 CUP
120 GR. HDY V-MAX	Hodgdon	H322	.284"	2.300"	28.0	2210	39,800 CUP	30.8	2427	50,400 CUP
120 GR. HDY V-MAX	Hodgdon	H4198	.284"	2.300"	25.5	2262	40,200 CUP	27.5	2397	49,500 CUP
130 GR. SIE HPBT	Hodgdon	H335	.284"	2.250"	28.5	2088	39,700 CUP	30.5	2259	49,500 CUP
130 GR. SIE HPBT	Hodgdon	H4895	.284"	2.250"	30.0	2224	43,900 CUP	32.0C	2390	49,200 CUP
130 GR. SIE HPBT	Hodgdon	Benchmark	.284"	2.250"	28.0	2161	40,700 CUP	30.2C	2339	50,000 CUP
130 GR. SIE HPBT	Hodgdon	H322	.284"	2.250"	28.0	2170	40,500 CUP	30.0C	2387	50,600 CUP
130 GR. SIE HPBT	Hodgdon	H4198	.284"	2.250"	25.0	2176	40,000 CUP	27.0	2362	50,500 CUP
139 GR. HDY SST	IMR	IMR 4064	.284"	2.260"				28.5C	2080	43,600 CUP
139 GR. HDY SST	IMR	IMR 4895	.284"	2.260"				29.0C	2180	50,200 CUP
139 GR. HDY SST	Hodgdon	H335	.284"	2.260"	28.0	2031	41,300 CUP	30.0	2223	50,500 CUP
139 GR. HDY SST	Hodgdon	H4895	.284"	2.260"	29.0	2117	41,200 CUP	31.0C	2263	47,000 CUP
139 GR. HDY SST	IMR	IMR 3031	.284"	2.260"				28.0C	2220	49,000 CUP
139 GR. HDY SST	Hodgdon	Benchmark	.284"	2.260"	27.5	2078	41,200 CUP	29.7C	2267	49,900 CUP
139 GR. HDY SST	Hodgdon	H322	.284"	2.260"	26.5	2094	40,100 CUP	28.5C	2251	49,700 CUP
139 GR. HDY SST	IMR	IMR 4198	.284"	2.260"				24.0	2165	50,400 CUP
139 GR. HDY SST	Hodgdon	H4198	.284"	2.260"	24.0	2078	42,500 CUP	26.0	2262	49,800 CUP
145 GR. SPR SPBT	Hodgdon	H335	.284"	2.200"	28.0	2031	41,300 CUP	30.0	2199	49,600 CUP
145 GR. SPR SPBT	Hodgdon	H4895	.284"	2.200"	29.0	2143	42,400 CUP	31.0C	2264	47,500 CUP
145 GR. SPR SPBT	Hodgdon	Benchmark	.284"	2.200"	27.5	2052	40,400 CUP	29.7C	2263	50,400 CUP
145 GR. SPR SPBT	Hodgdon	H322	.284"	2.200"	27.0	2087	37,400 CUP	28.5C	2221	47,500 CUP
150 GR. NOS BT	Hodgdon	H335	.284"	2.340"	27.5	1982	40,300 CUP	29.5	2146	49,700 CUP
150 GR. NOS BT	Hodgdon	H4895	.284"	2.340"	28.5	2054	39,600 CUP	30.5C	2216	48,300 CUP
150 GR. NOS BT	Hodgdon	Benchmark	.284"	2.340"	27.0	2012	41,900 CUP	29.5C	2228	50,200 CUP
150 GR. NOS BT	Hodgdon	H322	.284"	2.340"	26.5	2045	40,400 CUP	28.5C	2206	49,600 CUP
162 GR. HDY A-MAX	IMR	IMR 4064	.284"	2.400"				26.0C	1870	38,600 CUP
162 GR. HDY A-MAX	IMR	IMR 4895	.284"	2.400"				27.0C	2015	48,000 CUP
162 GR. HDY A-MAX	Hodgdon	H335	.284"	2.400"	27.5	1958	41,900 CUP	29.5	2131	47,800 CUP
162 GR. HDY A-MAX	Hodgdon	H4895	.284"	2.400"	27.5	1963	37,500 CUP	29.5C	2132	49,600 CUP
162 GR. HDY A-MAX	IMR	IMR 3031	.284"	2.400"				26.0C	2015	44,000 CUP
162 GR. HDY A-MAX	Hodgdon	Benchmark	.284"	2.400"	27.0	1998	41,200 CUP	29.0C	2170	49,500 CUP
162 GR. HDY A-MAX	Hodgdon	H322	.284"	2.400"	26.0	1973	39,800 CUP	28.3	2174	49,800 CUP
162 GR. HDY A-MAX	IMR	IMR 4198	.284"	2.400"				22.5	2000	50,600 CUP
168 GR. SIE HPBT	Hodgdon	H335	.284"	2.320"	27.5	1971	43,100 CUP	29.2	2111	49,800 CUP

Bullet Weight (Gr.)											
168 GR. SIE HPBT	Hodgdon	H4895	.284"	2.320"	28.0	2028	42,300 CUP	30.0C	2160	49,200 CUP
168 GR. SIE HPBT	Hodgdon	Benchmark	.284"	2.320"	26.5	1986	41,400 CUP	28.5	2118	49,700 CUP
168 GR. SIE HPBT	Hodgdon	H322	.284"	2.320"	26.0	1985	40,300 CUP	28.0	2125	49,600 CUP

Cartridge: 7-30 Waters
Load Type: Pistol

Bullet Weight (Gr.)	Manufacturer	Powder	Bullet Diam.	C.O.L.	Grs.	Vel. (ft/s)	Pressure	Grs.	Vel. (ft/s)	Pressure
						Starting Loads			**Maximum Loads**	
100 GR. HDY HP	Hodgdon	Varget	.284"	2.700"	35.0	2374	31,400 CUP	38.0C	2530	35,000 CUP
100 GR. HDY HP	Hodgdon	BL-C(2)	.284"	2.700"	39.0	2492	33,500 CUP	41.0	2615	35,500 CUP
100 GR. HDY HP	Hodgdon	H335	.284"	2.700"	33.0	2308	33,900 CUP	36.0	2549	39,300 CUP
100 GR. HDY HP	Hodgdon	H4895	.284"	2.700"	34.0	2451	33,500 CUP	37.0C	2639	39,200 CUP
100 GR. HDY HP	Hodgdon	Benchmark	.284"	2.700"	27.0	2179	29,600 CUP	30.5	2414	39,300 CUP
100 GR. HDY HP	Hodgdon	H322	.284"	2.700"	27.0	2185	30,500 CUP	30.0	2449	40,200 CUP
120 GR. NOS FP	Hodgdon	Varget	.284"	2.550"	34.0	2280	31,100 CUP	37.0C	2446	40,000 CUP
120 GR. NOS FP	Hodgdon	BL-C(2)	.284"	2.550"	35.0	2208	28,800 CUP	38.0	2417	38,900 CUP
120 GR. NOS FP	Hodgdon	H335	.284"	2.550"	31.0	2209	29,600 CUP	34.0	2409	39,700 CUP
120 GR. NOS FP	Hodgdon	H4895	.284"	2.550"	31.0	2242	33,200 CUP	34.5	2437	39,400 CUP
120 GR. NOS FP	Hodgdon	Benchmark	.284"	2.550"	26.5	2078	31,500 CUP	29.5	2274	40,200 CUP
120 GR. NOS FP	Hodgdon	H322	.284"	2.550"	26.0	2040	29,500 CUP	29.0	2263	40,200 CUP
130 GR. SIE HPBT	Hodgdon	Varget	.284"	2.720"	32.0	2129	30,600 CUP	35.6C	2341	40,100 CUP
130 GR. SIE HPBT	Hodgdon	BL-C(2)	.284"	2.720"	33.0	2129	30,500 CUP	35.5	2313	38,700 CUP
130 GR. SIE HPBT	Hodgdon	H335	.284"	2.720"	29.0	2092	28,800 CUP	32.0	2284	39,600 CUP
130 GR. SIE HPBT	Hodgdon	H4895	.284"	2.720"	31.0	2178	31,000 CUP	33.4C	2323	39,500 CUP
130 GR. SIE HPBT	Hodgdon	Benchmark	.284"	2.720"	25.0	1960	28,900 CUP	28.0	2172	40,100 CUP
130 GR. SIE HPBT	Hodgdon	H322	.284"	2.720"	25.0	1961	31,600 CUP	27.3	2152	39,300 CUP
139 GR. HDY FP	Hodgdon	Varget	.284"	2.550"	32.0	2091	30,900 CUP	35.5C	2260	39,100 CUP
139 GR. HDY FP	Hodgdon	BL-C(2)	.284"	2.550"	33.0	2083	31,800 CUP	35.5	2246	39,800 CUP
139 GR. HDY FP	Hodgdon	H335	.284"	2.550"	29.0	2027	31,900 CUP	31.5	2179	39,800 CUP
139 GR. HDY FP	Hodgdon	H4895	.284"	2.550"	30.0	2074	32,900 CUP	33.0	2242	39,800 CUP
139 GR. HDY FP	Hodgdon	Benchmark	.284"	2.550"	25.0	1865	31,000 CUP	28.0	2075	39,600 CUP
139 GR. HDY FP	Hodgdon	H322	.284"	2.550"	24.0	1836	28,500 CUP	27.0	2073	39,400 CUP
145 GR. SPR SP	Hodgdon	Varget	.284"	2.720"	31.0	2051	33,600 CUP	34.2	2212	39,700 CUP
145 GR. SPR SP	Hodgdon	BL-C(2)	.284"	2.720"	31.0	1968	31,300 CUP	34.0	2192	39,300 CUP
145 GR. SPR SP	Hodgdon	H335	.284"	2.720"	28.5	1950	32,400 CUP	30.5	2119	40,000 CUP
145 GR. SPR SP	Hodgdon	H4895	.284"	2.720"	29.0	2055	35,100 CUP	29.0	2192	39,900 CUP
145 GR. SPR SP	Hodgdon	Benchmark	.284"	2.720"	25.0	1855	30,200 CUP	28.0	2054	40,100 CUP
150 GR. NOS BT	Hodgdon	Varget	.284"	2.780"	31.0	2030	32,900 CUP	34.2C	2187	40,000 CUP
150 GR. NOS BT	Hodgdon	BL-C(2)	.284"	2.780"	31.0	1960	29,000 CUP	34.0	2186	39,900 CUP
150 GR. NOS BT	Hodgdon	H335	.284"	2.780"	28.5	1960	30,300 CUP	30.5	2102	39,400 CUP

Bullet Weight (Gr.)	Manufacturer	Powder	Bullet Diam.	C.O.L.	Grs.	Vel. (ft/s)	Pressure	Grs.	Vel. (ft/s)	Pressure
150 GR. NOS BT	Hodgdon	H4895	.284"	2.780"	29.0	2019	33,300 CUP	32.0C	2169	39,600 CUP
150 GR. NOS BT	Hodgdon	Benchmark	.284"	2.780"	23.0	1747	30,400 CUP	26.0	1963	39,200 CUP
168 GR. SIE HPBT	Hodgdon	Varget	.284"	2.780"	29.0	1912	33,000 CUP	32.0C	2062	39,200 CUP
168 GR. SIE HPBT	Hodgdon	BL-C(2)	.284"	2.780"	31.0	1942	32,000 CUP	33.6	2128	40,000 CUP
168 GR. SIE HPBT	Hodgdon	H335	.284"	2.780"	28.5	1934	34,000 CUP	30.2	2048	39,600 CUP
168 GR. SIE HPBT	Hodgdon	H4895	.284"	2.780"	28.0	1977	34,400 CUP	30.2	2045	38,600 CUP
168 GR. SIE HPBT	Hodgdon	Benchmark	.284"	2.780"	23.0	1718	31,600 CUP	25.5	1893	39,800 CUP

Cartridge: 7mm IHMSA
Load Type: Pistol

Bullet Weight (Gr.)	Manufacturer	Powder	Bullet Diam.	C.O.L.	Starting Loads			Maximum Loads		
					Grs.	Vel. (ft/s)	Pressure	Grs.	Vel. (ft/s)	Pressure
100 GR. HDY HP	Hodgdon	H4831	.284"	2.650"	42.0	2174		44.0	2349	
100 GR. HDY HP	Hodgdon	H4350	.284"	2.650"	42.0	2311		44.0	2483	
100 GR. HDY HP	Hodgdon	H414	.284"	2.650"	42.0	2351		45.0	2515	
100 GR. HDY HP	Hodgdon	H380	.284"	2.650"	40.0	2294		43.0	2498	
100 GR. HDY HP	Hodgdon	BL-C(2)	.284"	2.650"	37.0	2272		39.0	2444	
100 GR. HDY HP	Hodgdon	H335	.284"	2.650"	36.0	2280		38.0	2469	
100 GR. HDY HP	Hodgdon	H4895	.284"	2.650"	36.0	2319		38.0	2498	
100 GR. HDY HP	Hodgdon	H322	.284"	2.650"	34.0	2330		36.0	2482	
100 GR. HDY HP	Hodgdon	H4198	.284"	2.650"	31.0	2297		33.0	2514	
120 GR. SIE SP	Hodgdon	H4831	.284"	2.700"	42.0	2137		44.0	2295	
120 GR. SIE SP	Hodgdon	H4350	.284"	2.700"	42.0	2262		44.0	2431	
120 GR. SIE SP	Hodgdon	H414	.284"	2.700"	41.0	2232		44.0	2414	
120 GR. SIE SP	Hodgdon	H380	.284"	2.700"	39.0	2188		42.0	2367	
120 GR. SIE SP	Hodgdon	BL-C(2)	.284"	2.700"	36.0	2140		38.0	2318	
120 GR. SIE SP	Hodgdon	H335	.284"	2.700"	35.0	2119		37.0	2309	
120 GR. SIE SP	Hodgdon	H4895	.284"	2.700"	35.0	2192		37.0	2387	
120 GR. SIE SP	Hodgdon	H322	.284"	2.700"	33.0	2131		35.0	2339	
120 GR. SIE SP	Hodgdon	H4198	.284"	2.700"	30.0	2185		32.0	2371	
130 GR. SIE SP	Hodgdon	H4831	.284"	2.730"	42.0	2146		44.0	2264	
130 GR. SIE SP	Hodgdon	H4350	.284"	2.730"	41.0	2239		43.0	2388	
130 GR. SIE SP	Hodgdon	H414	.284"	2.730"	40.0	2198		43.0	2334	
130 GR. SIE SP	Hodgdon	H380	.284"	2.730"	38.0	2155		41.0	2293	
130 GR. SIE SP	Hodgdon	BL-C(2)	.284"	2.730"	35.0	2161		37.0	2271	
130 GR. SIE SP	Hodgdon	H335	.284"	2.730"	34.0	2127		36.0	2245	
130 GR. SIE SP	Hodgdon	H4895	.284"	2.730"	34.0	2136		36.0	2298	
130 GR. SIE SP	Hodgdon	H322	.284"	2.730"	32.0	2143		34.0	2297	

Bullet	Powder	Diameter	OAL	Charge	Velocity		Charge	Velocity
130 GR. SIE SP	Hodgdon	H4198	.284"	2.730"	29.0	2129	31.0	2307
145 GR. SPR SP	Hodgdon	H4831	.284"	2.750"	41.0	2019	43.0	2169
145 GR. SPR SP	Hodgdon	H4350	.284"	2.750"	40.0	2131	42.0	2269
145 GR. SPR SP	Hodgdon	H414	.284"	2.750"	39.0	2070	42.0	2246
145 GR. SPR SP	Hodgdon	H380	.284"	2.750"	37.0	2014	40.0	2209
145 GR. SPR SP	Hodgdon	BL-C(2)	.284"	2.750"	34.0	2032	36.0	2201
145 GR. SPR SP	Hodgdon	H335	.284"	2.750"	33.0	2041	35.0	2202
145 GR. SPR SP	Hodgdon	H4895	.284"	2.750"	33.0	2033	35.0	2212
145 GR. SPR SP	Hodgdon	H322	.284"	2.750"	31.0	2043	33.0	2217
145 GR. SPR SP	Hodgdon	H4198	.284"	2.750"	28.0	2007	30.0	2193
154 GR. HDY SP	Hodgdon	H4831	.284"	2.750"	41.0	2091	43.0	2223
154 GR. HDY SP	Hodgdon	H4350	.284"	2.750"	39.0	2070	41.0	2210
154 GR. HDY SP	Hodgdon	H414	.284"	2.750"	38.0	2009	41.0	2138
154 GR. HDY SP	Hodgdon	H380	.284"	2.750"	36.0	2020	39.0	2151
154 GR. HDY SP	Hodgdon	BL-C(2)	.284"	2.750"	33.0	2012	35.0	2141
154 GR. HDY SP	Hodgdon	H335	.284"	2.750"	32.0	2016	34.0	2145
154 GR. HDY SP	Hodgdon	H4895	.284"	2.750"	32.0	2036	34.0	2165
154 GR. HDY SP	Hodgdon	H322	.284"	2.750"	30.0	2004	32.0	2139
160 GR. SPR SPBT	Hodgdon	H4831	.284"	2.760"	41.0	2026	43.0	2156
160 GR. SPR SPBT	Hodgdon	H4350	.284"	2.760"	38.0	2036	40.5	2163
160 GR. SPR SPBT	Hodgdon	H414	.284"	2.760"	37.5	1964	40.5	2141
160 GR. SPR SPBT	Hodgdon	H380	.284"	2.760"	35.5	1927	38.5	2083
160 GR. SPR SPBT	Hodgdon	BL-C(2)	.284"	2.760"	32.5	1979	34.5	2109
160 GR. SPR SPBT	Hodgdon	H335	.284"	2.760"	31.5	1955	33.5	2070
160 GR. SPR SPBT	Hodgdon	H4895	.284"	2.760"	31.5	1981	33.5	2106
160 GR. SPR SPBT	Hodgdon	H322	.284"	2.760"	29.5	1904	31.5	2068
168 GR. SIE HPBT	Hodgdon	H4831	.284"	2.770"	40.0	1978	42.0	2106
168 GR. SIE HPBT	Hodgdon	H4350	.284"	2.770"	37.0	2009	40.0	2152
168 GR. SIE HPBT	Hodgdon	H414	.284"	2.770"	37.0	1944	40.0	2117
168 GR. SIE HPBT	Hodgdon	H380	.284"	2.770"	35.0	1932	38.0	2076
168 GR. SIE HPBT	Hodgdon	BL-C(2)	.284"	2.770"	32.0	1981	34.0	2088
168 GR. SIE HPBT	Hodgdon	H335	.284"	2.770"	31.0	1932	33.0	2041
168 GR. SIE HPBT	Hodgdon	H4895	.284"	2.770"	31.0	1966	33.0	2075
168 GR. SIE HPBT	Hodgdon	H322	.284"	2.770"	29.0	1926	31.0	2047
175 GR. SIE SPBT	Hodgdon	H4831	.284"	2.800"	39.0	1982	41.0	2094
175 GR. SIE SPBT	Hodgdon	H4350	.284"	2.800"	36.0	1942	39.5	2066
175 GR. SIE SPBT	Hodgdon	H414	.284"	2.800"	36.0	1919	39.0	2044
175 GR. SIE SPBT	Hodgdon	H380	.284"	2.800"	34.0	1824	37.0	1998
175 GR. SIE SPBT	Hodgdon	BL-C(2)	.284"	2.800"	31.0	1802	33.0	1917

175 GR. SIE SPBT	Hodgdon	H335	.284"	2.800"	30.0	1791	32.0	1913	
175 GR. SIE SPBT	Hodgdon	H4895	.284"	2.800"	30.0	1862	32.0	1987	
175 GR. SIE SPBT	Hodgdon	H322	.284"	2.800"	28.0	1779	30.0	1905	

Cartridge: 7mm-08 Remington
Load Type: Pistol

					Starting Loads		Maximum Loads		
Bullet Weight (Gr.)	Manufacturer	Powder	Bullet Diam.	C.O.L.	Grs.	Vel. (ft/s)	Pressure	Grs.	Vel. (ft/s)	Pressure
100 GR. BAR XFB	Hodgdon	H380	.284"	2.650"	47.0	2657	42,100 CUP	49.0	2786	46,300 CUP
100 GR. BAR XFB	Hodgdon	Varget	.284"	2.650"	42.0	2636	40,800 CUP	45.7	2931	49,600 CUP
100 GR. BAR XFB	Hodgdon	BL-C(2)	.284"	2.650"	43.0	2689	44,600 CUP	46.5	2873	50,000 CUP
100 GR. BAR XFB	Hodgdon	H335	.284"	2.650"	39.0	2622	44,600 CUP	41.2	2752	49,700 CUP
100 GR. BAR XFB	Hodgdon	H4895	.284"	2.650"	41.0	2585	41,000 CUP	45.0	2942	49,900 CUP
100 GR. BAR XFB	Hodgdon	Benchmark	.284"	2.650"	40.0	2655	41,400 CUP	42.5	2827	49,600 CUP
130 GR. SIE HPBT	Hodgdon	H414	.284"	2.800"	44.0	2409	40,900 CUP	47.0	2571	50,000 CUP
130 GR. SIE HPBT	Hodgdon	H380	.284"	2.800"	45.0	2445	41,900 CUP	47.0	2579	45,700 CUP
130 GR. SIE HPBT	Hodgdon	Varget	.284"	2.800"	40.0	2460	43,400 CUP	43.5	2710	50,100 CUP
130 GR. SIE HPBT	Hodgdon	BL-C(2)	.284"	2.800"	41.5	2454	44,000 CUP	44.2	2626	49,800 CUP
130 GR. SIE HPBT	Hodgdon	H335	.284"	2.800"	37.0	2350	44,800 CUP	39.0	2505	49,500 CUP
130 GR. SIE HPBT	Hodgdon	H4895	.284"	2.800"	39.5	2454	43,500 CUP	42.0	2632	50,200 CUP
130 GR. SIE HPBT	Hodgdon	Benchmark	.284"	2.800"	37.0	2339	41,500 CUP	39.8	2558	50,200 CUP
139 GR. HDY SP	Hodgdon	H4350	.284"	2.800"	47.0	2408	40,400 CUP	50.0C	2581	47,500 CUP
139 GR. HDY SP	Hodgdon	H414	.284"	2.800"	45.5	2377	40,400 CUP	47.0	2451	44,100 CUP
139 GR. HDY SP	Hodgdon	H380	.284"	2.800"	44.0	2362	41,800 CUP	47.0	2528	46,800 CUP
139 GR. HDY SP	Hodgdon	Varget	.284"	2.800"	40.5	2436	44,700 CUP	43.5	2612	50,000 CUP
139 GR. HDY SP	Hodgdon	BL-C(2)	.284"	2.800"	41.0	2317	41,200 CUP	44.7	2572	49,900 CUP
139 GR. HDY SP	Hodgdon	H335	.284"	2.800"	37.5	2314	42,700 CUP	40.0	2425	49,400 CUP
139 GR. HDY SP	Hodgdon	H4895	.284"	2.800"	39.0	2369	42,500 CUP	42.5	2575	50,200 CUP
139 GR. HDY SP	Hodgdon	Benchmark	.284"	2.800"	37.5	2351	40,300 CUP	40.5	2520	49,600 CUP
150 GR. SIE HPBT	Hodgdon	H4350	.284"	2.800"	45.0	2333	42,000 CUP	48.5C	2552	50,300 CUP
150 GR. SIE HPBT	Hodgdon	H414	.284"	2.800"	44.0	2357	43,600 CUP	46.5	2504	50,000 CUP
150 GR. SIE HPBT	Hodgdon	H380	.284"	2.800"	42.0	2269	43,000 CUP	45.5	2474	49,900 CUP
150 GR. SIE HPBT	Hodgdon	Varget	.284"	2.800"	38.5	2345	42,400 CUP	41.3	2508	50,000 CUP
150 GR. SIE HPBT	Hodgdon	BL-C(2)	.284"	2.800"	39.0	2262	43,000 CUP	41.5	2414	49,600 CUP
150 GR. SIE HPBT	Hodgdon	H4895	.284"	2.800"	37.0	2298	43,300 CUP	40.5	2499	50,000 CUP
150 GR. SIE HPBT	Hodgdon	Benchmark	.284"	2.800"	36.0	2283	43,300 CUP	38.5	2408	50,200 CUP
162 GR. HDY A-MAX	Hodgdon	H4350	.284"	2.875"	45.0	2302	42,600 CUP	48.0C	2472	49,800 CUP
162 GR. HDY A-MAX	Hodgdon	H414	.284"	2.875"	43.0	2276	42,100 CUP	45.0	2388	44,500 CUP

Bullet	Manufacturer	Powder	Bullet Diam.	C.O.L.	Grs.	Vel. (ft/s)	Pressure	Grs.	Vel. (ft/s)	Pressure
162 GR. HDY A-MAX	Hodgdon	H380	.284"	2.875"	42.5	2267	42,400 CUP	44.0	2369	45,800 CUP
162 GR. HDY A-MAX	Hodgdon	Varget	.284"	2.875"	38.5	2312	43,400 CUP	41.0	2468	49,800 CUP
162 GR. HDY A-MAX	Hodgdon	H335	.284"	2.875"	36.5	2253	45,200 CUP	38.2	2338	50,100 CUP
162 GR. HDY A-MAX	Hodgdon	H4895	.284"	2.875"	37.0	2239	43,700 CUP	39.5	2429	49,800 CUP
162 GR. HDY A-MAX	Hodgdon	Benchmark	.284"	2.875"	36.0	2264	43,100 CUP	38.0	2394	49,200 CUP
168 GR. SIE HPBT	Hodgdon	H4350	.284"	2.800"	44.5	2255	42,600 CUP	47.2C	2404	50,000 CUP
168 GR. SIE HPBT	Hodgdon	H414	.284"	2.800"	44.0	2307	44,600 CUP	46.5	2449	49,800 CUP
168 GR. SIE HPBT	Hodgdon	H380	.284"	2.800"	42.0	2198	45,800 CUP	44.5	2366	49,900 CUP
168 GR. SIE HPBT	Hodgdon	Varget	.284"	2.800"	37.5	2231	44,600 CUP	40.0	2380	50,100 CUP
168 GR. SIE HPBT	Hodgdon	BL-C(2)	.284"	2.800"	38.0	2111	42,700 CUP	40.5	2269	49,500 CUP
168 GR. SIE HPBT	Hodgdon	H4895	.284"	2.800"	36.5	2211	45,400 CUP	39.0	2345	49,700 CUP
168 GR. SIE HPBT	Hodgdon	Benchmark	.284"	2.800"	36.0	2211	43,500 CUP	38.0	2343	49,400 CUP
175 GR. NOS PART	Hodgdon	H4350	.284"	2.800"	42.0	2152	41,900 CUP	45.0C	2325	49,900 CUP
175 GR. NOS PART	Hodgdon	H414	.284"	2.800"	40.5	2157	40,600 CUP	43.0	2303	50,100 CUP
175 GR. NOS PART	Hodgdon	H380	.284"	2.800"	40.0	2103	45,600 CUP	42.7	2271	49,900 CUP
175 GR. NOS PART	Hodgdon	Varget	.284"	2.800"	35.0	2134	43,400 CUP	37.5	2236	49,500 CUP
175 GR. NOS PART	Hodgdon	BL-C(2)	.284"	2.800"	35.0	2033	40,000 CUP	37.0	2115	49,500 CUP
175 GR. NOS PART	Hodgdon	H4895	.284"	2.800"	35.0	2117	44,500 CUP	37.5	2228	49,700 CUP
175 GR. NOS PART	Hodgdon	Benchmark	.284"	2.800"	34.0	2107	42,400 CUP	36.5	2213	49,700 CUP

Cartridge: 30 Luger (7.65mm Parabellum)
Load Type: Pistol

Bullet Weight (Gr.)	Manufacturer	Powder	Bullet Diam.	C.O.L.	Starting Loads			Maximum Loads		
					Grs.	Vel. (ft/s)	Pressure	Grs.	Vel. (ft/s)	Pressure
93 GR. CAST LRN	Hodgdon	HP-38	.309"	1.150"	3.4	960		3.9	1070	
93 GR. FMJ	Winchester	231	.309"	1.175"				4.2	1085	25,500 CUP

Cartridge: 30 Carbine
Load Type: Pistol

Bullet Weight (Gr.)	Manufacturer	Powder	Bullet Diam.	C.O.L.	Starting Loads			Maximum Loads		
					Grs.	Vel. (ft/s)	Pressure	Grs.	Vel. (ft/s)	Pressure
85 GR. SIE RN	Hodgdon	H4227	.308"	1.625"	14.5	1643	25,200 CUP	15.5C	1745	30,700 CUP
85 GR. SIE RN	Hodgdon	H110	.308"	1.625"	16.5	1834	26,000 CUP	17.5	1966	34,800 CUP
100 GR. SPR SP	Hodgdon	H4227	.308"	1.625"	13.0	1503	28,900 CUP	14.5C	1621	33,600 CUP
100 GR. SPR SP	Hodgdon	H110	.308"	1.625"	14.5	1660	28,200 CUP	15.5	1762	36,100 CUP
110 GR. HDY JRN	Hodgdon	H4227	.308"	1.680"	13.0	1461	30,100 CUP	14.5C	1602	38,800 CUP
110 GR. HDY JRN	Hodgdon	H110	.308"	1.680"	14.0	1605	32,000 CUP	15.0	1685	36,500 CUP

Cartridge: 30 Herrett
Load Type: Pistol

					Starting Loads			Maximum Loads		
Bullet Weight (Gr.)	Manufacturer	Powder	Bullet Diam.	C.O.L.	Grs.	Vel. (ft/s)	Pressure	Grs.	Vel. (ft/s)	Pressure
110 GR. HDY SP	IMR	IMR 3031	.308"	2.320"				28.0C	2070	36,000 CUP
110 GR. HDY SP	IMR	IMR 4198	.308"	2.320"				24.3	2210	44,600 CUP
110 GR. HDY SP	IMR	IMR 4227	.308"	2.320"				18.8	2035	44,600 CUP
110 GR. HDY SP	Hodgdon	H110	.308"	2.320"	20.0	2155		22.0	2344	
125 GR. NOS BT	Hodgdon	H110	.308"	2.320"	17.0	1749		19.0	1976	
130 GR. SPR HP	IMR	IMR 3031	.308"	2.320"				26.0C	1875	36,300 CUP
130 GR. SPR HP	IMR	IMR 4198	.308"	2.320"				22.5	2015	44,400 CUP
130 GR. SPR HP	IMR	IMR 4227	.308"	2.320"				18.0	1885	44,800 CUP
130 GR. SPR HP	Hodgdon	H110	.308"	2.320"	17.0	1749		19.0	1976	
150 GR. HDY SPBT	IMR	IMR 4895	.308"	2.320"				27.0C	1845	40,700 CUP
150 GR. HDY SPBT	IMR	IMR 3031	.308"	2.320"				25.2	1785	36,700 CUP
150 GR. HDY SPBT	Hodgdon	H322	.308"	2.320"	23.0	1609		24.0	1654	
150 GR. HDY SPBT	IMR	IMR 4198	.308"	2.320"				21.3	1870	44,200 CUP
150 GR. HDY SPBT	Hodgdon	H4198	.308"	2.320"	19.0	1623		22.0	1797	
150 GR. HDY SPBT	Hodgdon	H110	.308"	2.320"	16.0	1503		18.0	1804	

Cartridge: 30-30 Winchester
Load Type: Pistol

					Starting Loads			Maximum Loads		
Bullet Weight (Gr.)	Manufacturer	Powder	Bullet Diam.	C.O.L.	Grs.	Vel. (ft/s)	Pressure	Grs.	Vel. (ft/s)	Pressure
130 GR. SPR FP	Hodgdon	Varget	.308"	2.540"	32.5	1988	30,200 CUP	36.0C	2238	35,700 CUP
130 GR. SPR FP	IMR	IMR 4064	.308"	2.540"				36.5C	2110	36,500 CUP
130 GR. SPR FP	Hodgdon	BL-C(2)	.308"	2.540"	34.0	1937	28,500 CUP	37.5	2101	32,800 CUP
130 GR. SPR FP	Hodgdon	H4895	.308"	2.540"	31.5	1984	27,600 CUP	35.0	2194	35,300 CUP
130 GR. SPR FP	IMR	IMR 3031	.308"	2.540"				36.0C	2175	37,000 CUP
130 GR. SPR FP	Hodgdon	Benchmark	.308"	2.540"	27.7	1905	33,700 CUP	29.7	2020	37,100 CUP
150 GR. SIE FN	Hodgdon	Varget	.308"	2.550"	31.0	1907	31,100 CUP	34.5	2119	36,200 CUP
150 GR. SIE FN	IMR	IMR 4064	.308"	2.550"				34.4	1995	37,400 CUP
150 GR. SIE FN	Hodgdon	BL-C(2)	.308"	2.550"	33.0	1868	21,800 CUP	37.0	2060	33,900 CUP
150 GR. SIE FN	Hodgdon	H4895	.308"	2.550"	30.5	1899	27,900 CUP	34.0	2116	36,700 CUP
150 GR. SIE FN	IMR	IMR 3031	.308"	2.550"				33.0	2035	37,500 CUP
150 GR. SIE FN	Hodgdon	Benchmark	.308"	2.550"	27.0	1817	32,100 CUP	29.0	1944	37,200 CUP
170 GR. SIE FP	Hodgdon	Varget	.308"	2.550"	29.5	1806	30,200 CUP	33.0	2023	36,500 CUP
170 GR. SIE FP	IMR	IMR 4064	.308"	2.550"				32.8	1875	37,900 CUP

170 GR. SIE FP	Hodgdon	BL-C(2)	.308"	2.550"	32.5	1802	27,900 CUP	36.0	1974	34,700 CUP
170 GR. SIE FP	Hodgdon	H4895	.308"	2.550"	27.5	1704	28,200 CUP	30.5	1896	35,200 CUP
170 GR. SIE FP	IMR	IMR 3031	.308"	2.550"				27.4	1780	37,600 CUP
170 GR. SIE FP	Hodgdon	Benchmark	.308"	2.550"	25.3	1686	32,200 CUP	27.0	1782	36,100 CUP

Cartridge: 308 Winchester
Load Type: Pistol

Bullet Weight (Gr.)	Manufacturer	Powder	Bullet Diam.	C.O.L.	Starting Loads Grs.	Vel. (ft/s)	Pressure	Maximum Loads Grs.	Vel. (ft/s)	Pressure
110 GR. BAR TSX	IMR	IMR 4895	.308"	2.690"	45.0	2557	36,100 PSI	50.0C	2811	46,600 PSI
110 GR. BAR TSX	IMR	IMR 8208 XBR	.308"	2.690"	45.5	2695	37,700 PSI	50.0C	2965	50,000 PSI
110 GR. BAR TSX	IMR	IMR 3031	.308"	2.690"	43.2	2670	37,700 PSI	47.0C	2920	47,700 PSI
110 GR. BAR TSX	IMR	IMR 4198	.308"	2.690"	39.1	2865	46,200 PSI	41.6	3043	57,600 PSI
110 GR. BAR XFB	Hodgdon	Varget	.308"	2.800"	48.0	2738	42,100 CUP	50.0C	2921	46,100 CUP
110 GR. BAR XFB	Hodgdon	BL-C(2)	.308"	2.800"	48.0	2757	42,400 CUP	52.0	2956	51,400 CUP
110 GR. BAR XFB	Hodgdon	H335	.308"	2.800"	44.0	2646	46,700 CUP	48.0	2937	50,800 CUP
110 GR. BAR XFB	Hodgdon	H4895	.308"	2.800"	45.0	2617	39,000 CUP	49.0C	2887	49,900 CUP
110 GR. BAR XFB	Hodgdon	Benchmark	.308"	2.800"	44.0	2722	42,400 CUP	48.0	2944	50,800 CUP
110 GR. BAR XFB	Hodgdon	H322	.308"	2.800"	42.0	2676	43,600 CUP	45.0	2879	51,800 CUP
110 GR. BAR XFB	Hodgdon	H4198	.308"	2.800"	37.0	2644	40,700 CUP	40.0	2841	51,000 CUP
125 GR. SIE SP	Hodgdon	Varget	.308"	2.700"	48.0	2727	42,400 CUP	50.0C	2843	45,700 CUP
125 GR. SIE SP	IMR	IMR 4320	.308"	2.700"	48.7	2674	46,400 PSI	53.0C	2888	55,200 PSI
125 GR. SIE SP	IMR	IMR 4064	.308"	2.700"	46.0	2590	42,500 PSI	50.1C	2792	52,100 PSI
125 GR. SIE SP	Hodgdon	BL-C(2)	.308"	2.700"	48.0	2603	35,900 CUP	52.0	2837	42,600 CUP
125 GR. SIE SP	IMR	IMR 4895	.308"	2.700"	48.0	2727	45,600 PSI	51.8C	2903	55,200 PSI
125 GR. SIE SP	Hodgdon	H335	.308"	2.700"	44.0	2544	37,500 CUP	48.0	2843	48,200 CUP
125 GR. SIE SP	Hodgdon	H4895	.308"	2.700"	45.0	2579	36,800 CUP	49.0C	2831	48,400 CUP
125 GR. SIE SP	IMR	IMR 8208 XBR	.308"	2.700"	46.0	2707	50,200 PSI	49.2C	2887	60,100 PSI
125 GR. SIE SP	IMR	IMR 3031	.308"	2.700"	43.2	2606	40,200 PSI	48.0C	2916	58,100 PSI
125 GR. SIE SP	Hodgdon	Benchmark	.308"	2.700"	43.0	2545	40,600 CUP	47.5	2827	50,700 CUP
125 GR. SIE SP	Hodgdon	H322	.308"	2.700"	42.0	2611	43,400 CUP	45.0	2787	51,400 CUP
125 GR. SIE SP	Hodgdon	H4198	.308"	2.700"	36.0	2446	46,600 CUP	39.5	2662	49,800 CUP
130 GR. SPR HP	Hodgdon	Varget	.308"	2.615"	47.0	2706	42,900 CUP	50.0C	2847	50,400 CUP
130 GR. SPR HP	Hodgdon	BL-C(2)	.308"	2.615"	48.0	2575	42,400 CUP	51.5	2820	49,700 CUP
130 GR. SPR HP	Hodgdon	H335	.308"	2.615"	43.0	2488	40,400 CUP	46.0	2755	49,700 CUP
130 GR. SPR HP	Hodgdon	H4895	.308"	2.615"	45.0	2599	41,800 CUP	49.0C	2831	50,100 CUP
130 GR. SPR HP	Hodgdon	Benchmark	.308"	2.615"	41.0	2429	38,800 CUP	46.0	2767	50,100 CUP
130 GR. SPR HP	Hodgdon	H322	.308"	2.615"	40.0	2481	41,200 CUP	43.0	2664	49,800 CUP
130 GR. SPR HP	Hodgdon	H4198	.308"	2.615"	35.0	2472	44,700 CUP	37.0	2590	49,700 CUP
130 GR. SPR SP	IMR	IMR 4320	.308"	2.615"	46.8	2588	44,100 PSI	52.0C	2849	59,600 PSI

Bullet	Mfr	Powder	COL	Charge (gr)	Velocity	Pressure	Charge (gr)	Velocity	Pressure
130 GR. SPR SP	IMR	IMR 4064	.308" 2.615"	45.0	2574	43,600 PSI	49.5C	2790	52,300 PSI
130 GR. SPR SP	IMR	IMR 4895	.308" 2.615"	45.9	2650	44,500 PSI	51.0C	2856	57,800 PSI
130 GR. SPR SP	IMR	IMR 8208 XBR	.308" 2.615"	43.0	2531	46,900 PSI	48.0C	2856	62,000 PSI
130 GR. SPR SP	IMR	IMR 3031	.308" 2.615"	42.0	2549	42,600 PSI	46.7C	2850	59,800 PSI
150 GR. NOS BT	Hodgdon	Varget	.308" 2.800"	44.0	2522	43,300 CUP	47.0C	2675	50,300 CUP
150 GR. NOS BT	IMR	IMR 4320	.308" 2.800"	44.1	2426	44,600 PSI	49.0C	2679	59,800 PSI
150 GR. NOS BT	IMR	IMR 4064	.308" 2.800"	43.0	2444	44,700 PSI	47.7C	2681	57,100 PSI
150 GR. NOS BT	Hodgdon	BL-C(2)	.308" 2.800"	45.0	2422	40,200 CUP	48.0	2614	50,000 CUP
150 GR. NOS BT	IMR	IMR 4895	.308" 2.800"	42.6	2418	42,300 PSI	47.3C	2669	57,700 CUP
150 GR. NOS BT	Hodgdon	H335	.308" 2.800"	41.0	2456	42,600 CUP	44.0	2541	51,200 CUP
150 GR. NOS BT	Hodgdon	H4895	.308" 2.800"	43.0	2478	43,200 CUP	45.5	2649	51,000 CUP
150 GR. NOS BT	IMR	IMR 8208 XBR	.308" 2.800"	40.0	2330	45,500 PSI	44.5C	2635	60,800 PSI
150 GR. NOS BT	IMR	IMR 3031	.308" 2.800"	40.2	2452	44,300 PSI	43.5C	2659	59,200 PSI
150 GR. NOS BT	Hodgdon	Benchmark	.308" 2.800"	39.0	2315	38,800 CUP	43.0	2596	49,000 CUP
150 GR. NOS BT	Hodgdon	H322	.308" 2.800"	37.0	2284	39,100 CUP	40.0	2471	50,500 CUP
150 GR. NOS BT	IMR	Trail Boss	.308" 2.800"	10.0	1060	25,800 PSI	14.0	1344	27,100 PSI
155 GR. SIE HPBT	Hodgdon	H414	.308" 2.775"	48.0	2379	40,500 CUP	51.0	2497	50,200 CUP
155 GR. SIE HPBT	Hodgdon	Varget	.308" 2.775"	44.0	2502	41,300 CUP	47.0C	2680	49,400 CUP
155 GR. SIE HPBT	IMR	IMR 4320	.308" 2.775"	44.0	2390	44,800 PSI	48.5C	2656	58,400 PSI
155 GR. SIE HPBT	IMR	IMR 4064	.308" 2.775"	43.0	2418	42,900 PSI	47.5C	2683	56,500 PSI
155 GR. SIE HPBT	Hodgdon	BL-C(2)	.308" 2.775"	45.0	2398	37,500 CUP	48.0	2614	49,600 CUP
155 GR. SIE HPBT	IMR	IMR 4895	.308" 2.775"	43.5	2470	45,100 PSI	47.5C	2693	58,200 PSI
155 GR. SIE HPBT	Hodgdon	H335	.308" 2.775"	41.0	2383	42,100 CUP	43.5	2487	49,900 CUP
155 GR. SIE HPBT	Hodgdon	H4895	.308" 2.775"	43.0	2476	42,000 CUP	46.0	2668	49,700 CUP
155 GR. SIE HPBT	IMR	IMR 8208 XBR	.308" 2.775"	41.0	2362	47,300 PSI	45.3	2650	60,900 PSI
155 GR. SIE HPBT	IMR	IMR 3031	.308" 2.775"	39.5	2336	43,400 PSI	43.2C	2633	58,500 PSI
155 GR. SIE HPBT	Hodgdon	Benchmark	.308" 2.775"	39.0	2271	41,900 CUP	43.0	2549	50,200 CUP
155 GR. SIE HPBT	Hodgdon	H322	.308" 2.775"	38.0	2283	42,400 CUP	41.0	2520	49,400 CUP
165 GR. HDY SP	Hodgdon	H414	.308" 2.750"	48.0	2384	43,500 CUP	52.0	2518	49,200 CUP
165 GR. HDY SP	Hodgdon	Varget	.308" 2.750"	42.0	2384	40,800 CUP	46.0C	2576	50,500 CUP
165 GR. HDY SP	IMR	IMR 4320	.308" 2.750"	43.0	2331	46,900 CUP	46.5C	2519	58,400 CUP
165 GR. HDY SP	IMR	IMR 4064	.308" 2.750"	42.0	2353	47,700 CUP	46.3C	2583	59,700 PSI
165 GR. HDY SP	Hodgdon	BL-C(2)	.308" 2.750"	44.0	2337	37,700 CUP	47.5	2576	49,700 CUP
165 GR. HDY SP	IMR	IMR 4895	.308" 2.750"	42.7	2409	49,200 PSI	45.5C	2562	58,800 PSI
165 GR. HDY SP	Hodgdon	H335	.308" 2.750"	39.0	2161	44,500 CUP	42.0	2368	49,100 CUP
165 GR. HDY SP	Hodgdon	H4895	.308" 2.750"	41.0	2341	38,600 CUP	43.5	2497	50,000 CUP
165 GR. HDY SP	IMR	IMR 8208 XBR	.308" 2.750"	38.5	2219	49,100 PSI	42.8	2506	60,200 PSI

Bullet	Manufacturer	Powder	Diameter	COAL	Start Charge	Start Velocity	Start Pressure	Max Charge	Max Velocity	Max Pressure
165 GR. HDY SP	IMR	IMR 3031	.308"	2.750"	39.1	2351	49,600 PSI	41.6	2504	59,800 PSI
165 GR. HDY SP	Hodgdon	Benchmark	.308"	2.750"	38.5	2261	40,200 CUP	42.5	2487	50,500 CUP
168 GR. SIE HPBT	Hodgdon	Varget	.308"	2.800"	42.0	2386	41,200 CUP	46.0C	2580	50,600 CUP
168 GR. SIE HPBT	IMR	IMR 4320	.308"	2.800"	41.5	2221	43,800 PSI	46.0	2527	59,300 PSI
168 GR. SIE HPBT	IMR	IMR 4064	.308"	2.800"	41.5	2337	43,800 PSI	45.9C	2582	58,800 PSI
168 GR. SIE HPBT	Hodgdon	BL-C(2)	.308"	2.800"	44.0	2278	39,400 CUP	47.0	2531	50,200 CUP
168 GR. SIE HPBT	IMR	IMR 4895	.308"	2.800"	41.0	2275	39,700 PSI	45.4C	2571	58,000 PSI
168 GR. SIE HPBT	Hodgdon	H335	.308"	2.800"	39.0	2215	37,700 CUP	42.0	2406	49,300 CUP
168 GR. SIE HPBT	Hodgdon	H4895	.308"	2.800"	41.0	2312	38,300 CUP	43.5	2484	49,500 CUP
168 GR. SIE HPBT	IMR	IMR 8208 XBR	.308"	2.800"	39.0	2235	49,000 PSI	43.3	2521	61,500 PSI
168 GR. SIE HPBT	IMR	IMR 3031	.308"	2.800"	39.0	2309	43,900 CUP	42.0	2531	58,900 PSI
168 GR. SIE HPBT	Hodgdon	Benchmark	.308"	2.800"	38.0	2247	38,100 CUP	42.0	2463	49,300 CUP
168 GR. SIE HPBT	Hodgdon	H414	.308"	2.800"	46.0	2282	40,300 CUP	49.0	2439	50,100 CUP
175 GR. SIE HPBT	IMR	IMR 4007 SSC	.308"	2.800"	45.0	2252	46,100 PSI	48.0C	2397	56,500 PSI
175 GR. SIE HPBT	Hodgdon	Varget	.308"	2.800"	42.0	2370	42,600 CUP	45.0C	2539	48,600 CUP
175 GR. SIE HPBT	IMR	IMR 4320	.308"	2.800"	42.0	2255	44,000 PSI	45.7C	2483	57,600 PSI
175 GR. SIE HPBT	IMR	IMR 4064	.308"	2.800"	41.5	2327	45,200 PSI	45.6C	2544	59,500 PSI
175 GR. SIE HPBT	Hodgdon	BL-C(2)	.308"	2.800"	43.0	2268	39,200 CUP	46.0	2516	50,300 CUP
175 GR. SIE HPBT	IMR	IMR 4895	.308"	2.800"	41.0	2258	42,800 PSI	45.0C	2528	57,800 PSI
175 GR. SIE HPBT	Hodgdon	H335	.308"	2.800"	38.0	2187	38,800 CUP	41.3	2363	50,100 CUP
175 GR. SIE HPBT	Hodgdon	H4895	.308"	2.800"	40.0	2274	39,100 CUP	42.7	2422	49,000 CUP
175 GR. SIE HPBT	IMR	IMR 8208 XBR	.308"	2.800"	39.0	2232	52,200 PSI	42.5	2456	61,800 PSI
175 GR. SIE HPBT	IMR	IMR 3031	.308"	2.800"	38.0	2227	42,000 PSI	41.3	2487	59,100 PSI
175 GR. SIE HPBT	Hodgdon	Benchmark	.308"	2.800"	38.0	2231	40,100 CUP	41.5	2415	50,800 CUP
180 GR. SPR SP	Hodgdon	H414	.308"	2.800"	46.0	2239	39,800 CUP	49.0	2389	47,500 CUP
180 GR. SPR SP	IMR	IMR 4007 SSC	.308"	2.800"	45.0	2192	46,600 PSI	48.0C	2361	54,200 CUP
180 GR. SPR SP	Hodgdon	Varget	.308"	2.800"	41.0	2274	41,200 CUP	45.0C	2480	49,600 CUP
180 GR. SPR SP	IMR	IMR 4320	.308"	2.800"	41.0	2133	43,500 PSI	45.4C	2396	57,900 PSI
180 GR. SPR SP	IMR	IMR 4064	.308"	2.800"	40.7	2217	44,100 PSI	45.2C	2484	58,200 PSI
180 GR. SPR SP	Hodgdon	BL-C(2)	.308"	2.800"	42.0	2202	40,300 CUP	46.0	2447	50,100 CUP
180 GR. SPR SP	IMR	IMR 4895	.308"	2.800"	40.5	2172	43,800 PSI	44.7C	2451	58,700 PSI
180 GR. SPR SP	Hodgdon	H335	.308"	2.800"	38.0	2152	41,100 CUP	41.0	2300	49,500 CUP
180 GR. SPR SP	Hodgdon	H4895	.308"	2.800"	40.0	2237	41,200 CUP	42.5	2359	49,700 CUP
180 GR. SPR SP	IMR	IMR 8208 XBR	.308"	2.800"	36.0	2082	51,600 PSI	40.0	2264	60,100 PSI
180 GR. SPR SP	IMR	IMR 3031	.308"	2.800"	37.0	2126	43,300 PSI	40.6	2352	58,000 PSI
180 GR. SPR SP	Hodgdon	Benchmark	.308"	2.800"	38.0	2200	40,700 CUP	41.3	2361	50,800 CUP

Cartridge: 30-06
Load Type: Pistol

Bullet Weight (Gr.)	Manufacturer	Powder	Bullet Diam.	C.O.L.	Starting Loads Grs.	Vel. (ft/s)	Pressure	Maximum Loads Grs.	Vel. (ft/s)	Pressure
110 GR. HDY SP	Hodgdon	H414	.308"	3.170"	57.0	2603	39,200 CUP	62.5	2845	46,900 CUP
110 GR. HDY SP	Hodgdon	Varget	.308"	3.170"	55.0	2774	44,400 CUP	59.0	2910	48,500 CUP
110 GR. HDY SP	Hodgdon	BL-C(2)	.308"	3.170"	54.0	2687	36,200 CUP	60.0	3020	45,000 CUP
110 GR. HDY SP	Hodgdon	H335	.308"	3.170"	50.0	2731	43,500 CUP	55.5	2933	48,100 CUP
110 GR. HDY SP	Hodgdon	H4895	.308"	3.170"	51.0	2792	39,000 CUP	57.0	2978	49,300 CUP
125 GR. SIE SP	Hodgdon	H414	.308"	3.150"	57.0	2487	40,300 CUP	62.5	2730	46,700 CUP
125 GR. SIE SP	Hodgdon	Varget	.308"	3.150"	54.0	2731	45,500 CUP	57.2	2820	49,500 CUP
125 GR. SIE SP	Hodgdon	BL-C(2)	.308"	3.150"	53.0	2561	38,000 CUP	58.7	2768	48,700 CUP
125 GR. SIE SP	Hodgdon	H335	.308"	3.150"	49.0	2836	43,000 CUP	54.0	2963	49,300 CUP
125 GR. SIE SP	Hodgdon	H4895	.308"	3.150"	48.0	2680	41,400 CUP	53.7	2892	49,300 CUP
130 GR. SPR HP	Hodgdon	H414	.308"	3.060"	56.0	2480	40,600 CUP	62.0	2742	48,700 CUP
130 GR. SPR HP	Hodgdon	Varget	.308"	3.060"	49.0	2542	41,300 CUP	53.5	2690	48,400 CUP
130 GR. SPR HP	Hodgdon	BL-C(2)	.308"	3.060"	52.0	2540	36,600 CUP	58.0	2812	48,300 CUP
130 GR. SPR HP	Hodgdon	H335	.308"	3.060"	48.0	2622	39,600 CUP	53.5	2829	48,600 CUP
130 GR. SPR HP	Hodgdon	H4895	.308"	3.060"	48.0	2673	38,600 CUP	53.1	2838	46,100 CUP
150 GR. NOS BT	Hodgdon	H4350	.308"	3.250"	56.0	2440	37,100 CUP	62.0C	2704	48,400 CUP
150 GR. NOS BT	Hodgdon	H414	.308"	3.250"	54.0	2417	40,500 CUP	60.0	2644	48,600 CUP
150 GR. NOS BT	Hodgdon	H380	.308"	3.250"	53.0	2517	40,200 CUP	59.0	2714	45,900 CUP
150 GR. NOS BT	Hodgdon	Varget	.308"	3.250"	47.0	2442	42,600 CUP	51.0	2582	50,000 CUP
150 GR. NOS BT	Hodgdon	BL-C(2)	.308"	3.250"	49.0	2424	39,700 CUP	54.0	2612	48,600 CUP
150 GR. NOS BT	Hodgdon	H335	.308"	3.250"	47.0	2464	42,500 CUP	51.5	2667	49,200 CUP
150 GR. NOS BT	Hodgdon	H4895	.308"	3.250"	46.0	2503	44,400 CUP	51.0	2721	48,500 CUP
155 GR. SIE HPBT	Hodgdon	H4350	.308"	3.225"	56.0	2392	36,000 CUP	62.0C	2647	47,500 CUP
155 GR. SIE HPBT	Hodgdon	H414	.308"	3.225"	54.0	2390	39,600 CUP	60.0	2634	46,200 CUP
155 GR. SIE HPBT	Hodgdon	H380	.308"	3.225"	53.0	2492	40,100 CUP	59.0	2736	47,800 CUP
155 GR. SIE HPBT	Hodgdon	Varget	.308"	3.225"	48.0	2445	44,600 CUP	50.7	2558	48,800 CUP
155 GR. SIE HPBT	Hodgdon	BL-C(2)	.308"	3.225"	49.0	2392	38,800 CUP	54.0	2572	46,300 CUP
155 GR. SIE HPBT	Hodgdon	H335	.308"	3.225"	47.0	2451	42,200 CUP	51.5	2634	48,800 CUP
155 GR. SIE HPBT	Hodgdon	H4895	.308"	3.225"	46.0	2428	41,200 CUP	51.0	2692	45,600 CUP
165 GR. SIE SPBT	Hodgdon	H4350	.308"	3.300"	53.0	2355	38,400 CUP	59.0	2562	49,400 CUP
165 GR. SIE SPBT	Hodgdon	H414	.308"	3.300"	51.0	2396	41,900 CUP	56.5	2605	49,700 CUP
165 GR. SIE SPBT	Hodgdon	H380	.308"	3.300"	51.0	2387	41,700 CUP	56.5	2598	50,000 CUP
165 GR. SIE SPBT	Hodgdon	Varget	.308"	3.300"	47.0	2384	44,500 CUP	50.5	2534	49,700 CUP
165 GR. SIE SPBT	Hodgdon	BL-C(2)	.308"	3.300"	46.0	2366	41,200 CUP	51.0	2598	49,800 CUP

Bullet	Powder Mfr	Powder	Diameter	OAL	Start Load	Start Velocity	Start Pressure	Max Load	Max Velocity	Max Pressure
165 GR. SIE SPBT	Hodgdon	H335	.308"	3.300"	42.0	2298	38,500 CUP	47.0	2480	49,300 CUP
165 GR. SIE SPBT	Hodgdon	H4895	.308"	3.300"	43.0	2360	41,100 CUP	47.5	2521	49,000 CUP
168 GR. HDY HPBT	Hodgdon	H4350	.308"	3.230"	55.0	2374	40,400 CUP	59.0	2525	48,100 CUP
168 GR. HDY HPBT	Hodgdon	H414	.308"	3.230"	53.0	2364	40,300 CUP	56.5	2526	49,700 CUP
168 GR. HDY HPBT	Hodgdon	H380	.308"	3.230"	51.0	2365	42,800 CUP	56.5	2583	49,700 CUP
168 GR. HDY HPBT	Hodgdon	Varget	.308"	3.230"	47.0	2389	42,700 CUP	50.5	2526	49,200 CUP
168 GR. HDY HPBT	Hodgdon	BL-C(2)	.308"	3.230"	46.0	2290	39,100 CUP	51.0	2498	49,200 CUP
168 GR. HDY HPBT	Hodgdon	H335	.308"	3.230"	42.0	2228	39,900 CUP	46.5	2454	49,500 CUP
168 GR. HDY HPBT	Hodgdon	H4895	.308"	3.230"	43.0	2356	41,200 CUP	47.5	2529	50,000 CUP
175 GR. SIE HPBT	Hodgdon	H4831	.308"	3.300"	57.0	2341	38,300 CUP	61.5C	2488	44,400 CUP
175 GR. SIE HPBT	Hodgdon	H4350	.308"	3.300"	55.0	2422	42,100 CUP	59.0	2600	48,700 CUP
175 GR. SIE HPBT	Hodgdon	H414	.308"	3.300"	52.5	2374	40,700 CUP	56.2	2525	49,200 CUP
175 GR. SIE HPBT	Hodgdon	H380	.308"	3.300"	49.5	2337	43,400 CUP	53.0	2469	48,400 CUP
175 GR. SIE HPBT	Hodgdon	Varget	.308"	3.300"	45.0	2315	41,700 CUP	48.0	2437	49,000 CUP
175 GR. SIE HPBT	Hodgdon	BL-C(2)	.308"	3.300"	48.5	2390	44,100 CUP	51.5	2528	48,700 CUP
175 GR. SIE HPBT	Hodgdon	H335	.308"	3.300"	43.0	2325	46,600 CUP	45.7	2452	49,400 CUP
175 GR. SIE HPBT	Hodgdon	H4895	.308"	3.300"	43.8	2295	44,100 CUP	46.7	2440	49,000 CUP
180 GR. SIE SPBT	Hodgdon	H4831	.308"	3.300"	54.0	2132	34,700 CUP	60.0	2332	44,300 CUP
180 GR. SIE SPBT	Hodgdon	H4350	.308"	3.300"	52.0	2288	37,800 CUP	57.5	2480	49,300 CUP
180 GR. SIE SPBT	Hodgdon	H414	.308"	3.300"	50.0	2318	39,200 CUP	55.5	2536	48,700 CUP
180 GR. SIE SPBT	Hodgdon	H380	.308"	3.300"	48.0	2235	39,900 CUP	53.0	2436	48,700 CUP
180 GR. SIE SPBT	Hodgdon	Varget	.308"	3.300"	44.0	2226	41,900 CUP	47.0	2342	50,000 CUP
180 GR. SIE SPBT	Hodgdon	BL-C(2)	.308"	3.300"	44.0	2245	39,200 CUP	48.5	2454	48,100 CUP
180 GR. SIE SPBT	Hodgdon	H335	.308"	3.300"	42.0	2270	41,900 CUP	46.0	2410	49,200 CUP
180 GR. SIE SPBT	Hodgdon	H4895	.308"	3.300"	41.0	2200	38,100 CUP	46.0	2421	48,800 CUP
190 GR. HDY SPBT	Hodgdon	H4831	.308"	3.220"	57.0	2223	44,100 CUP	61.0C	2393	50,000 CUP
190 GR. HDY SPBT	Hodgdon	H4350	.308"	3.220"	51.0	2201	39,500 CUP	56.5	2433	49,200 CUP
190 GR. HDY SPBT	Hodgdon	H414	.308"	3.220"	48.0	2249	39,000 CUP	53.0	2463	49,500 CUP
190 GR. HDY SPBT	Hodgdon	H380	.308"	3.220"	47.0	2213	40,900 CUP	51.5	2364	48,700 CUP
190 GR. HDY SPBT	Hodgdon	Varget	.308"	3.220"	43.5	2197	41,800 CUP	46.5	2314	49,700 CUP
190 GR. HDY SPBT	Hodgdon	BL-C(2)	.308"	3.220"	43.0	2201	39,200 CUP	47.0	2395	48,600 CUP
190 GR. HDY SPBT	Hodgdon	H335	.308"	3.220"	40.0	2142	40,200 CUP	44.0	2327	48,400 CUP
190 GR. HDY SPBT	Hodgdon	H4895	.308"	3.220"	41.0	2208	41,400 CUP	45.5	2376	48,000 CUP
200 GR. NOS AB	Hodgdon	H1000	.308"	3.300"	57.0	2062	35,800 CUP	61.0C	2222	42,200 CUP
200 GR. NOS AB	Hodgdon	H4831	.308"	3.300"	55.0	2220	42,100 CUP	59.0C	2372	49,300 CUP
200 GR. NOS AB	Hodgdon	H4350	.308"	3.300"	50.0	2185	40,400 CUP	53.7	2358	48,400 CUP
200 GR. NOS AB	Hodgdon	H414	.308"	3.300"	48.0	2220	42,900 CUP	51.5	2355	49,400 CUP
200 GR. NOS AB	Hodgdon	H380	.308"	3.300"	45.5	2113	42,300 CUP	48.5	2254	48,800 CUP
200 GR. NOS AB	Hodgdon	Varget	.308"	3.300"	42.0	2144	41,900 CUP	47.0	2315	49,100 CUP

Bullet	Manufacturer	Powder	Bullet Diam.	C.O.L.	Grs.	Vel. (ft/s)	Pressure	Grs.	Vel. (ft/s)	Pressure
200 GR. NOS AB	Hodgdon	H4895	.308"	3.300"	41.0	2158	43,700 CUP	44.0	2268	49,500 CUP
200 GR. SPR SP	Hodgdon	H1000	.308"	3.230"	55.0	2050	33,600 CUP	61.0C	2261	44,400 CUP
200 GR. SPR SP	Hodgdon	H4831	.308"	3.230"	54.0	2163	43,200 CUP	57.5C	2269	49,400 CUP
200 GR. SPR SP	Hodgdon	H4350	.308"	3.230"	50.0	2234	44,500 CUP	53.0	2334	49,100 CUP
200 GR. SPR SP	Hodgdon	H414	.308"	3.230"	47.0	2192	40,700 CUP	52.0	2394	49,100 CUP
200 GR. SPR SP	Hodgdon	H380	.308"	3.230"	44.0	2059	41,700 CUP	48.0	2216	49,600 CUP
200 GR. SPR SP	Hodgdon	Varget	.308"	3.230"	42.5	2136	44,700 CUP	45.5	2258	49,600 CUP
200 GR. SPR SP	Hodgdon	H4895	.308"	3.230"	39.0	2059	40,700 CUP	43.5	2262	49,200 CUP
220 GR. HDY JRN	Hodgdon	H1000	.308"	3.230"	58.0	2055	36,500 CUP	61.0C	2172	43,600 CUP
220 GR. HDY JRN	Hodgdon	H4831	.308"	3.230"	54.0	2041	43,300 CUP	57.5C	2156	48,600 CUP
220 GR. HDY JRN	Hodgdon	H4350	.308"	3.230"	50.0	2146	43,400 CUP	53.0	2254	49,200 CUP
220 GR. HDY JRN	Hodgdon	H414	.308"	3.230"	47.0	2064	39,000 CUP	52.0	2275	49,500 CUP
220 GR. HDY JRN	Hodgdon	Varget	.308"	3.230"	42.0	2041	44,000 CUP	45.0	2166	49,400 CUP
250 GR. BAR JRN	Hodgdon	H1000	.308"	3.200"	55.0	1920	43,600 CUP	58.0C	2019	49,500 CUP
250 GR. BAR JRN	Hodgdon	H4831	.308"	3.200"	50.0	1897	43,900 CUP	52.5C	2009	49,600 CUP
250 GR. BAR JRN	Hodgdon	H4350	.308"	3.200"	45.0	1941	43,000 CUP	47.5	2031	48,400 CUP

Cartridge: 32 ACP
Load Type: Pistol

Bullet Weight (Gr.)	Manufacturer	Powder	Bullet Diam.	C.O.L.	Starting Loads			Maximum Loads		
					Grs.	Vel. (ft/s)	Pressure	Grs.	Vel. (ft/s)	Pressure
71 GR. SIE FMJ	Winchester	AutoComp	.312"	.978"	2.7	879	13,900 CUP	3.0	937	14,800 CUP
71 GR. SIE FMJ	Hodgdon	Universal	.312"	.978"	2.2	781	11,600 CUP	2.4	881	14,900 CUP
71 GR. SIE FMJ	Winchester	231	.312"	.978"	2.1	805	12,400 CUP	2.3	871	14,400 CUP
71 GR. SIE FMJ	Hodgdon	HP-38	.312"	.978"	2.1	805	12,400 CUP	2.3	871	14,400 CUP
71 GR. SIE FMJ	Hodgdon	Titegroup	.312"	.978"	2.0	824	12,600 CUP	2.2	910	14,800 CUP
71 GR. SIE FMJ	Hodgdon	Clays	.312"	.978"	1.5	745	11,700 CUP	1.7	830	15,000 CUP

Cartridge: 32 S&W
Load Type: Pistol

Bullet Weight (Gr.)	Manufacturer	Powder	Bullet Diam.	C.O.L.	Starting Loads			Maximum Loads		
					Grs.	Vel. (ft/s)	Pressure	Grs.	Vel. (ft/s)	Pressure
85 GR. LEAD	Winchester	231	.314"	.930"	2.2	592	7,000 CUP	1.4	595	9,500 CUP

Cartridge: 32 S&W Long
Load Type: Pistol

Bullet Weight (Gr.)	Manufacturer	Powder	Bullet Diam.	C.O.L.	Starting Loads			Maximum Loads		
					Grs.	Vel. (ft/s)	Pressure	Grs.	Vel. (ft/s)	Pressure
83 GR. BERB HBWC	Hodgdon	Universal	.314"	.920"	2.2	592	7,000 CUP	2.7	798	10,500 CUP

Bullet Weight (Gr.)	Manufacturer	Powder	Bullet Diam.	C.O.L.	Grs.	Vel. (ft/s)	Pressure	Grs.	Vel. (ft/s)	Pressure
83 GR. BERB HBWC	Hodgdon	HP-38	.314"	.920"	2.1	679	7,600 CUP	2.4	800	10,800 CUP
83 GR. BERB HBWC	Hodgdon	Titegroup	.314"	.920"	1.7	633	6,800 CUP	2.0	754	10,000 CUP
85 GR. HDY JHP	Hodgdon	Universal	.312"	1.160"	2.7	705	8,000 CUP	3.0	865	12,000 CUP
85 GR. HDY JHP	Hodgdon	HP-38	.312"	1.160"	2.4	707	8,500 CUP	2.7	810	11,500 CUP
85 GR. HDY JHP	Hodgdon	Titegroup	.312"	1.160"	2.1	723	7,800 CUP	2.4	819	11,300 CUP
90 GR. HDY LSWC	Hodgdon	Universal	.314"	1.185"	2.4	777	8,800 CUP	2.7	844	10,200 CUP
90 GR. HDY LSWC	Hodgdon	HP-38	.314"	1.185"	2.1	744	9,100 CUP	2.4	831	11,300 CUP
90 GR. HDY LSWC	IMR	Trail Boss	.314"	1.185"	1.5	599	5,900 CUP	2.0	730	8,100 CUP
90 GR. HDY LSWC	Hodgdon	Titegroup	.314"	1.185"	1.9	765	10,200 CUP	2.1	818	10,900 CUP
90 GR. SIE JHC	Hodgdon	Universal	.312"	1.170"	2.6	676	7,500 CUP	2.9	838	11,200 CUP
90 GR. SIE JHC	Hodgdon	HP-38	.312"	1.170"	2.3	678	8,400 CUP	2.6	766	10,500 CUP
90 GR. SIE JHC	Hodgdon	Titegroup	.312"	1.170"	2.0	665	8,200 CUP	2.3	749	10,000 CUP
98 GR. SPR LHBWC	Hodgdon	Universal	.314"	.920"	1.9	675	6,100 CUP	2.2	830	11,000 CUP
98 GR. SPR LHBWC	Hodgdon	HP-38	.314"	.920"	1.9	718	9,200 CUP	2.3	861	11,600 CUP
98 GR. SPR LHBWC	Hodgdon	Titegroup	.314"	.920"	1.8	780	9,000 CUP	2.0	860	11,500 CUP

Cartridge: 32 North American Arms
Load Type: Pistol

Bullet Weight (Gr.)	Manufacturer	Powder	Bullet Diam.	C.O.L.	Starting Loads Grs.	Vel. (ft/s)	Pressure	Maximum Loads Grs.	Vel. (ft/s)	Pressure
60 GR. SPR GDHP	Hodgdon	Longshot	.312"	.930"	5.0	1145	18,200 PSI	5.4	1220	20,900 PSI
60 GR. SPR GDHP	Hodgdon	HS-6	.312"	.930"	5.5	1099	18,300 PSI	5.9	1161	20,700 PSI
60 GR. SPR GDHP	Hodgdon	Universal	.312"	.930"	3.8	1068	15,500 PSI	4.1	1189	20,200 PSI
60 GR. SPR GDHP	Hodgdon	HP-38	.312"	.930"	3.6	1075	18,700 PSI	3.9	1135	21,400 PSI
60 GR. SPR GDHP	Hodgdon	Titegroup	.312"	.930"	3.4	1093	17,900 PSI	3.7	1173	21,800 PSI
60 GR. SPR GDHP	Hodgdon	Clays	.312"	.930"	2.3	960	15,700 PSI	2.6	1053	21,800 PSI
71 GR. HDY FMJ/RN	Hodgdon	Longshot	.311"	.940"	4.6	1057	18,800 PSI	5.0	1115	21,700 PSI
71 GR. HDY FMJ/RN	Hodgdon	HS-6	.311"	.940"	4.9	983	18,200 PSI	5.3	1046	20,900 PSI
71 GR. HDY FMJ/RN	Hodgdon	Universal	.311"	.940"	3.4	985	16,400 PSI	3.8	1087	21,200 PSI
71 GR. HDY FMJ/RN	Hodgdon	HP-38	.311"	.940"	3.0	922	17,100 PSI	3.4	1003	21,400 PSI
71 GR. HDY FMJ/RN	Hodgdon	Titegroup	.311"	.940"	3.0	982	18,200 PSI	3.4	1063	22,200 PSI
71 GR. HDY FMJ/RN	Hodgdon	Clays	.311"	.940"	2.2	895	18,200 PSI	2.4	946	22,000 PSI

Cartridge: 32 H&R Magnum
Load Type: Pistol

Bullet Weight (Gr.)	Manufacturer	Powder	Bullet Diam.	C.O.L.	Starting Loads Grs.	Vel. (ft/s)	Pressure	Maximum Loads Grs.	Vel. (ft/s)	Pressure
77 GR. CAST LFP	IMR	800-X	.314"	1.335"	3.3	792	7,400 CUP	4.1	985	11,400 CUP
77 GR. CAST LFP	IMR	SR 4756	.314"	1.335"	3.5	785	8,400 CUP	4.0	981	12,800 CUP
77 GR. CAST LFP	Winchester	AutoComp	.314"	1.335"	3.0	773	6,700 CUP	4.0	1016	12,800 CUP

Bullet	Mfr	Powder	Diameter	OAL	Start Load (gr)	Start Velocity	Start Pressure	Max Load (gr)	Max Velocity	Max Pressure
77 GR. CAST LFP	Winchester	WSF	.314"	1.335"	3.4	831	8,800 CUP	3.8	926	11,100 CUP
77 GR. CAST LFP	Winchester	231	.314"	1.335"	2.4	797	6,700 CUP	3.4	998	12,300 CUP
77 GR. CAST LFP	Hodgdon	HP-38	.314"	1.335"	2.4	797	6,700 CUP	3.4	998	12,300 CUP
77 GR. CAST LFP	IMR	SR 7625	.314"	1.335"	3.4	912	11,000 CUP	3.8	1017	13,900 CUP
77 GR. CAST LFP	IMR	PB	.314"	1.335"	2.6	865	10,600 CUP	3.0	941	11,500 CUP
77 GR. CAST LFP	Hodgdon	Titegroup	.314"	1.335"	2.0	745	5,300 CUP	3.0	993	11,300 CUP
77 GR. CAST LFP	IMR	700-X	.314"	1.335"	2.3	832	9,900 CUP	2.7	913	11,500 CUP
85 GR. HDY HP	Hodgdon	H4227	.312"	1.290"	8.5	989	19,300 CUP	9.5	1151	21,000 CUP
85 GR. HDY HP	Hodgdon	Lil'Gun	.312"	1.290"	10.5	1163	13,700 CUP	12.0	1263	16,800 CUP
85 GR. HDY HP	Hodgdon	Longshot	.312"	1.290"	4.0	948	11,500 CUP	5.0	1167	20,200 CUP
85 GR. HDY HP	IMR	800-X	.312"	1.290"	4.7	1067	16,600 CUP	5.3	1156	19,900 CUP
85 GR. HDY HP	IMR	SR 4756	.312"	1.290"	4.3	998	15,500 CUP	4.9	1121	18,600 CUP
85 GR. HDY HP	Hodgdon	HS-6	.312"	1.290"	5.2	902	17,100 CUP	5.6	1146	20,200 CUP
85 GR. HDY HP	Winchester	AutoComp	.312"	1.290"	4.2	1037	15,500 CUP	4.6	1114	19,200 CUP
85 GR. HDY HP	Hodgdon	Universal	.312"	1.290"	4.0	1090	18,400 CUP	4.3	1123	19,000 CUP
85 GR. HDY HP	Winchester	WSF	.312"	1.290"	4.2	1030	15,900 CUP	4.8	1147	20,400 CUP
85 GR. HDY HP	Winchester	231	.312"	1.290"	3.2	785	15,200 CUP	3.8	1003	20,700 CUP
85 GR. HDY HP	Hodgdon	HP-38	.312"	1.290"	3.2	785	15,200 CUP	3.8	1003	20,700 CUP
85 GR. HDY HP	IMR	SR 7625	.312"	1.290"	4.0	975	14,900 CUP	4.5	1097	19,400 CUP
85 GR. HDY HP	IMR	PB	.312"	1.290"	3.3	948	15,600 CUP	3.8	1077	20,400 CUP
85 GR. HDY HP	Hodgdon	Titegroup	.312"	1.290"	3.0	929	14,000 CUP	3.7	1110	20,900 CUP
85 GR. HDY HP	IMR	700-X	.312"	1.290"	3.2	951	14,600 CUP	3.7	1071	18,700 CUP
90 GR. HDY LSWC	IMR	800-X	.314"	1.350"	3.2	830	9,800 CUP	4.0	987	13,400 CUP
90 GR. HDY LSWC	IMR	SR 4756	.314"	1.350"	3.6	855	11,500 CUP	4.2	1021	16,400 CUP
90 GR. HDY LSWC	Hodgdon	HS-6	.314"	1.350"	4.6	845	10,900 CUP	5.0	963	14,800 CUP
90 GR. HDY LSWC	Winchester	AutoComp	.314"	1.350"	3.4	874	10,400 CUP	3.9	997	14,500 CUP
90 GR. HDY LSWC	Hodgdon	Universal	.314"	1.350"	3.0	819	8,400 CUP	3.2	908	11,500 CUP
90 GR. HDY LSWC	Winchester	WSF	.314"	1.350"	3.2	821	10,500 CUP	3.8	967	15,000 CUP
90 GR. HDY LSWC	Winchester	231	.314"	1.350"	2.8	828	9,600 CUP	3.2	919	12,500 CUP
90 GR. HDY LSWC	Hodgdon	HP-38	.314"	1.350"	2.8	828	9,600 CUP	3.2	919	12,500 CUP
90 GR. HDY LSWC	IMR	SR 7625	.314"	1.350"	3.0	836	10,300 CUP	3.6	949	15,000 CUP
90 GR. HDY LSWC	IMR	PB	.314"	1.350"	2.5	800	10,400 CUP	3.0	947	15,200 CUP
90 GR. HDY LSWC	IMR	Trail Boss	.314"	1.350"	2.4	751	10,700 CUP	2.8	785	11,300 CUP
90 GR. HDY LSWC	Hodgdon	Titegroup	.314"	1.350"	2.4	819	10,500 CUP	2.8	911	13,300 CUP
90 GR. HDY LSWC	IMR	700-X	.314"	1.350"	2.6	901	11,300 CUP	3.0	973	15,500 CUP
90 GR. SIE JHP	Hodgdon	H4227	.312"	1.340"	9.5	1042	15,000 CUP	10.0	1079	17,000 CUP
90 GR. SIE JHP	Hodgdon	Lil'Gun	.312"	1.340"	10.0	1156	14,900 CUP	11.5	1227	18,000 CUP

Bullet Weight (Gr.)	Manufacturer	Powder	Bullet Diam.	C.O.L.	Grs.	Vel. (ft/s)	Pressure	Grs.	Vel. (ft/s)	Pressure
90 GR. SIE JHP	Hodgdon	Longshot	.312"	1.340"	4.0	945	12,100 CUP	5.0	1139	19,500 CUP
90 GR. SIE JHP	IMR	800-X	.312"	1.340"	4.2	973	14,900 CUP	5.0	1130	21,000 CUP
90 GR. SIE JHP	IMR	SR 4756	.312"	1.340"	4.1	974	16,500 CUP	4.7	1086	20,800 CUP
90 GR. SIE JHP	Hodgdon	HS-6	.312"	1.340"	5.4	1026	16,400 CUP	6.0	1140	20,200 CUP
90 GR. SIE JHP	Winchester	AutoComp	.312"	1.340"	4.0	957	15,700 CUP	4.5	1082	20,300 CUP
90 GR. SIE JHP	Hodgdon	Universal	.312"	1.340"	3.7	1008	16,900 CUP	4.0	1072	20,000 CUP
90 GR. SIE JHP	Winchester	WSF	.312"	1.340"	4.0	966	15,900 CUP	4.5	1065	19,500 CUP
90 GR. SIE JHP	Winchester	231	.312"	1.340"	3.5	930	16,200 CUP	4.0	1033	20,300 CUP
90 GR. SIE JHP	Hodgdon	HP-38	.312"	1.340"	3.5	930	16,200 CUP	4.0	1033	20,300 CUP
90 GR. SIE JHP	IMR	SR 7625	.312"	1.340"	3.7	880	12,900 CUP	4.2	1060	20,200 CUP
90 GR. SIE JHP	IMR	PB	.312"	1.340"	3.0	861	12,800 CUP	3.4	977	18,900 CUP
90 GR. SIE JHP	Hodgdon	Titegroup	.312"	1.340"	3.1	932	15,300 CUP	3.6	1060	20,600 CUP
90 GR. SIE JHP	IMR	700-X	.312"	1.340"	3.0	914	14,500 CUP	3.5	1036	19,400 CUP
90 GR. SIE JHP	IMR	H4227	.312"	1.340"	9.0	980	15,700 CUP	10.0	1060	19,300 CUP
100 GR. SPR JHP	Hodgdon	Lil'Gun	.312"	1.345"	10.0	1151	17,900 CUP	11.0	1208	19,900 CUP
100 GR. SPR JHP	Hodgdon	Longshot	.312"	1.345"	4.0	903	13,900 CUP	4.7	1056	19,300 CUP
100 GR. SPR JHP	IMR	800-X	.312"	1.345"	4.2	900	14,600 CUP	4.7	1035	20,200 CUP
100 GR. SPR JHP	IMR	SR 4756	.312"	1.345"	4.0	887	15,800 CUP	4.5	980	19,700 CUP
100 GR. SPR JHP	Hodgdon	HS-6	.312"	1.345"	4.8	885	15,800 CUP	5.4	1023	20,200 CUP
100 GR. SPR JHP	Winchester	AutoComp	.312"	1.345"	3.7	867	15,200 CUP	4.2	964	18,900 CUP
100 GR. SPR JHP	Hodgdon	Universal	.312"	1.345"	3.3	847	14,300 CUP	3.7	973	19,900 CUP
100 GR. SPR JHP	Winchester	WSF	.312"	1.345"	3.8	858	15,100 CUP	4.3	1000	20,300 CUP
100 GR. SPR JHP	Winchester	231	.312"	1.345"	3.3	860	15,600 CUP	3.7	947	19,400 CUP
100 GR. SPR JHP	Hodgdon	HP-38	.312"	1.345"	3.3	860	15,600 CUP	3.7	947	19,400 CUP
100 GR. SPR JHP	IMR	SR 7625	.312"	1.345"	3.5	831	14,600 CUP	4.0	973	20,300 CUP
100 GR. SPR JHP	IMR	PB	.312"	1.345"	3.0	834	15,400 CUP	3.4	936	20,200 CUP
100 GR. SPR JHP	Hodgdon	Titegroup	.312"	1.345"	2.8	833	15,000 CUP	3.3	956	19,900 CUP
100 GR. SPR JHP	IMR	700-X	.312"	1.345"	3.1	857	15,900 CUP	3.5	976	20,200 CUP

Cartridge: 32-20 Winchester
Load Type: Pistol

					Starting Loads			Maximum Loads		
Bullet Weight (Gr.)	Manufacturer	Powder	Bullet Diam.	C.O.L.	Grs.	Vel. (ft/s)	Pressure	Grs.	Vel. (ft/s)	Pressure
77 GR. LFP	Winchester	231	.314"	1.555"	3.4	957	11,000 CUP	3.8	1031	12,700 CUP
77 GR. LFP	Hodgdon	HP-38	.314"	1.555"	3.4	957	11,000 CUP	3.8	1031	12,700 CUP
77 GR. LFP	Hodgdon	Titegroup	.314"	1.555"	2.9	945	10,300 CUP	3.2	1020	11,700 CUP
85 GR. HDY JHP	Hodgdon	Lil'Gun	.312"	1.550"	7.5	1048	13,200 CUP	8.0	1102	15,700 CUP
85 GR. HDY JHP	Hodgdon	Titegroup	.312"	1.550"	3.1	866	11,600 CUP	3.5	961	15,900 CUP
90 GR. CAST LRNFP	Winchester	231	.314"	1.490"	3.2	833	11,900 CUP	3.5	969	16,000 CUP
90 GR. CAST LRNFP	Hodgdon	HP-38	.314"	1.490"	3.2	833	11,900 CUP	3.5	969	16,000 CUP

90 GR. CAST LRNFP	IMR	Trail Boss	.314"	1.490"	2.5	785	11,400 CUP	2.8	830	13,900 CUP
90 GR. CAST LRNFP	Hodgdon	Titegroup	.314"	1.490"	3.0	937	12,300 CUP	3.4	1012	15,800 CUP
100 GR. REM JFP	Hodgdon	Lil'Gun	.312"	1.580"	7.0	947	12,200 CUP	7.5	1018	15,700 CUP
100 GR. REM JFP	Hodgdon	Titegroup	.312"	1.580"	3.0	839	14,100 CUP	3.5	908	16,000 CUP
115 GR. CAST LRNFP	Hodgdon	Universal	.314"	1.580"	3.0	808	14,200 CUP	3.2	869	16,000 CUP
115 GR. CAST LRNFP	Winchester	231	.314"	1.580"	3.2	839	11,100 CUP	3.5	915	15,600 CUP
115 GR. CAST LRNFP	Hodgdon	HP-38	.314"	1.580"	3.2	839	11,100 CUP	3.5	915	15,600 CUP
115 GR. CAST LRNFP	IMR	Trail Boss	.314"	1.580"	2.2	642	11,300 CUP	2.5	707	15,300 CUP
115 GR. CAST LRNFP	Hodgdon	Titegroup	.314"	1.580"	2.7	815	12,900 CUP	3.0	857	15,300 CUP

Cartridge: 327 Federal Magnum
Load Type: Pistol

Bullet Weight (Gr.)	Manufacturer	Powder	Bullet Diam.	C.O.L.	Starting Loads Grs.	Vel. (ft/s)	Pressure	Maximum Loads Grs.	Vel. (ft/s)	Pressure
77 GR. CAST LFP	IMR	SR 4756	.314"	1.460"	5.8	1174	15,300 PSI	7.0	1422	23,900 PSI
77 GR. CAST LFP	Winchester	AutoComp	.314"	1.460"	5.9	1251	17,700 PSI	6.7	1393	21,900 PSI
77 GR. CAST LFP	Hodgdon	Universal	.314"	1.460"	4.9	1190	15,700 PSI	5.5	1357	22,800 PSI
77 GR. CAST LFP	Winchester	231	.314"	1.460"	5.1	1273	20,700 PSI	5.8	1380	25,000 PSI
77 GR. CAST LFP	Hodgdon	HP-38	.314"	1.460"	5.1	1273	20,700 PSI	5.8	1380	25,000 PSI
77 GR. CAST LFP	IMR	SR 7625	.314"	1.460"	5.5	1249	18,500 PSI	6.3	1410	25,600 PSI
77 GR. CAST LFP	IMR	PB	.314"	1.460"	4.7	1234	19,600 PSI	5.6	1400	29,400 PSI
77 GR. CAST LFP	IMR	Trail Boss	.314"	1.460"	3.0	919	12,300 PSI	3.5	1024	18,700 PSI
77 GR. CAST LFP	Hodgdon	Titegroup	.314"	1.460"	4.5	1225	17,200 PSI	5.3	1391	24,700 PSI
77 GR. CAST LFP	IMR	700-X	.314"	1.460"	4.5	1236	17,500 PSI	5.3	1388	24,600 PSI
77 GR. CAST LFP	Hodgdon	Clays	.314"	1.460"	3.7	1121	18,000 PSI	4.5	1297	30,900 PSI
85 GR. HDY XTP	Hodgdon	Longshot	.312"	1.450"	6.5	1404	32,700 PSI	7.2	1549	41,800 PSI
85 GR. HDY XTP	IMR	800-X	.312"	1.450"	6.7	1376	25,300 PSI	7.5	1548	36,700 PSI
85 GR. HDY XTP	IMR	SR 4756	.312"	1.450"	6.5	1304	27,700 PSI	7.1	1451	37,800 PSI
85 GR. HDY XTP	Hodgdon	HS-6	.312"	1.450"	7.6	1402	30,800 PSI	8.5	1561	41,600 PSI
85 GR. HDY XTP	Winchester	AutoComp	.312"	1.450"	6.3	1387	32,700 PSI	7.0	1518	42,100 PSI
85 GR. HDY XTP	Hodgdon	Universal	.312"	1.450"	5.3	1253	32,100 PSI	6.0	1378	38,700 PSI
85 GR. HDY XTP	Winchester	WSF	.312"	1.450"	6.4	1359	31,900 PSI	7.0	1475	38,200 PSI
85 GR. HDY XTP	Winchester	231	.312"	1.450"	5.5	1299	34,000 PSI	6.0	1416	39,800 PSI
85 GR. HDY XTP	Hodgdon	HP-38	.312"	1.450"	5.5	1299	34,000 PSI	6.0	1416	39,800 PSI
85 GR. HDY XTP	Hodgdon	Titegroup	.312"	1.450"	5.0	1294	27,000 PSI	5.8	1438	37,600 PSI
90 GR. CAST LRNFP	IMR	SR 4756	.312"	1.460"	5.3	1170	19,200 PSI	6.0	1291	25,300 PSI
90 GR. CAST LRNFP	Winchester	AutoComp	.312"	1.460"	5.5	1210	19,900 PSI	6.3	1348	28,700 PSI
90 GR. CAST LRNFP	Hodgdon	Universal	.312"	1.460"	4.3	1090	16,600 PSI	5.2	1274	27,800 PSI

Bullet	Manufacturer	Powder	Diameter	COL	Charge (gr)	Velocity (fps)	Pressure	Charge (gr)	Velocity (fps)	Pressure
90 GR. CAST LRNFP	Hodgdon	HP-38	.312"	1.460"	4.5	1118	18,400 PSI	5.5	1299	30,400 PSI
90 GR. CAST LRNFP	IMR	SR 7625	.312"	1.460"	4.8	1163	21,700 PSI	5.8	1326	32,500 PSI
90 GR. CAST LRNFP	IMR	PB	.312"	1.460"	4.4	1157	24,700 PSI	5.1	1281	34,600 PSI
90 GR. CAST LRNFP	IMR	Trail Boss	.312"	1.460"	2.7	789	11,200 PSI	3.2	890	14,800 PSI
90 GR. CAST LRNFP	Hodgdon	Titegroup	.312"	1.460"	3.8	1066	16,300 PSI	5.0	1283	28,800 PSI
90 GR. CAST LRNFP	IMR	700-X	.312"	1.460"	4.1	1108	17,800 PSI	5.0	1277	28,100 PSI
90 GR. CAST LRNFP	Hodgdon	Clays	.312"	1.460"	3.5	1065	26,400 PSI	4.2	1186	37,900 PSI
90 GR. LHBWC	Hodgdon	Universal	.314"	1.200"	2.4	721	9,100 PSI	2.8	869	12,500 PSI
90 GR. LHBWC	Winchester	231	.314"	1.200"	2.3	781	14,600 PSI	2.7	878	15,000 PSI
90 GR. LHBWC	Hodgdon	HP-38	.314"	1.200"	2.3	781	14,600 PSI	2.7	878	15,000 PSI
90 GR. LHBWC	IMR	PB	.314"	1.200"	2.0	717	13,000 PSI	2.5	864	14,600 PSI
90 GR. LHBWC	Hodgdon	Titegroup	.314"	1.200"	2.0	773	13,200 PSI	2.3	859	14,000 PSI
90 GR. LHBWC	IMR	700-X	.314"	1.200"	2.2	810	12,700 PSI	2.5	885	14,200 PSI
90 GR. LHBWC	Hodgdon	Clays	.314"	1.200"	1.9	792	17,800 PSI	2.2	856	20,600 PSI
90 GR. SIE JHC	Hodgdon	Longshot	.312"	1.460"	6.6	1340	26,400 PSI	7.3	1512	42,600 PSI
90 GR. SIE JHC	IMR	800-X	.312"	1.460"	6.5	1321	24,900 PSI	7.2	1446	31,700 PSI
90 GR. SIE JHC	IMR	SR 4756	.312"	1.460"	6.3	1285	24,300 PSI	7.4	1486	40,500 PSI
90 GR. SIE JHC	Hodgdon	HS-6	.312"	1.460"	8.0	1337	23,400 PSI	8.8	1491	36,400 PSI
90 GR. SIE JHC	Winchester	AutoComp	.312"	1.460"	6.4	1337	29,200 PSI	7.2	1493	42,900 PSI
90 GR. SIE JHC	Hodgdon	Universal	.312"	1.460"	5.3	1275	26,800 PSI	5.7	1372	40,900 PSI
90 GR. SIE JHC	Winchester	WSF	.312"	1.460"	6.0	1320	29,300 PSI	6.6	1426	41,900 PSI
90 GR. SIE JHC	Winchester	231	.312"	1.460"	5.4	1279	32,100 PSI	6.1	1415	43,000 PSI
90 GR. SIE JHC	Hodgdon	HP-38	.312"	1.460"	5.4	1279	32,100 PSI	6.1	1415	43,000 PSI
90 GR. SIE JHC	Hodgdon	Titegroup	.312"	1.460"	5.0	1287	28,200 PSI	5.7	1402	39,600 PSI
100 GR. HDY XTP	IMR	IMR 4227	.312"	1.450"	11.5	1239	27,100 PSI	12.5C	1318	30,000 PSI
100 GR. HDY XTP	Winchester	296	.312"	1.450"	12.2	1419	31,400 PSI	13.2	1525	38,500 PSI
100 GR. HDY XTP	Hodgdon	H110	.312"	1.450"	12.2	1419	31,400 PSI	13.2	1525	38,500 PSI
100 GR. HDY XTP	Hodgdon	Lil'Gun	.312"	1.450"	12.7	1347	25,600 PSI	14.0	1431	27,900 PSI
100 GR. HDY XTP	Hodgdon	Longshot	.312"	1.450"	6.0	1287	35,400 PSI	6.7	1400	43,500 PSI
100 GR. HDY XTP	IMR	800-X	.312"	1.450"	6.0	1252	28,900 PSI	6.9	1434	39,400 PSI
100 GR. HDY XTP	IMR	SR 4756	.312"	1.450"	5.8	1243	32,900 PSI	6.6	1352	41,500 PSI
100 GR. HDY XTP	Hodgdon	HS-6	.312"	1.450"	7.0	1289	34,100 PSI	7.7	1384	42,000 PSI
100 GR. HDY XTP	Winchester	AutoComp	.312"	1.450"	5.5	1190	32,500 PSI	6.2	1328	41,400 PSI
100 GR. HDY XTP	Hodgdon	Universal	.312"	1.450"	4.5	1087	28,000 PSI	5.4	1250	40,800 PSI
100 GR. HDY XTP	Hodgdon	HP-38	.312"	1.450"	4.8	1146	31,100 PSI	5.4	1261	39,800 PSI
100 GR. HDY XTP	Hodgdon	Titegroup	.312"	1.450"	4.3	1102	33,300 PSI	5.2	1261	42,800 PSI
115 GR. MEI LRNFP	IMR	SR 4756	.312"	1.460"	4.7	1047	20,900 PSI	5.8	1231	37,400 PSI
115 GR. MEI LRNFP	Winchester	AutoComp	.312"	1.460"	4.7	1062	22,100 PSI	5.5	1194	33,500 PSI
115 GR. MEI LRNFP	Hodgdon	Universal	.312"	1.460"	4.2	1059	25,200 PSI	5.0	1184	40,200 PSI

115 GR. MEI LRNFP	Winchester	231	.312"	1.460"	4.3	1053	27,400 PSI	5.3	1218	41,200 PSI
115 GR. MEI LRNFP	Hodgdon	HP-38	.312"	1.460"	4.3	1053	27,400 PSI	5.3	1218	41,200 PSI
115 GR. MEI LRNFP	IMR	SR 7625	.312"	1.460"	4.7	1105	30,400 PSI	5.5	1209	38,300 PSI
115 GR. MEI LRNFP	IMR	PB	.312"	1.460"	4.0	1045	33,800 PSI	4.5	1142	42,700 PSI
115 GR. MEI LRNFP	IMR	Trail Boss	.312"	1.460"	2.5	733	15,200 PSI	3.0	804	19,600 PSI
115 GR. MEI LRNFP	Hodgdon	Titegroup	.312"	1.460"	3.6	1012	23,900 PSI	4.6	1173	40,600 PSI
115 GR. MEI LRNFP	IMR	700-X	.312"	1.460"	3.8	1024	26,400 PSI	4.6	1158	35,300 PSI
115 GR. MEI LRNFP	Hodgdon	Clays	.312"	1.460"	3.0	913	26,600 PSI	3.7	1017	39,500 PSI

Cartridge: 380 Auto
Load Type: Pistol

Bullet Weight (Gr.)	Manufacturer	Powder	Bullet Diam.	C.O.L.	Starting Loads Grs.	Vel. (ft/s)	Pressure	Maximum Loads Grs.	Vel. (ft/s)	Pressure
90 GR. HDY JHP	IMR	800-X	.355"	.955"				4.1	870	15,500 CUP
90 GR. HDY JHP	IMR	SR 4756	.355"	.955"				3.6	880	15,500 CUP
90 GR. HDY JHP	Winchester	AutoComp	.355"	.955"	4.1	893	11,200 CUP	4.5	1012	15,000 CUP
90 GR. HDY JHP	Hodgdon	Universal	.355"	.955"	3.2	815	10,700 CUP	3.6	955	15,700 CUP
90 GR. HDY JHP	Winchester	231	.355"	.955"	3.2	917	13,900 CUP	3.5	957	15,400 CUP
90 GR. HDY JHP	Hodgdon	HP-38	.355"	.955"	3.2	917	13,900 CUP	3.5	957	15,400 CUP
90 GR. HDY JHP	IMR	SR 7625	.355"	.955"				3.2	880	14,700 CUP
90 GR. HDY JHP	IMR	PB	.355"	.955"				3.0	890	15,700 CUP
90 GR. HDY JHP	Hodgdon	Titegroup	.355"	.955"	2.7	826	10,800 CUP	3.2	970	15,600 CUP
90 GR. HDY JHP	IMR	700-X	.355"	.955"				2.9	895	15,900 CUP
95 GR. SPR FMJ	Winchester	AutoComp	.355"	.970"	3.9	816	10,600 CUP	4.3	937	14,100 CUP
95 GR. SPR FMJ	Hodgdon	Universal	.355"	.970"	3.1	814	12,500 CUP	3.5	901	15,500 CUP
95 GR. SPR FMJ	Winchester	231	.355"	.970"	2.9	802	13,100 CUP	3.2	884	15,400 CUP
95 GR. SPR FMJ	Hodgdon	HP-38	.355"	.970"	2.9	802	13,100 CUP	3.2	884	15,400 CUP
95 GR. SPR FMJ	Hodgdon	Titegroup	.355"	.970"	2.7	796	10,600 CUP	3.2	953	15,600 CUP
100 GR. HDY FMJ	IMR	800-X	.355"	.980"				4.0	840	14,700 CUP
100 GR. HDY FMJ	IMR	SR 4756	.355"	.980"				3.5	875	15,900 CUP
100 GR. HDY FMJ	Winchester	AutoComp	.355"	.980"	3.8	822	11,000 CUP	4.2	934	14,400 CUP
100 GR. HDY FMJ	Hodgdon	Universal	.355"	.980"	3.0	721	11,400 CUP	3.4	889	16,100 CUP
100 GR. HDY FMJ	Winchester	231	.355"	.980"	2.9	819	13,800 CUP	3.1	843	15,400 CUP
100 GR. HDY FMJ	Hodgdon	HP-38	.355"	.980"	2.9	819	13,800 CUP	3.1	843	15,400 CUP
100 GR. HDY FMJ	IMR	SR 7625	.355"	.980"				3.0	855	15,500 CUP
100 GR. HDY FMJ	IMR	PB	.355"	.980"				2.8	835	15,400 CUP
100 GR. HDY FMJ	Hodgdon	Titegroup	.355"	.980"	2.6	793	11,400 CUP	3.0	912	14,700 CUP
100 GR. HDY FMJ	IMR	700-X	.355"	.980"				2.7	840	15,200 CUP

Cartridge: 38 S&W
Load Type: Pistol

Bullet Weight (Gr.)	Manufacturer	Powder	Bullet Diam.	C.O.L.	Starting Loads Grs.	Starting Loads Vel. (ft/s)	Starting Loads Pressure	Maximum Loads Grs.	Maximum Loads Vel. (ft/s)	Maximum Loads Pressure
145 GR. CAST	Hodgdon	HP-38	.359"	1.200"	2.2	595		2.5	630	
145 GR. LEAD	Winchester	231	.358"	1.180"				2.6	675	11,500 CUP

Cartridge: 38 Short Colt
Load Type: Pistol

Bullet Weight (Gr.)	Manufacturer	Powder	Bullet Diam.	C.O.L.	Starting Loads Grs.	Starting Loads Vel. (ft/s)	Starting Loads Pressure	Maximum Loads Grs.	Maximum Loads Vel. (ft/s)	Maximum Loads Pressure
93 GR. AA206 LRN	Hodgdon	Universal	.359"	1.005"	2.9	634		3.4	775	
93 GR. AA206 LRN	Hodgdon	HP-38	.359"	1.005"	2.4	609	6,500 CUP	2.8	749	7,100 CUP
93 GR. AA206 LRN	IMR	Trail Boss	.359"	1.005"	1.7	575		2.0	674	
93 GR. AA206 LRN	Hodgdon	Titegroup	.359"	1.005"	2.3	639		2.7	791	
93 GR. AA206 LRN	Hodgdon	Clays	.359"	1.005"	1.8	634	7,000 CUP	2.1	778	7,300 CUP
135 GR. AA202 LFP	Hodgdon	Universal	.358"	1.135"	2.4	624		2.8	771	
135 GR. AA202 LFP	Hodgdon	HP-38	.358"	1.135"	2.4	657		2.8	777	
135 GR. AA202 LFP	IMR	Trail Boss	.358"	1.135"	1.5	490		1.7	526	
135 GR. AA202 LFP	Hodgdon	Titegroup	.358"	1.135"	2.3	646		2.7	760	
135 GR. AA202 LFP	Hodgdon	Clays	.358"	1.135"	1.8	648		2.1	731	

Cartridge: 38 Long Colt
Load Type: Pistol

Bullet Weight (Gr.)	Manufacturer	Powder	Bullet Diam.	C.O.L.	Starting Loads Grs.	Starting Loads Vel. (ft/s)	Starting Loads Pressure	Maximum Loads Grs.	Maximum Loads Vel. (ft/s)	Maximum Loads Pressure
125 GR. LRN	Hodgdon	Universal	.358"	1.400"	3.2	626		3.7	772	
125 GR. LRN	Hodgdon	HP-38	.358"	1.400"	2.6	636		3.2	766	
125 GR. LRN	IMR	Trail Boss	.358"	1.400"	2.0	622		2.4	705	
125 GR. LRN	Hodgdon	Titegroup	.358"	1.400"	2.3	657		2.7	752	
125 GR. LRN	Hodgdon	Clays	.358"	1.400"	2.0	631		2.5	765	
150 GR. LRN	Hodgdon	Universal	.358"	1.390"	3.0	631		3.5	769	
150 GR. LRN	Hodgdon	HP-38	.358"	1.390"	2.6	631		3.3	777	
150 GR. LRN	IMR	Trail Boss	.358"	1.390"	1.8	541		2.0	575	
150 GR. LRN	Hodgdon	Titegroup	.358"	1.390"	2.3	641		2.8	755	
150 GR. LRN	Hodgdon	Clays	.358"	1.390"	2.0	624		2.6	744	

Cartridge: 9mm Luger
Load Type: Pistol

Bullet Weight (Gr.)	Manufacturer	Powder	Bullet Diam.	C.O.L.	Starting Loads Grs.	Starting Loads Vel. (ft/s)	Starting Loads Pressure	Maximum Loads Grs.	Maximum Loads Vel. (ft/s)	Maximum Loads Pressure
90 GR. SPR GDHP	Hodgdon	Longshot	.355"	1.010"	6.0	1278	29,400 PSI	7.0	1378	32,300 PSI

Bullet	Powder Mfr	Powder	Diameter	Start Charge	Start Velocity	Start Pressure	Max Charge	Max Velocity	Max Pressure
90 GR. SPR GDHP	Hodgdon	HS-6	1.010"	7.9	1361	27,400 CUP	8.2	1413	30,900 CUP
90 GR. SPR GDHP	Winchester	AutoComp	1.010"	6.1	1255	27,700 PSI	6.5	1332	32,100 PSI
90 GR. SPR GDHP	Hodgdon	Universal	1.010"	5.0	1170	25,700 CUP	5.5	1266	30,100 CUP
90 GR. SPR GDHP	Winchester	231	1.010"	5.5	1312	25,400 CUP	5.8	1349	30,100 CUP
90 GR. SPR GDHP	Hodgdon	HP-38	1.010"	5.5	1312	25,400 CUP	5.8	1349	30,100 CUP
90 GR. SPR GDHP	IMR	SR 7625	1.010"	4.9	1216	27,300 PSI	5.5	1292	30,600 PSI
90 GR. SPR GDHP	IMR	PB	1.010"	3.9	1141	27,200 PSI	4.3	1231	32,200 PSI
90 GR. SPR GDHP	Hodgdon	Titegroup	1.010"	4.7	1239	25,700 CUP	5.0	1305	30,000 CUP
90 GR. SPR GDHP	IMR	700-X	1.010"	4.1	1215	27,700 PSI	4.5	1279	32,200 PSI
95 GR. SIE FMJ	Hodgdon	Longshot	1.020"	5.8	1192	25,800 PSI	6.8	1356	33,300 PSI
95 GR. SIE FMJ	Hodgdon	HS-6	1.020"	7.3	1232	26,500 CUP	7.8	1339	31,300 CUP
95 GR. SIE FMJ	Winchester	AutoComp	1.010"	5.6	1216	27,300 PSI	6.1	1306	32,600 PSI
95 GR. SIE FMJ	Hodgdon	Universal	1.020"	4.6	1182	26,800 CUP	5.2	1292	31,700 CUP
95 GR. SIE FMJ	Winchester	231	1.020"	4.8	1189	26,300 CUP	5.3	1273	31,400 CUP
95 GR. SIE FMJ	Hodgdon	HP-38	1.020"	4.8	1189	26,300 CUP	5.3	1273	31,400 CUP
95 GR. SIE FMJ	IMR	SR 7625	1.020"	4.9	1172	27,800 PSI	5.4	1259	32,500 PSI
95 GR. SIE FMJ	IMR	PB	1.020"	3.9	1075	25,400 PSI	4.3	1178	32,700 PSI
95 GR. SIE FMJ	Hodgdon	Titegroup	1.020"	4.7	1241	28,500 CUP	5.0	1298	32,000 CUP
95 GR. SIE FMJ	IMR	700-X	1.020"	4.1	1137	26,300 PSI	4.5	1224	31,500 PSI
100 GR. SFIRE	Hodgdon	Universal	1.140"	3.8	1057	21,700 PSI	4.2	1169	30,700 PSI
100 GR. SFIRE	Winchester	231	1.140"	3.9	1062	26,500 PSI	4.4	1149	31,000 PSI
100 GR. SFIRE	Hodgdon	HP-38	1.140"	3.9	1062	26,500 PSI	4.4	1149	31,000 PSI
100 GR. SFIRE	IMR	PB	1.140"	3.8	1076	25,400 PSI	4.3	1155	28,700 PSI
100 GR. SFIRE	Hodgdon	Titegroup	1.140"	3.6	1097	24,700 PSI	4.0	1174	31,400 PSI
100 GR. SFIRE	IMR	700-X	1.140"	3.5	1015	22,600 PSI	4.0	1122	26,700 PSI
100 GR. SPR FMJ	Hodgdon	Longshot	1.050"	5.5	1158	26,500 PSI	6.5	1315	33,300 CUP
100 GR. SPR FMJ	Hodgdon	HS-6	1.050"	7.2	1270	23,900 CUP	7.5	1313	28,600 CUP
100 GR. SPR FMJ	Hodgdon	Universal	1.050"	4.8	1119	27,200 CUP	5.3	1212	31,500 CUP
100 GR. SPR FMJ	Winchester	231	1.050"	5.1	1218	25,200 CUP	5.5	1282	28,400 CUP
100 GR. SPR FMJ	Hodgdon	HP-38	1.050"	5.1	1218	25,200 CUP	5.5	1282	28,400 CUP
100 GR. SPR FMJ	Hodgdon	Titegroup	1.050"	4.7	1234	28,300 CUP	5.0	1289	30,300 CUP
115 GR. FMJ	Winchester	WSF	1.169"	4.9	1060	24,200 PSI	5.7	1195	31,900 PSI
115 GR. JHP	Winchester	WSF	1.169"	5.2	1095	28,700 PSI	5.7	1165	32,100 PSI
115 GR. LRN	Hodgdon	Longshot	1.100"	5.0	1032	20,200 CUP	6.0	1166	27,300 CUP
115 GR. LRN	IMR	800-X	1.100"	4.5	1004	24,000 PSI	5.3	1128	28,200 PSI
115 GR. LRN	IMR	SR 4756	1.100"	4.5	1027	25,000 PSI	5.2	1145	31,600 PSI
115 GR. LRN	Hodgdon	HS-6	1.100"	6.4	1117	27,900 CUP	6.9	1170	32,200 CUP

Bullet	Mfr	Powder	Diameter	COL	Charge	Velocity	Pressure	Charge	Velocity	Pressure
115 GR. LRN	Winchester	AutoComp	.356"	1.100"	4.4	1002	24,800 PSI	5.1	1145	31,500 PSI
115 GR. LRN	Hodgdon	Universal	.356"	1.100"	4.0	1034	24,400 CUP	4.5	1124	31,300 CUP
115 GR. LRN	Winchester	231	.356"	1.100"	4.3	1079	28,400 CUP	4.8	1135	32,000 CUP
115 GR. LRN	Hodgdon	HP-38	.356"	1.100"	4.3	1079	28,400 CUP	4.8	1135	32,000 CUP
115 GR. LRN	IMR	PB	.356"	1.100"	3.3	974	26,900 PSI	3.7	1061	32,500 PSI
115 GR. LRN	Hodgdon	Titegroup	.356"	1.100"	3.9	1075	25,800 CUP	4.3	1151	30,500 CUP
115 GR. LRN	IMR	700-X	.356"	1.100"	3.3	986	25,200 PSI	3.7	1082	31,900 PSI
115 GR. LRN	Hodgdon	Clays	.356"	1.100"	3.0	954	25,300 CUP	3.4	1039	31,000 CUP
115 GR. SPR GDHP	IMR	700-X	.355"	1.125"	3.9	991	26,000 PSI	4.2	1091	31,900 PSI
115 GR. SPR GDHP	Hodgdon	Longshot	.355"	1.125"	5.0	1127	29,000 PSI	6.0	1203	32,300 PSI
115 GR. SPR GDHP	Hodgdon	HS-6	.355"	1.125"	6.7	1171	26,700 CUP	7.0	1234	29,400 CUP
115 GR. SPR GDHP	Winchester	AutoComp	.355"	1.125"	5.1	1078	28,200 PSI	5.6	1161	32,500 PSI
115 GR. SPR GDHP	Hodgdon	Universal	.355"	1.125"	4.5	1029	27,400 CUP	5.0	1149	31,200 CUP
115 GR. SPR GDHP	Winchester	231	.355"	1.125"	4.7	1075	25,300 CUP	5.1	1167	28,100 CUP
115 GR. SPR GDHP	Hodgdon	HP-38	.355"	1.125"	4.7	1075	25,300 CUP	5.1	1167	28,100 CUP
115 GR. SPR GDHP	IMR	SR 7625	.355"	1.125"	4.5	1031	28,000 PSI	4.9	1113	32,300 PSI
115 GR. SPR GDHP	IMR	PB	.355"	1.125"	3.6	957	28,300 PSI	4.0	1038	32,000 PSI
115 GR. SPR GDHP	Hodgdon	Titegroup	.355"	1.125"	4.5	1135	29,500 CUP	4.8	1158	30,500 CUP
115 GR. SPR GDHP	Hodgdon	Clays	.355"	1.125"	3.7	1066	30,900 CUP	3.9	1095	32,600 CUP
124 GR. FMJ	Winchester	WSF	.355"	1.169"	4.7	1015	27,700 PSI	5.3	1115	32,700 PSI
124 GR. LEAD RN	Winchester	WSF	.355"	1.169"	4.0	945	22,200 PSI	4.7	1055	27,300 PSI
125 GR. LCN	Hodgdon	Longshot	.356"	1.125"	5.0	1052	24,700 CUP	5.7	1115	28,300 CUP
125 GR. LCN	IMR	800-X	.356"	1.125"	4.5	1015	24,900 PSI	5.0	1051	26,200 PSI
125 GR. LCN	IMR	SR 4756	.356"	1.125"	4.2	972	24,400 PSI	4.8	1071	30,200 PSI
125 GR. LCN	Hodgdon	HS-6	.356"	1.125"	5.9	1023	24,400 CUP	6.6	1124	30,700 CUP
125 GR. LCN	Winchester	AutoComp	.356"	1.125"	4.3	1012	26,700 PSI	4.8	1101	32,800 PSI
125 GR. LCN	Hodgdon	Universal	.356"	1.125"	3.8	993	24,400 CUP	4.3	1096	31,300 CUP
125 GR. LCN	Winchester	231	.356"	1.125"	3.9	1009	25,700 CUP	4.4	1086	31,200 CUP
125 GR. LCN	Hodgdon	HP-38	.356"	1.125"	3.9	1009	25,700 CUP	4.4	1086	31,200 CUP
125 GR. LCN	IMR	SR 7625	.356"	1.125"	3.6	933	24,600 PSI	4.1	1035	31,200 PSI
125 GR. LCN	IMR	PB	.356"	1.125"	2.9	908	25,500 PSI	3.4	1004	34,000 PSI
125 GR. LCN	Hodgdon	Titegroup	.356"	1.125"	3.6	1002	22,900 CUP	4.0	1096	30,400 CUP
125 GR. LCN	IMR	700-X	.356"	1.125"	2.9	899	23,700 PSI	3.4	1003	31,600 PSI
125 GR. LCN	Hodgdon	Clays	.356"	1.125"	2.9	899	22,700 CUP	3.3	993	30,900 CUP
125 GR. SIE FMJ	Hodgdon	Longshot	.355"	1.090"	4.7	1022	28,100 PSI	5.7	1162	33,400 PSI
125 GR. SIE FMJ	IMR	SR 4756	.355"	1.090"	4.5	973	25,700 CUP	4.9	1037	28,700 CUP
125 GR. SIE FMJ	Hodgdon	HS-6	.355"	1.090"	6.4	1131	25,600 CUP	6.8	1169	27,100 CUP
125 GR. SIE FMJ	Winchester	AutoComp	.355"	1.090"	4.7	1055	28,900 PSI	5.2	1120	33,300 PSI
125 GR. SIE FMJ	Hodgdon	Universal	.355"	1.090"	4.3	1031	26,900 CUP	4.9	1118	30,600 CUP

Bullet Weight (Gr.)	Manufacturer	Powder	Bullet Diam.	C.O.L.	Grs.	Vel. (ft/s)	Pressure	Grs.	Vel. (ft/s)	Pressure
125 GR. SIE FMJ	Winchester	231	.355"	1.090"	4.4	1009	24,600 CUP	4.8	1088	28,800 CUP
125 GR. SIE FMJ	Hodgdon	HP-38	.355"	1.090"	4.4	1009	24,600 CUP	4.8	1088	28,800 CUP
125 GR. SIE FMJ	IMR	SR 7625	.355"	1.090"	4.1	996	28,900 PSI	4.6	1074	33,700 PSI
125 GR. SIE FMJ	IMR	PB	.355"	1.090"	3.2	887	25,600 PSI	3.6	974	33,500 PSI
125 GR. SIE FMJ	Hodgdon	Titegroup	.355"	1.090"	4.1	1069	27,300 CUP	4.4	1136	30,600 CUP
125 GR. SIE FMJ	IMR	700-X	.355"	1.090"	3.0	845	21,600 PSI	3.6	1007	31,000 PSI
125 GR. SIE FMJ	Hodgdon	Clays	.355"	1.090"	3.5	1010	28,000 CUP	3.7	1056	32,500 CUP
130 GR. BERB RN	Hodgdon	Longshot	.356"	1.150"	5.2	970	27,500 PSI	5.8	1115	33,900 PSI
130 GR. BERB RN	IMR	800-X	.356"	1.150"	5.3	1032	28,700 PSI	5.8	1104	31,000 PSI
130 GR. BERB RN	Hodgdon	HS-6	.356"	1.150"	5.9	970	28,300 PSI	6.5	1097	31,800 PSI
130 GR. BERB RN	Winchester	AutoComp	.356"	1.150"	4.8	990	27,500 PSI	5.3	1093	33,500 PSI
130 GR. BERB RN	Hodgdon	Universal	.356"	1.150"	3.8	857	26,600 PSI	4.2	978	31,500 PSI
130 GR. BERB RN	Winchester	231	.356"	1.150"	3.9	903	27,600 PSI	4.3	1005	33,000 PSI
130 GR. BERB RN	Hodgdon	HP-38	.356"	1.150"	3.9	903	27,600 PSI	4.3	1005	33,100 PSI
130 GR. BERB RN	IMR	SR 7625	.356"	1.150"	4.2	918	28,200 PSI	4.7	1026	32,000 PSI
130 GR. BERB RN	IMR	PB	.356"	1.150"	3.4	809	25,800 PSI	3.8	921	32,300 PSI
130 GR. BERB RN	Hodgdon	Titegroup	.356"	1.150"	3.5	895	27,400 PSI	3.9	1006	32,100 PSI
130 GR. BERB RN	IMR	700-X	.356"	1.150"	3.5	904	26,300 PSI	3.9	998	31,100 PSI
130 GR. BERB RN	Hodgdon	Clays	.356"	1.150"	2.7	755	27,400 PSI	3.0	853	31,700 PSI
147 GR. FMJ	Winchester	WSF	.355"	1.169"	3.9	895	28,400 PSI	4.3	950	32,300 PSI
147 GR. HDY XTP	Hodgdon	Longshot	.355"	1.100"	3.8	851	25,700 PSI	4.7	1004	33,800 PSI
147 GR. HDY XTP	IMR	800-X	.355"	1.100"	3.5	808	25,600 PSI	4.0	883	28,900 PSI
147 GR. HDY XTP	IMR	SR 4756	.355"	1.100"	3.0	668	21,800 PSI	3.6	834	29,900 PSI
147 GR. HDY XTP	Hodgdon	HS-6	.355"	1.100"	4.3	773	20,200 CUP	5.0	885	27,900 CUP
147 GR. HDY XTP	Winchester	AutoComp	.355"	1.100"	3.6	827	27,900 PSI	4.0	916	32,800 PSI
147 GR. HDY XTP	Hodgdon	Universal	.355"	1.100"	3.0	803	24,100 CUP	3.3	869	31,000 CUP
147 GR. HDY XTP	IMR	SR 7625	.355"	1.100"	2.8	707	24,000 PSI	3.3	844	32,900 PSI
147 GR. HDY XTP	Hodgdon	Titegroup	.355"	1.100"	3.2	855	22,500 CUP	3.6	929	27,500 CUP
147 GR. HDY XTP	IMR	700-X	.355"	1.100"	2.6	764	27,300 PSI	2.9	838	32,000 PSI
147 GR. JHP	Winchester	WSF	.355"	1.169"	4.0	900	30,100 PSI	4.3	935	32,300 PSI
147 GR. LEAD CFP	Winchester	WSF	.355"	1.169"	3.7	905	28,500 PSI	4.1	965	32,800 PSI

Cartridge: 38 Super Auto
Load Type: Pistol

Bullet Weight (Gr.)	Manufacturer	Powder	Bullet Diam.	C.O.L.	Grs.	Vel. (ft/s)	Pressure	Grs.	Vel. (ft/s)	Pressure
						Starting Loads			Maximum Loads	
90 GR. SIE JHP	Hodgdon	Longshot	.355"	1.180"	7.8	1448	27,600 CUP	8.4	1526	32,100 CUP
90 GR. SIE JHP	Hodgdon	HS-6	.355"	1.180"	8.5	1298	24,300 CUP	9.5	1392	32,000 CUP

Bullet	Mfr	Powder	Dia	OAL	Start gr	Start Vel	Start Pressure	Max gr	Max Vel	Max Pressure
90 GR. SIE JHP	Winchester	AutoComp	.355"	1.180"	6.6	1311	27,100 CUP	7.2	1388	32,500 CUP
90 GR. SIE JHP	Hodgdon	Universal	.355"	1.180"	5.7	1312	26,200 CUP	6.3	1352	31,600 CUP
90 GR. SIE JHP	Winchester	231	.355"	1.180"	6.0	1253	26,700 CUP	6.7	1345	32,000 CUP
90 GR. SIE JHP	Hodgdon	HP-38	.355"	1.180"	6.0	1253	26,700 CUP	6.7	1345	32,000 CUP
90 GR. SIE JHP	Hodgdon	Titegroup	.355"	1.180"	5.3	1288	23,200 CUP	6.0	1384	31,200 CUP
100 GR. SPR JHP	Hodgdon	Longshot	.355"	1.215"	7.2	1343	26,100 CUP	7.9	1446	32,100 CUP
100 GR. SPR JHP	Hodgdon	HS-6	.355"	1.215"	8.5	1284	25,500 CUP	9.4	1347	32,500 CUP
100 GR. SPR JHP	Hodgdon	Universal	.355"	1.215"	5.4	1233	25,200 CUP	6.0	1327	32,500 CUP
100 GR. SPR JHP	Winchester	231	.355"	1.215"	5.7	1206	26,300 CUP	6.4	1272	31,500 CUP
100 GR. SPR JHP	Hodgdon	HP-38	.355"	1.215"	5.7	1206	26,300 CUP	6.4	1272	31,500 CUP
100 GR. SPR JHP	Hodgdon	Titegroup	.355"	1.215"	5.1	1204	25,300 CUP	5.8	1292	31,400 CUP
115 GR. HDY XTP	Hodgdon	Longshot	.355"	1.245"	6.5	1214	25,500 CUP	7.1	1301	31,600 CUP
115 GR. HDY XTP	IMR	800-X	.355"	1.245"				5.9	1015	21,900 CUP
115 GR. HDY XTP	IMR	SR 4756	.355"	1.245"				5.2	965	21,800 CUP
115 GR. HDY XTP	Hodgdon	HS-6	.355"	1.245"	7.8	1212	25,500 CUP	8.5	1314	31,500 CUP
115 GR. HDY XTP	Winchester	AutoComp	.355"	1.245"	5.7	1152	27,400 CUP	6.2	1238	32,000 CUP
115 GR. HDY XTP	Hodgdon	Universal	.355"	1.245"	4.9	1141	25,300 CUP	5.5	1225	32,300 CUP
115 GR. HDY XTP	Winchester	231	.355"	1.245"	5.7	1198	29,000 CUP	6.1	1261	32,700 CUP
115 GR. HDY XTP	Hodgdon	HP-38	.355"	1.245"	5.7	1198	29,000 CUP	6.1	1261	32,700 CUP
115 GR. HDY XTP	IMR	SR 7625	.355"	1.245"				4.5	955	21,800 CUP
115 GR. HDY XTP	IMR	PB	.355"	1.245"				4.0	955	22,500 CUP
115 GR. HDY XTP	Hodgdon	Titegroup	.355"	1.245"	4.7	1107	25,000 CUP	5.3	1208	31,800 CUP
115 GR. HDY XTP	IMR	700-X	.355"	1.245"				4.0	955	22,900 CUP
115 GR. LRN	Hodgdon	Longshot	.356"	1.250"	6.5	1180	20,400 CUP	7.3	1289	30,900 CUP
115 GR. LRN	Hodgdon	HS-6	.356"	1.250"	7.8	1204	24,700 CUP	8.7	1307	31,100 CUP
115 GR. LRN	Winchester	AutoComp	.356"	1.250"	6.0	1178	26,400 CUP	6.5	1246	32,000 CUP
115 GR. LRN	Hodgdon	Universal	.356"	1.250"	5.0	1115	21,900 CUP	5.7	1216	31,900 CUP
115 GR. LRN	Winchester	231	.356"	1.250"	4.9	1059	19,700 CUP	5.7	1191	30,700 CUP
115 GR. LRN	Hodgdon	HP-38	.356"	1.250"	4.9	1059	19,700 CUP	5.7	1191	30,700 CUP
115 GR. LRN	Hodgdon	Titegroup	.356"	1.250"	4.8	1156	26,700 CUP	5.4	1213	31,900 CUP
115 GR. LRN	Hodgdon	Clays	.356"	1.250"	4.0	1046	28,600 CUP	4.6	1104	31,600 CUP
125 GR. CAST LCN	Hodgdon	LIL'GUN	.356"	1.230"	12.6	1288	25,900 CUP	14.0C	1379	30,500 CUP
125 GR. CAST LCN	Hodgdon	Longshot	.356"	1.230"	6.0	1157	25,100 CUP	6.8	1243	31,200 CUP
125 GR. CAST LCN	Hodgdon	HS-6	.356"	1.230"	7.2	1151	24,300 CUP	8.1	1264	31,300 CUP
125 GR. CAST LCN	Winchester	AutoComp	.356"	1.230"	5.5	1109	26,300 CUP	6.1	1174	31,700 CUP
125 GR. CAST LCN	Hodgdon	Universal	.356"	1.230"	4.7	1110	25,200 CUP	5.3	1171	32,300 CUP
125 GR. CAST LCN	Winchester	231	.356"	1.230"	5.1	1129	27,900 CUP	5.7	1214	32,600 CUP
125 GR. CAST LCN	Hodgdon	HP-38	.356"	1.230"	5.1	1129	27,900 CUP	5.7	1214	32,600 CUP
125 GR. CAST LCN	Hodgdon	Titegroup	.356"	1.230"	4.5	1114	23,400 CUP	5.1	1199	32,200 CUP

Bullet	Powder	Diameter	COL	Min Charge	Min Velocity	Min Pressure	Max Charge	Max Velocity	Max Pressure
125 GR. CAST LCN	Hodgdon	Clays	.356"	1.230"	3.9	1014	27,300 CUP	4.4	1063	31,600 CUP
125 GR. SIE FMJ	Hodgdon	LIL'GUN	.355"	1.275"	13.5	1317	27,600 CUP	14.0	1353	29,800 CUP
125 GR. SIE FMJ	Hodgdon	Longshot	.355"	1.275"	6.0	1109	24,600 CUP	6.9	1247	32,600 CUP
125 GR. SIE FMJ	Hodgdon	HS-6	.355"	1.275"	7.5	1158	24,600 CUP	8.3	1271	32,100 CUP
125 GR. SIE FMJ	Winchester	AutoComp	.355"	1.275"	5.7	1067	26,200 CUP	6.2	1173	31,400 CUP
125 GR. SIE FMJ	Hodgdon	Universal	.355"	1.275"	4.9	1069	27,600 CUP	5.5	1179	32,300 CUP
125 GR. SIE FMJ	Winchester	231	.355"	1.275"	5.1	1098	26,500 CUP	5.7	1159	31,200 CUP
125 GR. SIE FMJ	Hodgdon	HP-38	.355"	1.275"	5.1	1098	26,500 CUP	5.7	1159	31,200 CUP
125 GR. SIE FMJ	Hodgdon	Titegroup	.355"	1.275"	4.4	1020	23,800 CUP	5.0	1124	31,800 CUP
130 GR. BERB RN	Hodgdon	Lil'Gun	.355"	1.270"	10.5	1119	25,400 CUP	12.0C	1204	28,300 CUP
130 GR. BERB RN	Hodgdon	Longshot	.355"	1.270"	5.5	1058	27,400 CUP	6.5	1166	32,300 CUP
130 GR. BERB RN	Hodgdon	HS-6	.355"	1.270"	6.5	1010	26,000 CUP	7.5	1127	31,100 CUP
130 GR. BERB RN	Winchester	AutoComp	.355"	1.270"	5.3	1035	25,800 CUP	5.8	1109	31,100 CUP
130 GR. BERB RN	Hodgdon	Universal	.355"	1.270"	4.4	984	23,000 CUP	4.9	1073	30,500 CUP
135 GR. LRN	Hodgdon	LIL'GUN	.356"	1.275"	11.7	1203	26,400 CUP	13.0C	1314	31,500 CUP
135 GR. LRN	Hodgdon	Longshot	.356"	1.275"	5.8	1087	26,600 CUP	6.5	1178	32,200 CUP
135 GR. LRN	Hodgdon	HS-6	.356"	1.275"	7.2	1123	27,200 CUP	8.0	1190	32,000 CUP
135 GR. LRN	Winchester	AutoComp	.356"	1.275"	5.3	1065	25,400 CUP	5.8	1139	31,400 CUP
135 GR. LRN	Hodgdon	Universal	.356"	1.275"	4.5	1011	22,800 CUP	5.1	1108	30,900 CUP
135 GR. LRN	Winchester	231	.356"	1.275"	4.8	1045	27,600 CUP	5.4	1120	31,900 CUP
135 GR. LRN	Hodgdon	HP-38	.356"	1.275"	4.8	1045	27,600 CUP	5.4	1120	31,900 CUP
135 GR. LRN	Hodgdon	Titegroup	.356"	1.275"	4.1	1011	23,700 CUP	4.9	1123	31,700 CUP
135 GR. LRN	Hodgdon	Clays	.356"	1.275"	3.5	928	25,600 CUP	4.2	998	32,500 CUP
147 GR. HDY XTP	Hodgdon	LIL'GUN	.355"	1.260"	10.0	1111	22,200 CUP	11.0	1207	28,100 CUP
147 GR. HDY XTP	Hodgdon	Longshot	.355"	1.260"	5.4	1042	25,300 CUP	6.0	1119	30,900 CUP
147 GR. HDY XTP	Hodgdon	HS-6	.355"	1.260"	6.3	997	24,500 CUP	7.0	1106	31,900 CUP
147 GR. HDY XTP	Winchester	AutoComp	.355"	1.260"	5.0	943	25,300 CUP	5.5	1056	32,900 CUP
147 GR. HDY XTP	Hodgdon	Universal	.355"	1.260"	4.3	960	26,900 CUP	4.8	1017	32,500 CUP
147 GR. HDY XTP	Winchester	231	.355"	1.260"	4.4	965	24,300 CUP	4.9	1032	31,800 CUP
147 GR. HDY XTP	Hodgdon	HP-38	.355"	1.260"	4.4	965	24,300 CUP	4.9	1032	31,800 CUP
147 GR. HDY XTP	Hodgdon	Titegroup	.355"	1.260"	3.9	976	25,600 CUP	4.4	1066	31,700 CUP
150 GR. CAST LRN	Hodgdon	Longshot	.356"	1.230"	5.0	1076	27,200 CUP	6.2	1162	32,200 CUP
150 GR. CAST LRN	Hodgdon	HS-6	.356"	1.230"	6.4	1078	25,400 CUP	7.1	1175	30,900 CUP
150 GR. CAST LRN	Hodgdon	Universal	.356"	1.230"	4.5	1038	27,600 CUP	5.0	1111	32,000 CUP
150 GR. CAST LRN	Winchester	231	.356"	1.230"	4.5	1026	26,000 CUP	5.1	1135	31,400 CUP
150 GR. CAST LRN	Hodgdon	HP-38	.356"	1.230"	4.5	1026	26,000 CUP	5.1	1135	31,400 CUP
150 GR. CAST LRN	Hodgdon	Titegroup	.356"	1.230"	4.3	1066	27,400 CUP	4.8	1131	31,800 CUP

Bullet Weight (Gr.)	Manufacturer	Powder	Bullet Diam.	C.O.L.	Grs.	Vel. (ft/s)	Pressure	Grs.	Vel. (ft/s)	Pressure
150 GR. SIE JFP	Hodgdon	LIL'GUN	.356"	1.265"	10.0	1106	23,500 CUP	11.0	1206	29,700 CUP
150 GR. SIE JFP	Hodgdon	Longshot	.356"	1.265"	5.5	1040	26,900 CUP	6.0	1126	31,800 CUP
150 GR. SIE JFP	Hodgdon	HS-6	.356"	1.265"	6.5	1029	26,000 CUP	7.2	1137	31,200 CUP
150 GR. SIE JFP	Hodgdon	Universal	.356"	1.265"	4.4	984	26,600 CUP	4.9	1059	32,100 CUP
150 GR. SIE JFP	Winchester	231	.356"	1.265"	4.5	968	26,000 CUP	5.0	1066	32,100 CUP
150 GR. SIE JFP	Hodgdon	HP-38	.356"	1.265"	4.5	968	26,000 CUP	5.0	1066	32,100 CUP
150 GR. SIE JFP	Hodgdon	Titegroup	.356"	1.265"	4.0	976	27,000 CUP	4.6	1063	32,100 CUP

Cartridge: 38 Super Auto +P
Load Type: Pistol

Bullet Weight (Gr.)	Manufacturer	Powder	Bullet Diam.	C.O.L.	Starting Loads			Maximum Loads		
					Grs.	Vel. (ft/s)	Pressure	Grs.	Vel. (ft/s)	Pressure
115 GR. JHP	Winchester	WSF	.355"	1.280"	6.0	1185	28,100 PSI	7.1	1320	34,400 PSI
124 GR. FMJ	Hodgdon	WSF	.355"	1.280"	5.2	1060	25,800 PSI	6.6	1245	34,600 PSI
147 GR. JHP	Winchester	WSF	.355"	1.280"	4.8	960	27,300 PSI	5.6	1070	34,400 PSI
160 GR. LEAD	Winchester	WSF	.355"	1.280"	3.8	875	25,300 PSI	4.9	1010	34,600 PSI

Cartridge: 9x23 mm Winchester
Load Type: Pistol

Bullet Weight (Gr.)	Manufacturer	Powder	Bullet Diam.	C.O.L.	Starting Loads			Maximum Loads		
					Grs.	Vel. (ft/s)	Pressure	Grs.	Vel. (ft/s)	Pressure
125 GR. JHP	Winchester	231	.355"	1.300"	5.3	1180	38,000 PSI	6.3	1300	46,000 PSI

Cartridge: 38 Special
Load Type: Pistol

Bullet Weight (Gr.)	Manufacturer	Powder	Bullet Diam.	C.O.L.	Starting Loads			Maximum Loads		
					Grs.	Vel. (ft/s)	Pressure	Grs.	Vel. (ft/s)	Pressure
90 GR. CAST LRNFP	IMR	Trail Boss	.359"	1.325"	3.0	740	7,800 PSI	5.0	904	8,100 PSI
90 GR. CAST LRNFP	Hodgdon	Titegroup	.359"	1.325"	3.0	755	7,700 PSI	3.5	969	11,300 PSI
90 GR. CAST LRNFP	Hodgdon	Clays	.359"	1.325"	2.5	705	7,900 PSI	3.0	938	11,400 PSI
110 GR. HDY XTP	IMR	SR 4756	.357"	1.455"	5.5	913	12,300 PSI	6.2	1083	15,200 PSI
110 GR. HDY XTP	Hodgdon	HS-6	.357"	1.455"	7.0	1071	14,500 CUP	7.8	1178	17,000 CUP
110 GR. HDY XTP	Winchester	AutoComp	.357"	1.455"	5.8	860	11,700 PSI	6.4	1101	16,000 PSI
110 GR. HDY XTP	Hodgdon	Universal	.357"	1.455"	5.0	968	11,800 CUP	5.6	1143	16,700 CUP
110 GR. HDY XTP	Winchester	231	.357"	1.455"	4.6	948	12,600 CUP	5.5	1096	16,300 CUP
110 GR. HDY XTP	Hodgdon	HP-38	.357"	1.455"	4.6	948	12,600 CUP	5.5	1096	16,300 CUP
110 GR. HDY XTP	IMR	SR 7625	.357"	1.455"	4.9	929	13,400 PSI	5.5	1092	16,500 PSI
110 GR. HDY XTP	IMR	PB	.357"	1.455"	4.3	953	14,100 PSI	4.8	1063	16,400 PSI
110 GR. HDY XTP	Hodgdon	Titegroup	.357"	1.455"	4.3	1011	12,100 CUP	4.8	1109	16,000 CUP
110 GR. HDY XTP	IMR	700-X	.357"	1.455"	4.0	986	14,500 PSI	4.6	1078	16,500 PSI
110 GR. HDY XTP	Hodgdon	Clays	.357"	1.455"	4.0	1002	14,400 CUP	4.2	1073	17,000 CUP

Bullet	Mfr	Powder	Diameter	OAL	Charge	Velocity	Pressure	Charge	Velocity	Pressure
125 GR. CAST LRNFP	IMR	SR 4756	.358"	1.445"	5.4	974	13,300 PSI	6.0	1091	16,100 PSI
125 GR. CAST LRNFP	Winchester	AutoComp	.358"	1.455"	5.7	1048	7,300 PSI	6.2	1139	10,800 PSI
125 GR. CAST LRNFP	Hodgdon	Universal	.358"	1.445"	4.3	872	8,700 CUP	4.7	1036	16,800 CUP
125 GR. CAST LRNFP	Winchester	231	.358"	1.445"	3.8	876	10,300 CUP	4.8	1071	16,900 CUP
125 GR. CAST LRNFP	Hodgdon	HP-38	.358"	1.445"	3.8	876	10,300 CUP	4.8	1071	16,900 CUP
125 GR. CAST LRNFP	IMR	SR 7625	.358"	1.445"	4.6	966	13,700 PSI	5.2	1075	16,700 PSI
125 GR. CAST LRNFP	IMR	PB	.358"	1.445"	4.0	959	13,400 PSI	4.5	1060	16,500 PSI
125 GR. CAST LRNFP	IMR	Trail Boss	.358"	1.445"	3.0	753	11,600 PSI	5.3	952	13,400 PSI
125 GR. CAST LRNFP	Hodgdon	Titegroup	.358"	1.445"	3.2	856	8,400 CUP	3.8	985	12,000 CUP
125 GR. CAST LRNFP	IMR	700-X	.358"	1.445"	3.7	982	14,500 PSI	4.2	1076	16,200 CUP
125 GR. CAST LRNFP	Hodgdon	Clays	.358"	1.445"	2.5	810	8,400 CUP	3.5	978	16,900 CUP
125 GR. HDY XTP	IMR	SR 4756	.357"	1.455"	5.3	939	14,700 PSI	6.0	1046	16,400 PSI
125 GR. HDY XTP	Hodgdon	HS-6	.357"	1.455"	6.5	931	13,100 CUP	7.2	1048	16,600 CUP
125 GR. HDY XTP	Winchester	AutoComp	.357"	1.455"	5.7	985	13,600 CUP	6.2	1068	16,500 CUP
125 GR. HDY XTP	Hodgdon	Universal	.357"	1.455"	4.7	918	12,600 CUP	5.2	1019	17,000 CUP
125 GR. HDY XTP	Winchester	231	.357"	1.455"	4.3	826	13,300 CUP	4.9	934	16,300 CUP
125 GR. HDY XTP	Hodgdon	HP-38	.357"	1.455"	4.3	826	13,300 CUP	4.9	934	16,300 CUP
125 GR. HDY XTP	IMR	SR 7625	.357"	1.455"	4.5	875	13,800 PSI	5.1	999	16,300 PSI
125 GR. HDY XTP	IMR	PB	.357"	1.455"	3.6	810	13,000 PSI	4.1	926	15,700 CUP
125 GR. HDY XTP	Hodgdon	Titegroup	.357"	1.455"	4.3	953	12,800 CUP	4.6	1010	15,600 CUP
125 GR. HDY XTP	IMR	700-X	.357"	1.455"	3.6	863	14,300 PSI	4.2	969	17,000 CUP
125 GR. HDY XTP	Hodgdon	Clays	.357"	1.455"	3.5	843	12,400 CUP	3.9	937	16,100 CUP
130 GR. MEI CAST LRNFP	IMR	SR 4756	.358"	1.460"	5.3	916	12,900 PSI	5.9	1046	15,300 PSI
130 GR. MEI CAST LRNFP	Winchester	AutoComp	.358"	1.460"	5.5	981	13,600 CUP	6.0	1072	15,800 CUP
130 GR. MEI CAST LRNFP	Hodgdon	Universal	.358"	1.460"	4.7	957	13,500 CUP	5.2	1056	16,000 CUP
130 GR. MEI CAST LRNFP	Hodgdon	HP-38	.358"	1.460"	4.1	880	13,200 CUP	4.7	1008	16,100 CUP
130 GR. MEI CAST LRNFP	IMR	SR 7625	.358"	1.460"	4.6	925	13,700 PSI	5.2	1055	16,800 PSI
130 GR. MEI CAST LRNFP	IMR	PB	.358"	1.460"	3.9	887	12,400 PSI	4.4	996	16,500 PSI
130 GR. MEI CAST LRNFP	Hodgdon	Titegroup	.358"	1.460"	3.6	922	14,000 CUP	4.2	1018	15,900 CUP
130 GR. MEI CAST LRNFP	IMR	700-X	.358"	1.460"	3.5	870	13,300 CUP	4.1	996	16,500 CUP
130 GR. MEI CAST LRNFP	Hodgdon	Clays	.358"	1.460"	3.0	828	12,500 PSI	3.5	924	16,100 PSI
135 GR. CAST LRNFP	Hodgdon	Universal	.358"	1.418"	4.1	924	13,400 CUP	4.6	1025	16,900 CUP
135 GR. CAST LRNFP	Winchester	231	.358"	1.418"	3.7	872	12,500 CUP	4.7	1024	17,000 CUP
135 GR. CAST LRNFP	Hodgdon	HP-38	.358"	1.418"	3.7	872	12,500 CUP	4.7	1024	17,000 CUP
135 GR. CAST LRNFP	Hodgdon	Titegroup	.358"	1.418"	3.1	824	9,600 CUP	3.6	927	12,900 CUP
135 GR. CAST LRNFP	Hodgdon	Clays	.358"	1.418"	2.6	767	11,400 CUP	3.3	910	16,200 CUP
140 GR. HDY XTP	IMR	SR 4756	.357"	1.455"	4.9	774	13,100 PSI	5.5	938	16,900 PSI

Bullet	Mfr.	Powder	Diameter	OAL	Start Charge	Start Vel.	Start Pressure	Max Charge	Max Vel.	Max Pressure
140 GR. HDY XTP	Hodgdon	HS-6	.357"	1.455"	5.8	808	11,000 CUP	6.5	933	16,000 CUP
140 GR. HDY XTP	Winchester	AutoComp	.357"	1.455"	5.0	880	14,400 PSI	5.5	989	16,600 PSI
140 GR. HDY XTP	Hodgdon	Universal	.357"	1.455"	4.3	832	12,400 CUP	4.8	939	15,400 CUP
140 GR. HDY XTP	Winchester	231	.357"	1.455"	4.2	809	13,900 CUP	4.6	861	15,800 CUP
140 GR. HDY XTP	Hodgdon	HP-38	.357"	1.455"	4.2	809	13,900 CUP	4.6	861	15,800 CUP
140 GR. HDY XTP	IMR	SR 7625	.357"	1.455"	4.2	751	13,500 PSI	4.7	872	16,100 PSI
140 GR. HDY XTP	IMR	PB	.357"	1.455"	3.4	688	12,500 PSI	3.8	816	16,100 PSI
140 GR. HDY XTP	Hodgdon	Titegroup	.357"	1.455"	3.9	864	13,100 CUP	4.2	919	15,800 CUP
140 GR. HDY XTP	IMR	700-X	.357"	1.455"	3.3	736	13,300 PSI	3.8	849	16,400 PSI
140 GR. HDY XTP	Hodgdon	Clays	.357"	1.455"	3.0	703	13,400 CUP	3.7	869	16,700 CUP
140 GR. HDY XTP	Hodgdon	H4227	.357"	1.370"	9.6	908	12,600 CUP	10.7	979	15,700 CUP
146 GR. SPR JHP	IMR	SR 4756	.357"	1.370"	4.3	686	12,700 PSI	4.8	851	15,900 PSI
146 GR. SPR JHP	Hodgdon	HS-6	.357"	1.370"	5.6	808	11,700 CUP	6.3	969	16,100 CUP
146 GR. SPR JHP	Winchester	AutoComp	.357"	1.370"	4.6	796	13,100 PSI	5.0	881	14,700 PSI
146 GR. SPR JHP	Hodgdon	Universal	.357"	1.370"	4.0	788	11,100 CUP	4.5	933	16,100 CUP
146 GR. SPR JHP	Winchester	231	.357"	1.370"	4.0	773	12,700 CUP	4.5	876	15,500 CUP
146 GR. SPR JHP	Hodgdon	HP-38	.357"	1.370"	4.0	773	12,700 CUP	4.5	876	15,500 CUP
146 GR. SPR JHP	IMR	SR 7625	.357"	1.370"	3.7	640	11,700 PSI	4.2	810	16,400 PSI
146 GR. SPR JHP	IMR	PB	.357"	1.370"	3.4	699	12,600 PSI	3.8	793	16,500 PSI
146 GR. SPR JHP	Hodgdon	Titegroup	.357"	1.370"	3.5	808	12,800 CUP	4.0	914	16,000 CUP
146 GR. SPR JHP	IMR	700-X	.357"	1.370"	3.2	724	13,800 PSI	3.6	815	16,000 PSI
148 GR. HDY LHBWC	IMR	SR 4756	.358"	1.160"	3.5	732	12,300 PSI	4.0	854	16,200 PSI
148 GR. HDY LHBWC	Hodgdon	HS-6	.358"	1.160"	4.5	816	9,200 CUP	5.2	943	14,300 CUP
148 GR. HDY LHBWC	Winchester	AutoComp	.358"	1.160"	3.7	820	14,100 PSI	4.1	881	15,200 PSI
148 GR. HDY LHBWC	Hodgdon	Universal	.358"	1.160"	2.9	709	7,400 CUP	3.8	940	15,600 CUP
148 GR. HDY LHBWC	Winchester	231	.358"	1.160"	3.5	869	14,200 CUP	4.0	956	15,900 CUP
148 GR. HDY LHBWC	Hodgdon	HP-38	.358"	1.160"	3.5	869	14,200 CUP	4.0	956	15,900 CUP
148 GR. HDY LHBWC	IMR	SR 7625	.358"	1.160"	2.5	650	8,700 PSI	3.0	767	13,600 PSI
148 GR. HDY LHBWC	IMR	PB	.358"	1.160"	2.6	745	11,000 PSI	3.0	840	16,300 PSI
148 GR. HDY LHBWC	Winchester	WST	.358"	1.160"	2.5	680	13,000 PSI	2.8	735	16,000 PSI
148 GR. HDY LHBWC	IMR	Trail Boss	.358"	1.160"	2.0	625	15,100 PSI	2.3	675	15,700 PSI
148 GR. HDY LHBWC	Hodgdon	Titegroup	.358"	1.160"	2.7	771	7,700 CUP	3.3	908	11,800 CUP
148 GR. HDY LHBWC	IMR	700-X	.358"	1.160"	2.0	686	11,600 PSI	2.5	804	16,000 PSI
158 GR. CAST LSWC	Hodgdon	Clays	.358"	1.475"	2.3	784	10,900 CUP	2.5	836	13,200 CUP
158 GR. CAST LSWC	Hodgdon	H4227	.358"	1.475"	9.0	887	12,100 CUP	10.0	983	15,700 CUP
158 GR. CAST LSWC	Hodgdon	HS-6	.358"	1.475"	5.7	928	13,700 CUP	6.3	1010	16,200 CUP
158 GR. CAST LSWC	Winchester	AutoComp	.358"	1.475"	4.8	870	14,300 PSI	5.3	984	16,800 PSI
158 GR. CAST LSWC	Hodgdon	Universal	.358"	1.475"	3.5	756	9,600 CUP	4.5	974	16,700 CUP
158 GR. CAST LSWC	Winchester	231	.358"	1.475"	3.1	782	11,900 CUP	3.7	834	14,600 CUP

Bullet Weight (Gr.)	Manufacturer	Powder	Bullet Diam.	C.O.L.	Grs.	Vel. (ft/s)	Pressure	Grs.	Vel. (ft/s)	Pressure
158 GR. CAST LSWC	Hodgdon	HP-38	.358"	1.475"	3.1	782	11,900 CUP	3.7	834	14,600 CUP
158 GR. CAST LSWC	Winchester	WST	.358"	1.475"	3.3	705	12,800 PSI	3.7	770	15,700 PSI
158 GR. CAST LSWC	IMR	Trail Boss	.357"	1.475"	2.7	661	11,400 CUP	4.2	804	13,700 PSI
158 GR. CAST LSWC	Hodgdon	Titegroup	.358"	1.475"	3.2	815	11,500 CUP	3.8	920	15,400 CUP
158 GR. CAST LSWC	Hodgdon	Clays	.358"	1.475"	2.8	812	12,900 CUP	3.1	871	15,100 CUP
158 GR. HDY XTP	Hodgdon	H4227	.357"	1.455"	9.0	769	12,400 CUP	10.0	864	15,500 CUP
158 GR. HDY XTP	IMR	SR 4756	.357"	1.455"	4.8	774	13,400 PSI	5.3	888	16,400 PSI
158 GR. HDY XTP	Hodgdon	HS-6	.357"	1.455"	5.6	761	13,400 CUP	6.2	862	16,300 CUP
158 GR. HDY XTP	Winchester	AutoComp	.357"	1.455"	4.5	751	14,000 PSI	4.9	865	16,800 PSI
158 GR. HDY XTP	Hodgdon	Universal	.357"	1.455"	4.0	678	12,600 CUP	4.4	778	16,200 CUP
158 GR. HDY XTP	Winchester	231	.357"	1.455"	3.8	661	12,600 CUP	4.3	779	15,900 CUP
158 GR. HDY XTP	Hodgdon	HP-38	.357"	1.455"	3.8	661	12,600 CUP	4.3	779	15,900 CUP
158 GR. HDY XTP	IMR	SR 7625	.357"	1.455"	4.0	692	12,100 PSI	4.5	825	16,300 PSI
158 GR. HDY XTP	IMR	PB	.357"	1.455"	3.5	688	12,800 PSI	3.9	793	16,500 PSI
158 GR. HDY XTP	Hodgdon	Titegroup	.357"	1.455"	3.5	704	12,400 CUP	3.9	798	15,900 CUP
158 GR. HDY XTP	IMR	700-X	.357"	1.455"	3.2	688	13,000 PSI	3.7	798	15,900 CUP
158 GR. HDY XTP	Hodgdon	Clays	.357"	1.455"	3.0	633	13,400 CUP	3.1	721	16,600 CUP
158 GR. MEI CAST LSWC	IMR	SR 4756	.358"	1.475"	4.7	812	12,700 PSI	5.3	954	16,300 PSI
158 GR. MEI CAST LSWC	IMR	SR 7625	.358"	1.475"	3.7	790	12,500 PSI	4.2	894	16,100 PSI
158 GR. MEI CAST LSWC	IMR	PB	.358"	1.475"	3.2	744	12,200 PSI	3.7	861	15,500 PSI
158 GR. MEI CAST LSWC	IMR	700-X	.358"	1.475"	3.0	795	13,700 PSI	3.4	867	15,800 PSI
170 GR. SIE JHC	Hodgdon	H4227	.357"	1.450"	8.8	762	12,900 CUP	9.8	888	15,900 CUP
170 GR. SIE JHC	IMR	SR 4756	.357"	1.450"	4.4	665	12,300 PSI	4.9	800	15,900 PSI
170 GR. SIE JHC	Hodgdon	HS-6	.357"	1.450"	5.3	710	12,200 CUP	5.9	832	16,100 CUP
170 GR. SIE JHC	Winchester	AutoComp	.357"	1.450"	4.3	736	14,300 PSI	4.8	820	16,000 PSI
170 GR. SIE JHC	Hodgdon	Universal	.357"	1.450"	3.8	744	14,100 CUP	4.2	823	16,100 CUP
170 GR. SIE JHC	Winchester	231	.357"	1.450"	3.8	683	12,200 CUP	4.1	752	15,800 CUP
170 GR. SIE JHC	Hodgdon	HP-38	.357"	1.450"	3.8	683	12,200 CUP	4.1	752	15,800 CUP
170 GR. SIE JHC	IMR	SR 7625	.357"	1.450"	4.0	654	12,900 PSI	4.4	766	16,100 PSI
170 GR. SIE JHC	IMR	PB	.357"	1.450"	3.3	627	13,00 PSI	3.6	706	16,000 PSI
170 GR. SIE JHC	Hodgdon	Titegroup	.357"	1.450"	3.0	635	11,100 CUP	3.6	764	16,000 CUP
170 GR. SIE JHC	IMR	700-X	.357"	1.450"	3.1	639	14,100 PSI	3.5	735	16,700 PSI

Cartridge: 38 Special +P
Load Type: Pistol

Bullet Weight (Gr.)	Manufacturer	Powder	Bullet Diam.	C.O.L.	Starting Loads			Maximum Loads		
					Grs.	Vel. (ft/s)	Pressure	Grs.	Vel. (ft/s)	Pressure
110 GR. HDY XTP	Hodgdon	Longshot	.357"	1.455"				7.6	1337	17,700 PSI

Bullet	Mfr	Powder	Dia	OAL	Charge	Velocity	Pressure
110 GR. HDY XTP	IMR	SR 4756	.357"	1.455"	6.6	1163	17,600 PSI
110 GR. HDY XTP	Hodgdon	HS-6	.357"	1.455"	8.4	1268	19,600 CUP
110 GR. HDY XTP	Winchester	AutoComp	.357"	1.455"	7.0	1228	17,400 CUP
110 GR. HDY XTP	Hodgdon	Universal	.357"	1.455"	6.0	1204	18,700 CUP
110 GR. HDY XTP	Hodgdon	HP-38	.357"	1.455"	5.9	1155	18,700 CUP
110 GR. HDY XTP	IMR	SR 7625	.357"	1.455"	5.8	1142	18,200 PSI
110 GR. HDY XTP	IMR	PB	.357"	1.455"	4.9	1103	17,800 PSI
110 GR. HDY XTP	Hodgdon	Titegroup	.357"	1.455"	5.2	1185	18,800 CUP
110 GR. HDY XTP	IMR	700-X	.357"	1.455"	4.8	1140	17,700 PSI
125 GR. HDY XTP	Hodgdon	Longshot	.357"	1.455"	7.0	1228	18,300 PSI
125 GR. HDY XTP	IMR	SR 4756	.357"	1.455"	6.1	1129	18,300 PSI
125 GR. HDY XTP	Hodgdon	HS-6	.357"	1.455"	7.8	1138	19,500 PSI
125 GR. HDY XTP	Winchester	AutoComp	.357"	1.455"	6.4	1073	17,600 PSI
125 GR. HDY XTP	Hodgdon	Universal	.357"	1.455"	5.4	1072	18,900 CUP
125 GR. HDY XTP	Hodgdon	HP-38	.357"	1.455"	5.3	1018	19,800 CUP
125 GR. HDY XTP	IMR	SR 7625	.357"	1.455"	5.2	1043	18,500 PSI
125 GR. HDY XTP	IMR	PB	.357"	1.455"	4.4	985	17,600 PSI
125 GR. HDY XTP	Hodgdon	Titegroup	.357"	1.455"	5.0	1069	18,700 CUP
125 GR. HDY XTP	IMR	700-X	.357"	1.455"	4.4	1023	18,100 PSI
140 GR. HDY XTP	IMR	H4227	.357"	1.455"	12.4	1121	19,400 CUP
140 GR. HDY XTP	Hodgdon	Longshot	.357"	1.455"	6.4	1126	17,700 PSI
140 GR. HDY XTP	IMR	SR 4756	.357"	1.455"	5.6	983	17,800 PSI
140 GR. HDY XTP	Hodgdon	HS-6	.357"	1.455"	7.0	992	18,300 CUP
140 GR. HDY XTP	Winchester	AutoComp	.357"	1.455"	5.7	1031	18,000 PSI
140 GR. HDY XTP	Hodgdon	Universal	.357"	1.455"	5.1	1022	19,100 CUP
140 GR. HDY XTP	Hodgdon	HP-38	.357"	1.455"	4.9	892	18,600 CUP
140 GR. HDY XTP	IMR	SR 7625	.357"	1.455"	4.8	935	18,300 PSI
140 GR. HDY XTP	IMR	PB	.357"	1.455"	4.1	874	18,100 PSI
140 GR. HDY XTP	Hodgdon	Titegroup	.357"	1.455"	4.6	984	19,300 CUP
140 GR. HDY XTP	IMR	700-X	.357"	1.455"	4.1	913	18,200 PSI
146 GR. SPR JHP	Hodgdon	H4227	.357"	1.370"	12.0	1085	18,400 CUP
146 GR. SPR JHP	Hodgdon	Longshot	.357"	1.370"	5.7	1036	17,400 PSI
146 GR. SPR JHP	IMR	SR 4756	.357"	1.370"	5.1	910	18,000 PSI
146 GR. SPR JHP	Hodgdon	HS-6	.357"	1.370"	6.7	1035	18,400 CUP
146 GR. SPR JHP	Winchester	AutoComp	.357"	1.455"	5.2	957	17,500 PSI
146 GR. SPR JHP	Hodgdon	Universal	.357"	1.370"	4.7	987	18,100 CUP
146 GR. SPR JHP	Hodgdon	HP-38	.357"	1.370"	4.9	975	17,700 CUP
146 GR. SPR JHP	IMR	SR 7625	.357"	1.370"	4.5	871	17,600 PSI
146 GR. SPR JHP	IMR	PB	.357"	1.370"	3.9	826	17,300 PSI

Bullet Weight (Gr.)	Manufacturer	Powder	Bullet Diam.	C.O.L.	Grs.	Vel. (ft/s)	Pressure
146 GR. SPR JHP	Hodgdon	Titegroup		1.370"	4.4	981	19,300 CUP
146 GR. SPR JHP	IMR	700-X		1.370"	3.8	854	17,400 PSI
158 GR. HDY XTP	Hodgdon	H4227		1.455"	11.0	964	17,600 CUP
158 GR. HDY XTP	Hodgdon	Longshot		1.455"	5.5	965	17,000 PSI
158 GR. HDY XTP	IMR	SR 4756		1.455"	5.5	928	17,900 PSI
158 GR. HDY XTP	Hodgdon	HS-6		1.455"	6.6	926	18,700 CUP
158 GR. HDY XTP	Winchester	AutoComp		1.455"	5.0	885	17,000 PSI
158 GR. HDY XTP	Hodgdon	Universal		1.455"	4.7	837	19,200 CUP
158 GR. HDY XTP	Hodgdon	HP-38		1.455"	4.6	807	18,100 CUP
158 GR. HDY XTP	IMR	SR 7625		1.455"	4.7	881	17,800 PSI
158 GR. HDY XTP	IMR	PB		1.455"	4.1	836	17,900 PSI
158 GR. HDY XTP	Hodgdon	Titegroup		1.455"	4.3	905	19,300 CUP
158 GR. HDY XTP	IMR	700-X		1.455"	4.0	866	18,500 PSI
170 GR. SIE JHC	Hodgdon	H4227		1.450"	10.6	950	17,600 CUP
170 GR. SIE JHC	Hodgdon	Longshot		1.450"	5.3	939	17,800 PSI
170 GR. SIE JHC	IMR	SR 4756		1.450"	5.1	846	17,800 PSI
170 GR. SIE JHC	Hodgdon	HS-6		1.450"	6.3	897	18,600 CUP
170 GR. SIE JHC	Winchester	AutoComp		1.450"	4.8	844	18,200 PSI
170 GR. SIE JHC	Hodgdon	Universal		1.450"	4.3	847	18,600 CUP
170 GR. SIE JHC	Hodgdon	HP-38		1.450"	4.4	819	18,100 CUP
170 GR. SIE JHC	IMR	SR 7625		1.450"	4.6	802	17,100 PSI
170 GR. SIE JHC	IMR	PB		1.450"	3.8	762	18,000 PSI
170 GR. SIE JHC	Hodgdon	Titegroup		1.450"	4.0	846	19,000 CUP
170 GR. SIE JHC	IMR	700-X		1.450"	3.7	775	18,000 PSI

Cartridge: 357 SIG
Load Type: Pistol

Bullet Weight (Gr.)	Manufacturer	Powder	Bullet Diam.	C.O.L.	Starting Loads			Maximum Loads		
					Grs.	Vel. (ft/s)	Pressure	Grs.	Vel. (ft/s)	Pressure
90 GR. HDY XTP	Hodgdon	HS-6	.355"	1.135"	9.8	1484	28,200 PSI	10.8	1634	38,700 PSI
90 GR. HDY XTP	Hodgdon	Universal	.355"	1.135"	7.2	1428	27,000 PSI	8.1	1578	36,900 PSI
90 GR. HDY XTP	Hodgdon	HP-38	.355"	1.135"	6.6	1404	29,000 PSI	7.3	1509	37,500 PSI
115 GR. HDY XTP	Hodgdon	Longshot	.355"	1.135"	9.0	1339	35,200 PSI	10.0	1497	37,300 PSI
115 GR. HDY XTP	Hodgdon	HS-6	.355"	1.135"	8.7	1319	31,300 PSI	9.4	1412	38,800 PSI
115 GR. HDY XTP	Hodgdon	Universal	.355"	1.135"	6.5	1272	31,600 PSI	7.3	1375	39,200 PSI
124 GR. HDY XTP	Hodgdon	Longshot	.355"	1.135"	8.3	1344	33,500 PSI	9.3	1429	37,900 PSI
124 GR. HDY XTP	Hodgdon	HS-6	.355"	1.135"	8.0	1233	30,300 PSI	9.0	1339	38,700 PSI
124 GR. HDY XTP	Hodgdon	Universal	.355"	1.135"	5.2	1134	27,500 PSI	5.8	1235	38,500 PSI

Bullet Weight	Manufacturer	Powder				Grs.	Vel.	Pressure
125 GR. SPR GD-HP	IMR	800-X		.355"	1.135"	10.0C	1438	36,100 PSI
125 GR. SPR GD-HP	IMR	SR 4756		.355"	1.135"	9.1	1376	38,900 PSI
125 GR. SPR GD-HP	IMR	SR 7625		.355"	1.135"	7.9	1304	37,100 PSI
147 GR. HDY XTP	Hodgdon	Longshot	6.5	.355"	1.140"	7.5	1254	38,700 PSI
147 GR. HDY XTP	Hodgdon	HS-6	6.8	.355"	1.140"	7.6	1173	36,600 PSI
147 GR. HDY XTP	Hodgdon	Universal	5.0	.355"	1.140"	5.6	1110	38,600 PSI
147 GR. HDY XTP	IMR	800-X		.355"	1.140"	9.0	1317	38,000 PSI
147 GR. HDY XTP	Winchester	WSF		.355"	1.140"	7.1	1260	33,800 PSI

Cartridge: 357 Magnum
Load Type: Pistol

					Starting Loads			Maximum Loads	
Bullet Weight (Gr.)	Manufacturer	Powder	Bullet Diam.	C.O.L.	Grs.	Vel. (ft/s)	Pressure	Grs.	Vel. (ft/s)	Pressure
90 GR. CAST LRNFP	IMR	Trail Boss	.359"	1.560"	3.5	969	6,800 CUP	5.0	1121	10,700 CUP
90 GR. CAST LRNFP	Hodgdon	Titegroup	.359"	1.560"	3.0	850	6,300 CUP	4.0	1107	9,000 CUP
90 GR. CAST LRNFP	Hodgdon	Clays	.359"	1.560"	2.7	780	6,000 CUP	3.5	1106	12,500 CUP
110 GR. HDY XTP	Hodgdon	H4227	.357"	1.590"	18.9	1774	29,600 CUP	21.0	1900	35,500 CUP
110 GR. HDY XTP	Winchester	296	.357"	1.590"	22.0	1992	32,400 CUP	23.0	2078	37,200 CUP
110 GR. HDY XTP	Hodgdon	H110	.357"	1.590"	22.0	1992	32,400 CUP	23.0	2078	37,200 CUP
110 GR. HDY XTP	Hodgdon	Longshot	.357"	1.590"	9.5	1676	33,700 CUP	10.5	1800	42,400 CUP
110 GR. HDY XTP	IMR	SR 4756	.357"	1.590"	6.5	1292	18,500 PSI	8.5	1574	32,700 PSI
110 GR. HDY XTP	Hodgdon	HS-6	.357"	1.590"	10.3	1614	32,600 CUP	11.5	1776	42,300 CUP
110 GR. HDY XTP	Winchester	AutoComp	.357"	1.590"	7.7	1483	23,900 PSI	8.6	1631	32,900 CUP
110 GR. HDY XTP	Hodgdon	Universal	.357"	1.590"	7.5	1465	35,100 CUP	8.0	1536	40,000 CUP
110 GR. HDY XTP	Winchester	231	.357"	1.590"	8.0	1541	36,200 CUP	9.0	1652	42,500 CUP
110 GR. HDY XTP	Hodgdon	HP-38	.357"	1.590"	8.0	1541	36,200 CUP	9.0	1652	42,500 CUP
110 GR. HDY XTP	IMR	SR 7625	.357"	1.590"	6.0	1272	18,800 PSI	8.2	1544	33,600 PSI
110 GR. HDY XTP	IMR	PB	.357"	1.590"	4.5	1087	15,200 PSI	6.5	1418	32,200 PSI
110 GR. HDY XTP	Hodgdon	Titegroup	.357"	1.590"	7.2	1509	35,000 CUP	8.0	1614	41,500 CUP
110 GR. HDY XTP	IMR	700-X	.357"	1.590"	5.0	1254	18,600 PSI	7.0	1556	30,600 PSI
125 GR. CAST LRNFP	Hodgdon	Universal	.358"	1.580"	4.8	1046	11,000 CUP	6.8	1401	34,200 CUP
125 GR. CAST LRNFP	Winchester	231	.358"	1.580"	4.6	1052	13,800 CUP	5.5	1185	18,800 CUP
125 GR. CAST LRNFP	Hodgdon	HP-38	.358"	1.580"	4.6	1052	13,800 CUP	5.5	1185	18,800 CUP
125 GR. CAST LRNFP	IMR	Trail Boss	.358"	1.580"	3.5	874	14,900 CUP	5.3	1035	17,900 CUP
125 GR. CAST LRNFP	Hodgdon	Titegroup	.358"	1.580"	4.0	1055	13,800 CUP	5.4	1274	22,800 CUP
125 GR. CAST LRNFP	Hodgdon	Clays	.358"	1.580"	3.5	984	11,900 CUP	5.3	1260	33,000 CUP
125 GR. HDY XTP	Hodgdon	H4227	.357"	1.590"	18.0	1692	34,400 CUP	20.0	1839	42,000 CUP
125 GR. HDY XTP	Winchester	296	.357"	1.590"	21.0	1881	38,400 CUP	22.0	1966	41,400 CUP
125 GR. HDY XTP	Hodgdon	H110	.357"	1.590"	21.0	1881	38,400 CUP	22.0	1966	41,400 CUP
125 GR. HDY XTP	Hodgdon	Longshot	.357"	1.590"	8.7	1529	33,000 CUP	9.7	1647	42,000 CUP

Bullet	Mfr	Powder	Dia	OAL	Start gr	Start Vel	Start Pressure	Max gr	Max Vel	Max Pressure
125 GR. HDY XTP	IMR	SR 4756	.357"	1.590"	6.0	1169	18,600 PSI	7.8	1427	30,600 PSI
125 GR. HDY XTP	Hodgdon	HS-6	.357"	1.590"	9.8	1493	34,400 CUP	10.9	1629	42,100 CUP
125 GR. HDY XTP	Winchester	AutoComp	.357"	1.590"	7.5	1352	26,900 PSI	8.2	1455	31,700 CUP
125 GR. HDY XTP	Hodgdon	Universal	.357"	1.590"	7.1	1394	34,900 CUP	7.6	1453	39,600 CUP
125 GR. HDY XTP	Winchester	231	.357"	1.590"	7.3	1335	33,800 CUP	8.5	1514	42,700 CUP
125 GR. HDY XTP	Hodgdon	HP-38	.357"	1.590"	7.3	1335	33,800 CUP	8.5	1514	42,700 CUP
125 GR. HDY XTP	IMR	SR 7625	.357"	1.590"	5.8	1178	19,900 PSI	7.5	1401	33,800 PSI
125 GR. HDY XTP	IMR	PB	.357"	1.590"	4.5	1053	19,600 PSI	5.9	1263	32,900 PSI
125 GR. HDY XTP	Hodgdon	Titegroup	.357"	1.590"	6.8	1425	36,500 CUP	7.5	1497	41,200 CUP
125 GR. HDY XTP	IMR	700-X	.357"	1.590"	4.5	1093	18,300 PSI	6.4	1399	30,400 PSI
125 GR. MEI CAST LRNFP	IMR	SR 4756	.358"	1.580"	5.0	1034	11,700 PSI	7.0	1378	24,500 PSI
125 GR. MEI CAST LRNFP	Winchester	AutoComp	.358"	1.580"	6.5	1311	20,600 PSI	7.5	1456	27,500 PSI
125 GR. MEI CAST LRNFP	IMR	SR 7625	.358"	1.580"	5.0	1110	15,000 PSI	6.5	1339	24,000 PSI
125 GR. MEI CAST LRNFP	IMR	PB	.358"	1.580"	4.0	1034	13,900 PSI	6.0	1325	29,900 PSI
125 GR. MEI CAST LRNFP	IMR	700-X	.358"	1.580"	4.0	1069	13,500 PSI	5.5	1311	21,800 PSI
130 GR. MEI CAST LRNFP	IMR	SR 4756	.358"	1.580"	5.5	1116	14,000 PSI	6.7	1322	22,800 PSI
130 GR. MEI CAST LRNFP	Winchester	AutoComp	.358"	1.580"	6.0	1216	18,700 PSI	7.3	1392	25,000 PSI
130 GR. MEI CAST LRNFP	IMR	SR 7625	.358"	1.580"	4.8	1075	14,000 PSI	6.3	1301	25,300 PSI
130 GR. MEI CAST LRNFP	IMR	PB	.358"	1.580"	4.0	1028	14,900 PSI	5.7	1268	29,600 PSI
130 GR. MEI CAST LRNFP	IMR	700-X	.358"	1.580"	4.0	1059	15,000 PSI	5.5	1299	24,800 PSI
135 GR. CAST LRNFP	Hodgdon	Universal	.358"	1.580"	4.8	986	11,700 CUP	6.5	1314	27,800 CUP
135 GR. CAST LRNFP	Winchester	231	.358"	1.580"	4.1	946	11,700 CUP	5.3	1027	19,400 CUP
135 GR. CAST LRNFP	Hodgdon	HP-38	.358"	1.580"	4.1	946	11,700 CUP	5.3	1027	19,400 CUP
135 GR. CAST LRNFP	Hodgdon	Titegroup	.358"	1.580"	3.5	906	13,100 CUP	5.2	1186	24,500 CUP
135 GR. CAST LRNFP	Hodgdon	Clays	.358"	1.580"	3.4	914	12,200 CUP	5.1	1207	30,200 CUP
140 GR. HDY XTP	Hodgdon	H4227	.357"	1.590"	16.2	1541	33,100 CUP	18.0	1685	42,600 CUP
140 GR. HDY XTP	Winchester	296	.357"	1.590"	17.1	1597	28,400 CUP	19.0	1762	40,900 CUP
140 GR. HDY XTP	Hodgdon	H110	.357"	1.590"	17.1	1597	28,400 CUP	19.0	1762	40,900 CUP
140 GR. HDY XTP	Hodgdon	Longshot	.357"	1.590"	8.0	1396	31,300 CUP	9.1	1534	41,000 CUP
140 GR. HDY XTP	IMR	SR 4756	.357"	1.590"	5.3	974	15,800 PSI	7.3	1307	31,300 PSI
140 GR. HDY XTP	Hodgdon	HS-6	.357"	1.590"	9.5	1411	35,800 CUP	10.5	1539	43,000 CUP
140 GR. HDY XTP	Winchester	AutoComp	.357"	1.590"	6.5	1164	22,000 PSI	7.6	1346	32,400 CUP
140 GR. HDY XTP	Hodgdon	Universal	.357"	1.590"	6.5	1218	34,800 CUP	7.0	1299	40,200 CUP
140 GR. HDY XTP	Winchester	231	.357"	1.590"	6.5	1219	30,800 CUP	7.7	1378	41,900 CUP
140 GR. HDY XTP	Hodgdon	HP-38	.357"	1.590"	6.5	1219	30,800 CUP	7.7	1378	41,900 CUP
140 GR. HDY XTP	IMR	SR 7625	.357"	1.590"	5.5	1079	21,700 PSI	6.7	1249	31,300 PSI
140 GR. HDY XTP	IMR	PB	.357"	1.590"	4.5	966	20,700 PSI	5.4	1122	29,800 PSI

Bullet	Powder Mfr	Powder	Diameter	OAL	Start Grains	Start Velocity	Start Pressure	Max Grains	Max Velocity	Max Pressure
140 GR. HDY XTP	Hodgdon	Titegroup	.357"	1.590"	6.3	1262	35,600 CUP	7.0	1376	41,900 CUP
140 GR. HDY XTP	IMR	700-X	.357"	1.590"	4.0	927	17,000 PSI	6.0	1267	30,000 PSI
140 GR. HDY FTX	IMR	IMR 4227	.357"	1.600"	11.0	1176	29,900 PSI	13.0	1320	33,000 PSI
140 GR. HDY FTX	Hodgdon	H110	.357"	1.600"	12.0	1405	27,800 PSI	14.5	1607	31,100 PSI
140 GR. HDY FTX	Hodgdon	Longshot	.357"	1.600"	5.5	1091	22,000 PSI	7.0	1358	33,800 PSI
140 GR. HDY FTX	Hodgdon	HS-6	.357"	1.600"	6.0	1046	22,500 PSI	7.7	1326	33,400 PSI
140 GR. HDY FTX	Winchester	AutoComp	.357"	1.600"	5.0	1038	22,500 PSI	6.3	1279	33,200 PSI
140 GR. HDY FTX	Hodgdon	Universal	.357"	1.600"	4.0	922	19,700 PSI	5.3	1205	34,200 PSI
140 GR. HDY FTX	Hodgdon	Titegroup	.357"	1.600"	3.5	895	20,700 PSI	5.0	1213	33,800 PSI
140 GR. HDY FTX	IMR	700-X	.357"	1.600"	3.5	849	19,800 PSI	5.2	1205	31,900 PSI
146 GR. SPR JHP	Hodgdon	H4227	.357"	1.535"	14.5	1440	34,300 CUP	16.0	1566	42,700 CUP
146 GR. SPR JHP	Winchester	296	.357"	1.535"	15.5	1512	29,200 CUP	17.2	1691	42,600 CUP
146 GR. SPR JHP	Hodgdon	H110	.357"	1.535"	15.5	1512	29,200 CUP	17.2	1691	42,600 CUP
146 GR. SPR JHP	Hodgdon	Longshot	.357"	1.535"	7.5	1358	33,400 CUP	8.6	1483	42,600 CUP
146 GR. SPR JHP	IMR	SR 4756	.357"	1.535"	4.5	833	13,700 PSI	6.5	1218	27,700 PSI
146 GR. SPR JHP	Hodgdon	HS-6	.357"	1.535"	8.5	1330	32,900 CUP	9.5	1461	41,800 CUP
146 GR. SPR JHP	Winchester	AutoComp	.357"	1.535"	6.4	1193	26,000 PSI	7.1	1288	32,300 PSI
146 GR. SPR JHP	Hodgdon	Universal	.357"	1.535"	6.0	1160	33,500 CUP	6.5	1261	39,900 CUP
146 GR. SPR JHP	Winchester	231	.357"	1.535"	6.0	1176	32,100 CUP	7.1	1330	42,200 CUP
146 GR. SPR JHP	Hodgdon	HP-38	.357"	1.535"	6.0	1176	32,100 CUP	7.1	1330	42,200 CUP
146 GR. SPR JHP	IMR	SR 7625	.357"	1.535"	4.0	841	14,400 PSI	6.0	1183	30,000 PSI
146 GR. SPR JHP	IMR	PB	.357"	1.535"	3.5	804	17,400 PSI	4.7	1035	30,100 PSI
146 GR. SPR JHP	Hodgdon	Titegroup	.357"	1.535"	5.9	1223	34,600 CUP	6.6	1317	42,900 CUP
146 GR. SPR JHP	IMR	700-X	.357"	1.535"	4.5	1025	21,500 PSI	5.7	1233	30,300 PSI
148 GR. HDY LHBWC	IMR	SR 4756	.358"	1.290"	3.8	860	13,300 PSI	4.5	1008	20,000 PSI
148 GR. HDY LHBWC	Winchester	AutoComp	.358"	1.290"	4.0	943	18,000 PSI	4.7	1064	24,300 PSI
148 GR. HDY LHBWC	Hodgdon	Universal	.358"	1.290"	3.5	880	13,700 CUP	4.0	989	17,700 CUP
148 GR. HDY LHBWC	Winchester	231	.358"	1.290	3.0	845	14,300 CUP	3.4	908	17,600 CUP
148 GR. HDY LHBWC	Hodgdon	HP-38	.358"	1.290"	3.0	845	14,300 CUP	3.4	908	17,600 CUP
148 GR. HDY LHBWC	IMR	SR 7625	.358"	1.290"	3.5	868	14,800 PSI	4.1	976	20,400 PSI
148 GR. HDY LHBWC	IMR	PB	.358"	1.290"	3.0	848	17,000 PSI	3.7	958	23,500 PSI
148 GR. HDY LHBWC	Hodgdon	Titegroup	.358"	1.290"	2.9	830	14,700 CUP	3.3	909	18,900 CUP
148 GR. HDY LHBWC	IMR	700-X	.358"	1.290"	3.0	892	17,600 PSI	3.5	989	22,300 PSI
158 GR. CAST LSWC	Hodgdon	HS-6	.358"	1.610"	6.0	990	12,900 CUP	7.0	1106	15,500 CUP
158 GR. CAST LSWC	Hodgdon	Universal	.358"	1.610"	4.0	890	15,700 CUP	6.2	1247	33,400 CUP
158 GR. CAST LSWC	Winchester	231	.358"	1.610"	3.4	796	12,600 CUP	5.0	1109	23,900 CUP
158 GR. CAST LSWC	Hodgdon	HP-38	.358"	1.610"	3.4	796	12,600 CUP	5.0	1109	23,900 CUP
158 GR. CAST LSWC	IMR	Trail Boss	.357"	1.610"	3.2	754	16,500 CUP	4.2	865	20,400 CUP
158 GR. CAST LSWC	Hodgdon	Titegroup	.358"	1.610"	4.5	1028	19,300 CUP	5.0	1108	24,900 CUP

Bullet	Mfr	Powder	Dia	OAL	Min gr	Min vel	Min pressure	Max gr	Max vel	Max pressure
158 GR. CAST LSWC	Hodgdon	Clays	.358"	1.610"	3.2	867	14,400 CUP	4.6	1079	33,600 CUP
158 GR. HDY XTP	Hodgdon	H4227	.357"	1.580"	14.5	1402	34,600 CUP	16.0	1520	42,600 CUP
158 GR. HDY XTP	Winchester	296	.357"	1.580"	15.0	1418	28,600 CUP	16.7	1591	40,700 CUP
158 GR. HDY XTP	Hodgdon	H110	.357"	1.580"	15.0	1418	28,600 CUP	16.7	1591	40,700 CUP
158 GR. HDY XTP	Hodgdon	Lil'Gun	.357"	1.580"	16.0	1504	24,100 CUP	18.0	1577	25,800 CUP
158 GR. HDY XTP	Hodgdon	Longshot	.357"	1.580"	7.3	1258	31,700 CUP	8.4	1394	43,200 CUP
158 GR. HDY XTP	IMR	SR 4756	.357"	1.580"	5.0	896	17,500 PSI	6.5	1146	29,900 PSI
158 GR. HDY XTP	Hodgdon	HS-6	.357"	1.580"	8.0	1182	28,000 CUP	9.5	1375	41,900 CUP
158 GR. HDY XTP	Winchester	AutoComp	.357"	1.580"	6.2	1058	25,700 PSI	7.0	1181	33,200 CUP
158 GR. HDY XTP	Hodgdon	Universal	.357"	1.580"	5.8	1026	32,100 CUP	6.3	1133	39,300 CUP
158 GR. HDY XTP	Winchester	231	.357"	1.580"	6.2	1108	33,700 CUP	6.9	1220	40,000 CUP
158 GR. HDY XTP	Hodgdon	HP-38	.357"	1.580"	6.2	1108	33,700 CUP	6.9	1220	40,000 CUP
158 GR. HDY XTP	IMR	SR 7625	.357"	1.580"	4.3	812	16,700 PSI	5.8	1075	29,600 PSI
158 GR. HDY XTP	IMR	PB	.357"	1.580"	3.7	747	18,800 PSI	4.9	984	31,700 PSI
158 GR. HDY XTP	Hodgdon	Titegroup	.357"	1.580"	5.4	1135	32,600 CUP	6.1	1229	41,900 CUP
158 GR. HDY XTP	IMR	700-X	.357"	1.580"	4.5	949	21,900 PSI	5.7	1149	31,200 PSI
158 GR. MEI CAST LSWC	IMR	SR 4756	.357"	1.620"	5.0	968	13,800 PSI	6.5	1214	27,600 PSI
158 GR. MEI CAST LSWC	Winchester	AutoComp	.358"	1.620"	5.0	1025	17,600 PSI	6.5	1237	27,000 PSI
158 GR. MEI CAST LSWC	IMR	SR 7625	.357"	1.620"	4.5	965	15,400 PSI	6.1	1186	28,400 PSI
158 GR. MEI CAST LSWC	IMR	PB	.357"	1.620"	3.5	845	12,200 PSI	5.0	1098	28,800 PSI
158 GR. MEI CAST LSWC	IMR	700-X	.357"	1.620"	3.4	867	13,100 PSI	4.9	1137	24,400 PSI
170 GR. SIE JHC	Hodgdon	H4227	.357"	1.580"	13.0	1272	32,300 CUP	14.5	1395	41,200 CUP
170 GR. SIE JHC	Winchester	296	.357"	1.580"	14.0	1328	25,900 CUP	15.5	1497	40,800 CUP
170 GR. SIE JHC	Hodgdon	H110	.357"	1.580"	14.0	1328	25,900 CUP	15.5	1497	40,800 CUP
170 GR. SIE JHC	Hodgdon	Lil'Gun	.357"	1.580"	15.0	1422	25,100 CUP	17.0	1576	35,500 CUP
170 GR. SIE JHC	Hodgdon	Longshot	.357"	1.580"	6.8	1182	32,700 CUP	7.9	1322	42,600 CUP
170 GR. SIE JHC	IMR	SR 4756	.357"	1.580"	5.0	863	18,800 PSI	6.2	1085	30,200 PSI
170 GR. SIE JHC	Hodgdon	HS-6	.357"	1.580"	8.0	1181	30,900 CUP	9.2	1321	42,900 CUP
170 GR. SIE JHC	IMR	SR 7625	.357"	1.580"	4.5	808	19,400 PSI	5.6	1027	31,500 PSI
170 GR. SIE JHC	IMR	PB	.357"	1.580"	3.5	670	17,500 PSI	4.6	920	32,100 CUP
170 GR. SIE JHC	Hodgdon	Titegroup	.357"	1.580"	5.4	1031	34,700 CUP	6.0	1156	41,800 CUP
170 GR. SIE JHC	IMR	700-X	.357"	1.580"	4.0	833	22,100 PSI	5.2	1107	32,200 PSI
180 GR. NOS PART	Hodgdon	H4227	.357"	1.575"	12.7	1247	36,900 CUP	13.7	1308	40,900 CUP
180 GR. NOS PART	Winchester	296	.357"	1.575"	13.0	1352	36,800 CUP	13.5	1396	39,100 CUP
180 GR. NOS PART	Hodgdon	H110	.357"	1.575"	13.0	1352	36,800 CUP	13.5	1396	39,100 CUP
180 GR. NOS PART	Hodgdon	Lil'Gun	.357"	1.575"	13.0	1279	27,500 CUP	15.0	1422	34,500 CUP
180 GR. NOS PART	Hodgdon	Longshot	.357"	1.575"	6.1	1025	32,700 CUP	7.2	1167	41,700 CUP

Bullet Weight (Gr.)	Powder	Bullet Diam.	C.O.L.	Grs.	Vel. (ft/s)	Pressure	Grs.	Vel. (ft/s)	Pressure
180 GR. NOS PART	SR 4756	.357"	1.575"	4.5	620	20,800 PSI	5.7	888	32,800 PSI
180 GR. NOS PART	AutoComp	.357"	1.575"	5.3	869	27,700 PSI	5.9	997	33,700 PSI
180 GR. NOS PART	SR 7625	.357"	1.575"	4.1	611	22,300 PSI	5.1	838	33,200 PSI
180 GR. NOS PART	Titegroup	.357"	1.575"	5.0	948	38,100 CUP	5.5	1020	40,300 CUP
180 GR. NOS PART	700-X	.357"	1.575"	4.0	668	25,500 PSI	4.7	846	32,500 PSI

Cartridge: 357-44 Bain & Davis
Load Type: Pistol

Bullet Weight (Gr.)	Manufacturer	Powder	Bullet Diam.	C.O.L.	Starting Loads			Maximum Loads		
					Grs.	Vel. (ft/s)	Pressure	Grs.	Vel. (ft/s)	Pressure
110 GR. HDY JHP	Hodgdon	H4227	.357"	1.580"	23.0	1680		24.0	1750	
110 GR. HDY JHP	Hodgdon	H110	.357"	1.580"	24.0	1746		25.0	1810	
125 GR. SIE JSP	Hodgdon	H4227	.357"	1.580"	22.0	1564		23.0	1627	
125 GR. SIE JSP	Hodgdon	H110	.357"	1.580"	23.0	1698		24.0	1769	
140 GR. SPR JHP	Hodgdon	H4227	.357"	1.580"	21.0	1514		22.0	1596	
140 GR. SPR JHP	Hodgdon	H110	.357"	1.580"	22.0	1611		23.0	1700	
150 GR. NOS SP	Hodgdon	H4227	.357"	1.580"	20.0	1434		21.0	1557	
150 GR. NOS SP	Hodgdon	H110	.357"	1.580"	21.0	1592		22.0	1689	
158 GR. HDY XTP	Hodgdon	H4227	.357"	1.580"	19.0	1367		20.0	1440	
158 GR. HDY XTP	Hodgdon	H110	.357"	1.580"	20.0	1499		21.0	1604	

Cartridge: 357 Remington Maximum
Load Type: Pistol

Bullet Weight (Gr.)	Manufacturer	Powder	Bullet Diam.	C.O.L.	Starting Loads			Maximum Loads		
					Grs.	Vel. (ft/s)	Pressure	Grs.	Vel. (ft/s)	Pressure
110 GR. HDY XTP	Hodgdon	H4227	.357"	1.910"	26.0	2120		28.0	2314	
110 GR. HDY XTP	Hodgdon	H110	.357"	1.910"	29.0	2101		30.0	2242	
125 GR. SPR JSP	Hodgdon	H4227	.357"	1.885"	25.0	1968		27.0	2126	
125 GR. SPR JSP	Hodgdon	H110	.357"	1.885"	27.5	2014		28.5	2163	
140 GR. SPR JHP	Hodgdon	H4227	.357"	1.890"	22.0	1866		24.0	1985	
140 GR. SPR JHP	Hodgdon	H110	.357"	1.890"	24.0	1836		26.0	2001	
150 GR. NOS SP	Hodgdon	H4227	.357"	1.890"	21.0	1788		23.0	1923	
150 GR. NOS SP	Hodgdon	H110	.357"	1.890"	23.0	1724		25.0	1947	
160 GR. HDY JTC SIL	Hodgdon	H4227	.357"	1.890"	20.5	1709		22.5	1814	
160 GR. HDY JTC SIL	Hodgdon	H110	.357"	1.890"	22.0	1643		24.0	1886	
170 GR. SIE JHC	Hodgdon	H4227	.357"	1.880"	19.0	1638		21.0	1748	
170 GR. SIE JHC	Hodgdon	H110	.357"	1.880"	20.0	1690		22.0	1784	
180 GR. FMJ	Winchester	296	.358"	1.990"				19.0	1670	46,900 CUP
180 GR. SPR TMJ SIL	Hodgdon	H4227	.357"	1.990"	18.0	1551		20.0	1645	
180 GR. SPR TMJ SIL	Hodgdon	H110	.357"	1.990"	19.0	1544		21.0	1694	

| 200 GR. SPR TMJ SIL | Hodgdon | H4227 | 1.990" | .357" | | 16.0 | 1280 | | 18.0 | 1440 | 33,900 CUP |
| 200 GR. SPR TMJ SIL | Hodgdon | H110 | 1.990" | .357" | | 18.0 | 1411 | | 20.0 | 1604 | 44,500 CUP |

Cartridge: 357 Herrett
Load Type: Pistol

					Starting Loads			Maximum Loads		
Bullet Weight (Gr.)	Manufacturer	Powder	Bullet Diam.	C.O.L.	Grs.	Vel. (ft/s)	Pressure	Grs.	Vel. (ft/s)	Pressure
110 GR. HDY JHP	IMR	IMR 4198	.357"	2.080"				32.0C	2200	33,900 CUP
110 GR. HDY JHP	IMR	IMR 4227	.357"	2.080"				23.8	2225	44,500 CUP
110 GR. HDY JHP	IMR	SR 4759	.357"	2.080"				24.5C	2070	35,600 CUP
125 GR. HDY JHP	IMR	IMR 4198	.357"	2.080"				31.0C	2135	38,100 CUP
125 GR. HDY JHP	IMR	IMR 4227	.357"	2.080"				22.3	2070	44,900 CUP
125 GR. HDY JHP	IMR	SR 4759	.357"	2.080"				24.0C	1990	38,400 CUP
158 GR. HDY JHP	IMR	IMR 4198	.357"	2.150"				29.9C	2045	44,900 CUP
158 GR. HDY JHP	IMR	IMR 4227	.357"	2.150"				20.2	1815	44,900 CUP
158 GR. HDY JHP	IMR	SR 4759	.357"	2.150"				23.0C	1810	42,000 CUP
170 GR. SIE FMJ	IMR	IMR 4198	.357"	2.230"				30.0C	1940	44,600 CUP
170 GR. SIE FMJ	IMR	IMR 4227	.357"	2.230"				20.1	1735	45,000 CUP
170 GR. SIE FMJ	IMR	SR 4759	.357"	2.230"				23.0C	1750	41,400 CUP
200 GR. HDY SP	IMR	IMR 4895	.358"	2.540"				34.0C	1705	38,300 CUP
200 GR. HDY SP	IMR	IMR 3031	.358"	2.540"				31.0C	1635	32,400 CUP
200 GR. HDY SP	IMR	IMR 4198	.358"	2.540"				28.2	1820	45,000 CUP
200 GR. HDY SP	IMR	SR 4759	.358"	2.540"				23.0C	1675	44,100 CUP

Cartridge: 35 Remington
Load Type: Pistol

					Starting Loads			Maximum Loads		
Bullet Weight (Gr.)	Manufacturer	Powder	Bullet Diam.	C.O.L.	Grs.	Vel. (ft/s)	Pressure	Grs.	Vel. (ft/s)	Pressure
170 GR. SIE FMJ	IMR	IMR 4064	.357"	2.405"				38.1	1850	35,000 CUP
170 GR. SIE FMJ	IMR	IMR 4895	.357"	2.405"				37.8	1920	34,100 CUP
170 GR. SIE FMJ	IMR	IMR 3031	.357"	2.405"				38.5C	1985	33,700 CUP
180 GR. SPR FN	Hodgdon	Varget	.358"	2.470"	37.0	1795	27,200 CUP	40.5	1998	32,500 CUP
180 GR. SPR FN	Hodgdon	BL-C(2)	.358"	2.470"	39.0	1833	29,300 CUP	43.0	1954	32,300 CUP
180 GR. SPR FN	Hodgdon	H335	.358"	2.470"	34.0	1777	29,900 CUP	37.5	1921	33,600 CUP
180 GR. SPR FN	Hodgdon	H4895	.358"	2.470"	35.0	1812	27,500 CUP	39.0	2031	33,100 CUP
180 GR. SPR FN	Hodgdon	Benchmark	.358"	2.470"	32.5	1697	29,300 CUP	35.5	1932	32,300 CUP
180 GR. SPR FN	Hodgdon	H322	.358"	2.470"	31.0	1730	28,200 CUP	35.0	1915	33,100 CUP
180 GR. SPR FN	Hodgdon	H4198	.358"	2.470"	28.0	1794	28,600 CUP	32.0	1977	33,000 CUP

Bullet Weight (Gr.)	Manufacturer	Powder	Bullet Diam.	C.O.L.	Grs.	Vel. (ft/s)	Pressure	Grs.	Vel. (ft/s)	Pressure
200 GR. HDY RN	Hodgdon	Varget	.358"	2.510"	36.0	1651	28,800 CUP	39.5	1797	33,300 CUP
200 GR. HDY RN	Hodgdon	BL-C(2)	.358"	2.510"	38.0	1577	23,200 CUP	41.5	1689	31,700 CUP
200 GR. HDY RN	Hodgdon	H335	.358"	2.510"	33.0	1558	27,100 CUP	37.0	1720	33,200 CUP
200 GR. HDY RN	Hodgdon	H4895	.358"	2.510"	35.0	1613	26,100 CUP	38.5	1772	32,300 CUP
200 GR. HDY RN	Hodgdon	Benchmark	.358"	2.510"	32.5	1551	29,400 CUP	35.5	1766	32,600 CUP
200 GR. HDY RN	Hodgdon	H322	.358"	2.510"	31.0	1567	28,500 CUP	33.8	1670	33,100 CUP
200 GR. HDY RN	Hodgdon	H4198	.358"	2.510"	27.0	1525	26,700 CUP	30.5	1680	31,700 CUP
220 GR. SPR FN	Hodgdon	Varget	.358"	2.470"	34.0	1550	27,800 CUP	38.0	1718	33,300 CUP
220 GR. SPR FN	Hodgdon	BL-C(2)	.358"	2.470"	36.0	1569	26,900 CUP	39.5	1649	31,000 CUP
220 GR. SPR FN	Hodgdon	H335	.358"	2.470"	30.0	1404	29,100 CUP	33.5	1566	33,400 CUP
220 GR. SPR FN	Hodgdon	H4895	.358"	2.470"	33.0	1589	29,000 CUP	36.3	1729	33,600 CUP
220 GR. SPR FN	Hodgdon	Benchmark	.358"	2.470"	31.0	1484	30,600 CUP	34.0	1697	33,300 CUP
220 GR. SPR FN	Hodgdon	H322	.358"	2.470"	29.0	1455	26,100 CUP	32.5	1608	32,600 CUP
220 GR. SPR FN	Hodgdon	H4198	.358"	2.470"	26.0	1500	30,400 CUP	29.0	1606	33,400 CUP
250 GR. SPR SP	IMR	IMR 4064	.358"	2.800"				33.0	1610	34,800 CUP
250 GR. SPR SP	IMR	IMR 3031	.358"	2.800"				31.0	1620	35,000 CUP

Cartridge: 9 x 18mm Makarov
Load Type: Pistol

Bullet Weight (Gr.)	Manufacturer	Powder	Bullet Diam.	C.O.L.	Starting Loads			Maximum Loads		
					Grs.	Vel. (ft/s)	Pressure	Grs.	Vel. (ft/s)	Pressure
90 GR. SPR FP	Hodgdon	Universal	.364"	.970"	3.5	885	17,900 PSI	3.9	1022	23,000 PSI
90 GR. SPR FP	Hodgdon	HP-38	.364"	.970"	3.6	948	21,300 PSI	4.0	1031	24,000 PSI
90 GR. SPR FP	Hodgdon	Titegroup	.364"	.970"	3.3	959	19,200 PSI	3.7	1053	22,900 PSI
95 GR. HDY XTP	Hodgdon	Universal	.364"	.965"	3.6	923	20,100 PSI	4.0	1030	23,800 PSI
95 GR. HDY XTP	Hodgdon	HP-38	.364"	.965"	3.4	900	20,500 PSI	3.8	990	24,000 PSI
95 GR. HDY XTP	Hodgdon	Titegroup	.364"	.965"	3.2	926	18,500 PSI	3.6	1022	22,500 PSI

Cartridge: 375 Super Mag
Load Type: Pistol

Bullet Weight (Gr.)	Manufacturer	Powder	Bullet Diam.	C.O.L.	Starting Loads			Maximum Loads		
					Grs.	Vel. (ft/s)	Pressure	Grs.	Vel. (ft/s)	Pressure
220 GR. HDY FP	Hodgdon	H4227	.375"	2.080"	18.0	1232		21.0	1314	
220 GR. HDY FP	Hodgdon	H110	.375"	2.080"	19.5	1290		21.5	1344	

Cartridge: 375 JDJ
Load Type: Pistol

Bullet Weight (Gr.)	Manufacturer	Powder	Bullet Diam.	C.O.L.	Starting Loads			Maximum Loads		
					Grs.	Vel. (ft/s)	Pressure	Grs.	Vel. (ft/s)	Pressure
200 GR. SIE FP	Hodgdon	H4895	.375"	2.750"	47.0	1971		52.0	2147	
200 GR. SIE FP	Hodgdon	H322	.375"	2.750"	45.0	1811		50.0	2077	

Bullet Weight	Manufacturer	Powder	Bullet Diam.	C.O.L.	Grs.	Vel. (ft/s)	Grs.	Vel. (ft/s)
220 GR. HDY FP	Hodgdon	BL-C(2)	.375"	2.750"	46.0	1792	51.0	2036
220 GR. HDY FP	Hodgdon	H335	.375"	2.750"	45.0	1830	50.0	2068
220 GR. HDY FP	Hodgdon	H4895	.375"	2.750"	46.0	1966	51.0	2214
220 GR. HDY FP	Hodgdon	H4198	.375"	2.750"	39.0	1904	44.0	2115
270 GR. HDY SP	Hodgdon	H4895	.375"	2.975"	43.0	1660	48.0	1954
270 GR. HDY SP	Hodgdon	H322	.375"	2.975"	40.0	1612	45.0	1849
300 GR. HDY RN	Hodgdon	H4895	.375"	2.970"	41.0	1684	46.0	1951
300 GR. HDY RN	Hodgdon	H322	.375"	2.970"	37.0	1539	42.0	1773

Cartridge: 38-40 Winchester
Load Type: Pistol

Bullet Weight (Gr.)	Manufacturer	Powder	Bullet Diam.	C.O.L.	Starting Loads			Maximum Loads		
					Grs.	Vel. (ft/s)	Pressure	Grs.	Vel. (ft/s)	Pressure
140 GR. CAST LRNFP	Hodgdon	Titegroup	.401"	1.600"	5.0	912	7,200 PSI	5.9	983	13,000 PSI
140 GR. CAST LRNFP	Hodgdon	Clays	.401"	1.600"	4.0	778	4,900 PSI	5.0	960	10,100 PSI
180 GR. CAST LRNFP	Hodgdon	Universal	.401"	1.600"	6.9	813	8,200 PSI	7.5	955	11,900 PSI
180 GR. CAST LRNFP	Hodgdon	HP-38	.401"	1.600"	5.8	747	9,400 PSI	6.8	934	13,500 PSI
180 GR. CAST LRNFP	IMR	Trail Boss	.401"	1.600"	4.5	694	7,300 PSI	5.5	800	9,900 PSI
180 GR. CAST LRNFP	Hodgdon	Titegroup	.401"	1.600"	5.0	819	7,000 PSI	6.4	990	13,300 PSI
180 GR. CAST LRNFP	Hodgdon	Clays	.401"	1.600"	4.7	760	8,700 PSI	5.5	889	13,500 PSI

This data is intended for use in firearms with barrels that fully support the cartridge in the chamber. Use of this data in firearms that do not fully support the cartridge may result in bulged cases, ruptured cases, case-head separation or other condition **that may result in damage to the firearm and/or result in injury or death of the shooter and/or bystanders.**

Cartridge: 40 S&W
Load Type: Pistol

Bullet Weight (Gr.)	Manufacturer	Powder	Bullet Diam.	C.O.L.	Starting Loads			Maximum Loads		
					Grs.	Vel. (ft/s)	Pressure	Grs.	Vel. (ft/s)	Pressure
125 GR. SFIRE	Hodgdon	Universal	.400"	1.120"	4.7	1059	23,500 PSI	5.3	1172	32,300 PSI
125 GR. SFIRE	Winchester	231	.400"	1.120"	4.8	1060	29,500 PSI	5.4	1132	31,500 PSI
125 GR. SFIRE	Hodgdon	HP-38	.400"	1.120"	4.8	1060	29,500 PSI	5.4	1132	31,500 PSI
125 GR. SFIRE	IMR	PB	.400"	1.120"	4.8	1057	23,800 PSI	5.3	1127	26,500 PSI
125 GR. SFIRE	Hodgdon	Titegroup	.400"	1.120"	4.3	1041	24,700 PSI	4.8	1145	31,300 PSI
125 GR. SFIRE	IMR	700-X	.400"	1.120"	4.6	1069	27,900 PSI	5.2	1143	31,200 PSI
135 GR. NOS JHP	IMR	SR 7625	.400"	1.125"	7.1	1173	26,500 PSI	7.8	1273	32,000 PSI
135 GR. NOS JHP	IMR	PB	.400"	1.125"	5.7	1111	27,300 PSI	6.2	1183	32,500 PSI

Bullet	Powder Mfr	Powder	OAL	COL	Charge (gr)	Velocity	Pressure	Charge (gr)	Velocity	Pressure
135 GR. NOS JHP	IMR	700-X	.400"	1.125"	6.0	1172	27,500 PSI	6.6	1263	32,200 PSI
135 GR. NOS JHP	Hodgdon	Longshot	.400"	1.125"	8.5	1241	25,100 PSI	11.5	1434	31,900 PSI
135 GR. NOS JHP	Hodgdon	HS-6	.400"	1.125"	9.0	1180	27,400 PSI	10.2	1321	33,600 PSI
135 GR. NOS JHP	Winchester	AutoComp	.400"	1.125"	8.0	1236	26,600 PSI	8.8	1342	32,700 PSI
135 GR. NOS JHP	Hodgdon	Universal	.400"	1.125"	6.2	1109	22,000 PSI	6.8	1250	32,000 PSI
135 GR. NOS JHP	Winchester	WSF	.400"	1.125"	7.1	1166	26,000 PSI	7.8	1273	32,200 PSI
135 GR. NOS JHP	Winchester	231	.400"	1.125"	6.3	1152	29,900 PSI	7.0	1244	33,100 PSI
135 GR. NOS JHP	Hodgdon	HP-38	.400"	1.125"	6.3	1152	29,900 PSI	7.0	1244	33,100 PSI
135 GR. NOS JHP	Winchester	WST	.400"	1.125"	5.5	1089	27,900 PSI	5.9	1143	31,200 PSI
135 GR. NOS JHP	Hodgdon	Titegroup	.400"	1.125"	5.8	1155	27,300 PSI	6.4	1251	33,200 PSI
135 GR. NOS JHP	Hodgdon	Clays	.400"	1.125"	4.0	940	22,600 PSI	4.5	1071	32,900 PSI
140 GR. BAR TAC-XP	Hodgdon	Longshot	.400"	1.135"	6.4	1090	25,800 PSI	7.0	1185	31,400 PSI
140 GR. BAR TAC-XP	IMR	SR 4756	.400"	1.135"	6.5	1095	28,300 PSI	7.0	1166	31,700 PSI
140 GR. BAR TAC-XP	Hodgdon	HS-6	.400"	1.135"	6.8	1025	28,500 PSI	7.2	1096	33,700 PSI
140 GR. BAR TAC-XP	Winchester	AutoComp	.400"	1.135"	5.9	1089	27,400 PSI	6.3	1154	33,000 PSI
140 GR. BAR TAC-XP	Hodgdon	Universal	.400"	1.135"	4.3	958	23,100 PSI	4.8	1070	31,200 PSI
140 GR. BAR TAC-XP	Winchester	WSF	.400"	1.135"	5.3	995	26,700 PSI	6.2	1109	34,000 PSI
140 GR. BAR TAC-XP	Winchester	231	.400"	1.135"	4.4	965	27,300 PSI	4.8	1016	30,400 PSI
140 GR. BAR TAC-XP	Hodgdon	HP-38	.400"	1.135"	4.4	965	27,300 PSI	4.8	1016	30,400 PSI
140 GR. BAR TAC-XP	IMR	SR 7625	.400"	1.135"	4.6	912	28,900 PSI	5.0	972	32,700 PSI
140 GR. BAR TAC-XP	Winchester	WST	.400"	1.135"	3.6	819	28,200 PSI	4.0	863	31,200 PSI
140 GR. BAR TAC-XP	Hodgdon	Titegroup	.400"	1.135"	3.5	848	27,800 PSI	4.0	937	32,900 PSI
140 GR. BAR TAC-XP	IMR	700-X	.400"	1.135"	3.3	820	26,900 PSI	3.9	933	32,900 PSI
140 GR. BAR TAC-XP	Hodgdon	Clays	.400"	1.135"	2.6	713	24,800 PSI	3.0	783	31,900 PSI
150 GR. NOS JHP	Hodgdon	Longshot	.400"	1.125"	7.5	1184	26,400 PSI	9.3	1320	33,600 PSI
150 GR. NOS JHP	IMR	SR 4756	.400"	1.125"	7.8	1189	28,700 PSI	8.3	1248	32,500 PSI
150 GR. NOS JHP	Hodgdon	HS-6	.400"	1.125"	7.8	1076	25,700 PSI	8.7	1201	32,500 PSI
150 GR. NOS JHP	Winchester	AutoComp	.400"	1.125"	6.6	1105	24,300 PSI	7.3	1220	32,100 PSI
150 GR. NOS JHP	Hodgdon	Universal	.400"	1.125"	5.4	1066	25,700 PSI	5.9	1165	32,900 PSI
150 GR. NOS JHP	Winchester	WSF	.400"	1.125"	6.6	1137	29,800 PSI	6.8	1185	33,300 PSI
150 GR. NOS JHP	Winchester	231	.400"	1.125"	5.2	1024	26,900 PSI	5.8	1116	33,500 PSI
150 GR. NOS JHP	Hodgdon	HP-38	.400"	1.125"	5.2	1024	26,900 PSI	5.8	1116	33,500 PSI
150 GR. NOS JHP	IMR	SR 7625	.400"	1.125"	6.1	1083	26,800 PSI	6.5	1159	31,700 PSI
150 GR. NOS JHP	IMR	PB	.400"	1.125"	5.1	1048	29,500 PSI	5.4	1090	32,700 PSI
150 GR. NOS JHP	Winchester	WST	.400"	1.125"	5.5	1047	29,400 PSI	5.8	1088	32,300 PSI
150 GR. NOS JHP	Hodgdon	Titegroup	.400"	1.125"	5.1	1079	27,700 PSI	5.5	1147	32,600 PSI
150 GR. NOS JHP	IMR	700-X	.400"	1.125"	5.2	1080	27,100 PSI	5.5	1143	32,600 PSI
150 GR. NOS JHP	Hodgdon	Clays	.400"	1.125"	3.8	923	28,400 PSI	4.0	960	31,700 PSI
155 GR. BERB FP	IMR	SR 4756	.400"	1.125"	7.2	1147	29,700 PSI	8.0	1195	30,400 PSI

Bullet	Manufacturer	Powder	OAL	COL	Start Load	Start Vel	Start Pressure	Max Load	Max Vel	Max Pressure
155 GR. BERB FP	Hodgdon	HS-6	.400"	1.125"	7.8	1054	24,300 PSI	8.8	1200	32,600 PSI
155 GR. BERB FP	Winchester	AutoComp	.400"	1.125"	6.7	1091	24,800 PSI	7.3	1200	31,600 PSI
155 GR. BERB FP	Hodgdon	Universal	.400"	1.125"	5.5	1049	26,000 PSI	6.0	1145	33,500 PSI
155 GR. BERB FP	Winchester	WSF	.400"	1.125"	6.2	1030	23,500 PSI	7.1	1164	32,300 PSI
155 GR. BERB FP	Winchester	231	.400"	1.125"	5.1	979	24,100 PSI	6.0	1130	33,900 PSI
155 GR. BERB FP	Hodgdon	HP-38	.400"	1.125"	5.1	979	24,100 PSI	6.0	1130	33,900 PSI
155 GR. BERB FP	IMR	SR 7625	.400"	1.125"	6.3	1082	27,300 PSI	7.0	1183	33,000 PSI
155 GR. BERB FP	IMR	PB	.400"	1.125"	5.4	1020	24,900 PSI	6.2	1132	32,300 PSI
155 GR. BERB FP	Winchester	WST	.400"	1.125"	5.1	996	27,400 PSI	5.9	1091	33,400 PSI
155 GR. BERB FP	Hodgdon	Titegroup	.400"	1.125"	5.1	1051	26,200 PSI	5.7	1151	33,600 PSI
155 GR. BERB FP	IMR	700-X	.400"	1.125"	4.9	1010	23,300 PSI	5.5	1134	32,700 PSI
155 GR. BERB FP	Hodgdon	Clays	.400"	1.125"	3.7	879	23,500 PSI	4.1	959	31,300 PSI
155 GR. HDY XTP	Hodgdon	Longshot	.400"	1.125"	7.5	1129	24,900 PSI	9.3	1283	31,900 PSI
155 GR. HDY XTP	IMR	SR 4756	.400"	1.125"	7.9	1139	25,900 PSI	8.4	1223	31,300 PSI
155 GR. HDY XTP	Hodgdon	HS-6	.400"	1.125"	7.7	1035	26,500 PSI	8.5	1137	33,200 PSI
155 GR. HDY XTP	Winchester	AutoComp	.400"	1.125"	7.0	1109	25,800 PSI	7.8	1223	33,800 PSI
155 GR. HDY XTP	Hodgdon	Universal	.400"	1.125"	5.7	1056	23,900 PSI	6.2	1138	31,800 PSI
155 GR. HDY XTP	Winchester	WSF	.400"	1.125"	6.2	1070	26,100 PSI	6.8	1159	32,500 PSI
155 GR. HDY XTP	Winchester	231	.400"	1.125"	5.0	937	22,900 PSI	6.0	1103	33,000 PSI
155 GR. HDY XTP	Hodgdon	HP-38	.400"	1.125"	5.0	937	22,900 PSI	6.0	1103	33,000 PSI
155 GR. HDY XTP	IMR	SR 7625	.400"	1.125"	6.4	1087	26,800 PSI	7.0	1153	30,800 PSI
155 GR. HDY XTP	IMR	PB	.400"	1.125"	5.2	1030	28,100 PSI	5.7	1084	32,400 PSI
155 GR. HDY XTP	Winchester	WST	.400"	1.125"	4.6	957	25,400 PSI	5.3	1039	32,500 PSI
155 GR. HDY XTP	Hodgdon	Titegroup	.400"	1.125"	5.4	1058	28,400 PSI	5.9	1139	31,700 PSI
155 GR. HDY XTP	IMR	700-X	.400"	1.125"	5.2	1054	26,600 PSI	5.8	1138	33,700 PSI
155 GR. HDY XTP	Hodgdon	Clays	.400"	1.125"	3.6	854	23,300 PSI	4.0	942	30,900 PSI
165 GR. BERB FP	Hodgdon	Longshot	.400"	1.125"	6.9	1091	24,500 PSI	7.8	1199	32,300 PSI
165 GR. BERB FP	IMR	SR 4756	.400"	1.125"	6.8	1083	29,100 PSI	7.8	1191	33,100 PSI
165 GR. BERB FP	Hodgdon	HS-6	.400"	1.125"	7.4	1027	26,900 PSI	8.1	1108	31,300 PSI
165 GR. BERB FP	Winchester	AutoComp	.400"	1.125"	6.3	1051	25,900 PSI	7.0	1171	33,300 PSI
165 GR. BERB FP	Hodgdon	Universal	.400"	1.125"	4.8	951	24,200 PSI	5.4	1051	30,500 PSI
165 GR. BERB FP	Winchester	WSF	.400"	1.125"	6.1	1034	27,600 PSI	6.5	1081	31,000 PSI
165 GR. BERB FP	Winchester	231	.400"	1.125"	4.7	933	25,200 PSI	5.4	1049	33,400 PSI
165 GR. BERB FP	Hodgdon	HP-38	.400"	1.125"	4.7	933	25,200 PSI	5.4	1049	33,400 PSI
165 GR. BERB FP	IMR	SR 7625	.400"	1.125"	5.8	1010	27,200 PSI	6.4	1103	33,000 PSI
165 GR. BERB FP	IMR	PB	.400"	1.125"	5.1	982	27,000 PSI	5.6	1056	32,800 PSI
165 GR. BERB FP	Winchester	WST	.400"	1.125"	4.8	944	27,600 PSI	5.5	1003	30,700 PSI

Bullet	Powder Mfr	Powder		COL		Vel (low)	Pressure (low)		Vel (high)	Pressure (high)
165 GR. BERB FP	Hodgdon	Titegroup	.400"	1.125"	4.5	960	24,300 PSI	5.1	1060	31,800 PSI
165 GR. BERB FP	IMR	700-X	.400"	1.125"	4.6	994	28,100 PSI	5.0	1043	32,100 PSI
165 GR. BERB FP	Hodgdon	Clays	.400"	1.125"	3.4	829	27,500 PSI	3.7	888	32,000 PSI
165 GR. SIE JHP	Hodgdon	Longshot	.400"	1.125"	7.3	1139	29,600 PSI	7.8	1185	33,400 PSI
165 GR. SIE JHP	IMR	SR 4756	.400"	1.125"	7.2	1075	26,200 PSI	7.9	1168	33,000 PSI
165 GR. SIE JHP	Hodgdon	HS-6	.400"	1.125"	7.3	1013	28,700 PSI	8.0	1098	32,700 PSI
165 GR. SIE JHP	Winchester	AutoComp	.400"	1.125"	6.5	1037	25,600 PSI	7.1	1124	31,500 PSI
165 GR. SIE JHP	Hodgdon	Universal	.400"	1.125"	5.1	976	26,800 PSI	5.6	1061	32,900 PSI
165 GR. SIE JHP	Winchester	WSF	.400"	1.125"	6.3	1055	28,100 PSI	6.7	1115	32,700 PSI
165 GR. SIE JHP	Winchester	231	.400"	1.125"	4.8	946	28,100 PSI	5.3	1001	32,500 PSI
165 GR. SIE JHP	Hodgdon	HP-38	.400"	1.125"	4.8	946	28,100 PSI	5.3	1001	32,500 PSI
165 GR. SIE JHP	IMR	SR 7625	.400"	1.125"	5.9	1020	27,400 PSI	6.5	1097	32,100 PSI
165 GR. SIE JHP	IMR	PB	.400"	1.125"	4.7	932	26,400 PSI	5.2	1007	32,200 PSI
165 GR. SIE JHP	Winchester	WST	.400"	1.125"	4.5	916	26,400 PSI	5.1	995	33,300 PSI
165 GR. SIE JHP	Hodgdon	Titegroup	.400"	1.125"	4.6	961	27,000 PSI	5.1	1047	33,600 PSI
165 GR. SIE JHP	IMR	700-X	.400"	1.125"	5.0	997	28,000 PSI	5.5	1066	32,900 PSI
165 GR. SIE JHP	Hodgdon	Clays	.400"	1.125"	3.5	851	29,900 PSI	3.9	897	33,300 PSI
180 GR. BERB FP	Hodgdon	Longshot	.400"	1.125"	6.3	1013	26,200 PSI	7.5	1150	33,400 PSI
180 GR. BERB FP	IMR	SR 4756	.400"	1.125"	6.2	999	28,400 PSI	6.7	1063	32,500 PSI
180 GR. BERB FP	Hodgdon	HS-6	.400"	1.125"	6.6	924	25,400 PSI	7.4	1041	31,800 PSI
180 GR. BERB FP	Winchester	AutoComp	.400"	1.125"	5.7	971	26,700 PSI	6.2	1060	33,000 PSI
180 GR. BERB FP	Hodgdon	Universal	.400"	1.125"	4.6	925	28,300 PSI	5.1	1002	33,100 PSI
180 GR. BERB FP	Winchester	WSF	.400"	1.125"	5.5	952	27,600 PSI	6.0	1020	33,500 PSI
180 GR. BERB FP	Winchester	231	.400"	1.125"	4.4	872	26,400 PSI	5.1	984	33,500 PSI
180 GR. BERB FP	Hodgdon	HP-38	.400"	1.125"	4.4	872	26,400 PSI	5.1	984	33,500 PSI
180 GR. BERB FP	IMR	SR 7625	.400"	1.125"	5.2	937	26,900 PSI	5.8	1018	33,000 PSI
180 GR. BERB FP	IMR	PB	.400"	1.125"	4.7	904	27,100 PSI	5.1	979	32,800 PSI
180 GR. BERB FP	Winchester	WST	.400"	1.125"	4.4	868	26,900 PSI	4.9	932	32,000 PSI
180 GR. BERB FP	Hodgdon	Titegroup	.400"	1.125"	4.2	901	27,400 PSI	4.7	988	31,900 PSI
180 GR. BERB FP	IMR	700-X	.400"	1.125"	4.2	900	25,800 PSI	4.7	986	33,500 PSI
180 GR. BERB FP	Hodgdon	Clays	.400"	1.125"	3.0	732	25,400 PSI	3.4	809	32,100 PSI
180 GR. HDY XTP	Hodgdon	Longshot	.400"	1.125"	6.5	1009	25,000 PSI	8.0	1159	32,300 PSI
180 GR. HDY XTP	IMR	SR 4756	.400"	1.125"	6.1	957	25,200 PSI	6.6	1018	28,800 PSI
180 GR. HDY XTP	Hodgdon	HS-6	.400"	1.125"	6.1	876	25,900 PSI	6.9	976	32,500 PSI
180 GR. HDY XTP	Winchester	AutoComp	.400"	1.125"	5.8	975	27,700 PSI	6.3	1053	33,200 PSI
180 GR. HDY XTP	Hodgdon	Universal	.400"	1.125"	5.0	973	26,500 PSI	5.8	1046	33,400 PSI
180 GR. HDY XTP	Winchester	WSF	.400"	1.125"	5.4	946	28,000 PSI	5.8	1013	32,900 PSI
180 GR. HDY XTP	Winchester	231	.400"	1.125"	4.1	797	23,800 PSI	5.0	947	32,900 PSI
180 GR. HDY XTP	Hodgdon	HP-38	.400"	1.125"	4.1	797	23,800 PSI	5.0	947	32,900 PSI

Bullet Weight (Gr.)	Manufacturer	Powder	Bullet Diam.	C.O.L.	Grs.	Vel. (ft/s)	Pressure	Grs.	Vel. (ft/s)	Pressure
180 GR. HDY XTP	IMR	SR 7625	.400"	1.125"	5.2	935	27,900 PSI	5.7	999	31,700 PSI
180 GR. HDY XTP	IMR	PB	.400"	1.125"	4.1	851	26,200 PSI	4.5	917	30,400 PSI
180 GR. HDY XTP	Winchester	WST	.400"	1.125"	3.9	830	28,300 PSI	4.3	888	32,400 PSI
180 GR. HDY XTP	Hodgdon	Titegroup	.400"	1.125"	4.2	877	26,500 PSI	4.7	978	33,300 PSI
180 GR. HDY XTP	IMR	700-X	.400"	1.125"	4.3	904	27,700 PSI	4.8	966	32,500 PSI
180 GR. HDY XTP	Hodgdon	Clays	.400"	1.125"	3.0	727	26,000 PSI	3.5	847	34,300 PSI
200 GR. HDY XTP	Hodgdon	Longshot	.400"	1.125"	5.0	836	23,900 PSI	6.0	954	32,500 PSI
200 GR. HDY XTP	IMR	800-X	.400"	1.125"	5.6	903	28,300 PSI	6.1	951	31,000 PSI
200 GR. HDY XTP	IMR	SR 4756	.400"	1.125"	5.1	849	28,800 PSI	5.5	910	32,900 PSI
200 GR. HDY XTP	Hodgdon	HS-6	.400"	1.125"	5.5	810	27,000 PSI	6.3	900	32,800 PSI
200 GR. HDY XTP	Winchester	AutoComp	.400"	1.125"	4.8	838	27,900 PSI	5.2	894	32,100 PSI
200 GR. HDY XTP	Hodgdon	Universal	.400"	1.125"	4.0	824	25,000 PSI	4.7	903	33,600 PSI
200 GR. HDY XTP	Winchester	WSF	.400"	1.125"	4.4	786	27,300 PSI	4.8	867	33,100 PSI
200 GR. HDY XTP	Winchester	231	.400"	1.125"	3.9	737	25,900 PSI	4.7	857	33,400 PSI
200 GR. HDY XTP	Hodgdon	HP-38	.400"	1.125"	3.9	737	25,900 PSI	4.7	857	33,400 PSI
200 GR. HDY XTP	IMR	SR 7625	.400"	1.125"	4.2	787	27,700 PSI	4.8	872	32,800 PSI
200 GR. HDY XTP	IMR	PB	.400"	1.125"	3.4	714	26,500 PSI	3.7	782	32,200 PSI
200 GR. HDY XTP	Winchester	WST	.400"	1.125"	3.0	654	25,300 PSI	3.4	733	31,100 PSI
200 GR. HDY XTP	Hodgdon	Titegroup	.400"	1.125"	3.4	744	27,200 PSI	3.8	822	31,700 PSI
200 GR. HDY XTP	IMR	700-X	.400"	1.125"	3.5	744	27,000 PSI	3.9	810	30,700 PSI

Cartridge: 10mm Auto
Load Type: Pistol

Bullet Weight (Gr.)	Manufacturer	Powder	Bullet Diam.	C.O.L.	Starting Loads			Maximum Loads		
					Grs.	Vel. (ft/s)	Pressure	Grs.	Vel. (ft/s)	Pressure
135 GR. NOS JHP	Hodgdon	HS-6	.400"	1.250"	10.0	1318	31,300 PSI	11.2	1435	36,900 PSI
135 GR. NOS JHP	Winchester	AutoComp	.400"	1.250"	8.7	1372	28,400 PSI	9.5	1476	34,500 PSI
135 GR. NOS JHP	Hodgdon	Universal	.400"	1.250"	7.0	1284	30,200 PSI	8.0	1416	36,100 PSI
135 GR. NOS JHP	Hodgdon	Titegroup	.400"	1.250"	7.2	1362	28,300 PSI	8.0	1459	35,800 PSI
155 GR. HDY XTP	IMR	800-X	.400"	1.260"				9.8	1350	30,000 PSI
155 GR. HDY XTP	IMR	SR 4756	.400"	1.260"				8.5	1310	34,400 PSI
155 GR. HDY XTP	Hodgdon	HS-6	.400"	1.260"	8.8	1095	22,400 PSI	11.0	1350	35,000 PSI
155 GR. HDY XTP	Winchester	AutoComp	.400"	1.250"	8.0	1254	29,000 PSI	8.9	1362	35,700 PSI
155 GR. HDY XTP	Hodgdon	Universal	.400"	1.260"	6.5	1135	22,600 PSI	7.5	1279	35,200 PSI
155 GR. HDY XTP	Winchester	WSF	.400"	1.260"	6.8	1100	23,000 PSI	8.4	1320	35,600 PSI
155 GR. HDY XTP	Winchester	231	.400"	1.260"	5.8	1030	23,000 PSI	7.3	1253	35,700 PSI
155 GR. HDY XTP	Hodgdon	HP-38	.400"	1.260"	5.8	1030	23,000 PSI	7.3	1253	35,700 PSI
155 GR. HDY XTP	IMR	SR 7625	.400"	1.260"				7.8	1275	34,300 PSI

Bullet Weight (Gr.)	Manufacturer	Powder	Bullet Diam.	C.O.L.	Grs.	Vel. (ft/s)	Pressure	Grs.	Vel. (ft/s)	Pressure
155 GR. HDY XTP	Hodgdon	Titegroup	.400"	1.260"	6.4	1211	26,800 PSI	7.2	1315	35,700 PSI
180 GR. SIE JHC	Hodgdon	Longshot	.400"	1.260"	8.5	1221	31,000 PSI	9.5	1287	34,600 PSI
180 GR. SIE JHC	IMR	800-X	.400"	1.260"				8.7	1210	30,000 PSI
180 GR. SIE JHC	IMR	SR 4756	.400"	1.260"				7.6	1155	34,400 PSI
180 GR. SIE JHC	Hodgdon	HS-6	.400"	1.260"	7.4	940	22,000 PSI	9.4	1127	35,800 PSI
180 GR. SIE JHC	Winchester	AutoComp	.400"	1.250"	7.0	1119	29,800 PSI	7.7	1199	36,000 PSI
180 GR. SIE JHC	Hodgdon	Universal	.400"	1.260"	5.4	965	22,300 PSI	6.4	1122	32,200 PSI
180 GR. SIE JHC	Winchester	WSF	.400"	1.260"	5.7	950	25,000 PSI	7.1	1150	35,600 PSI
180 GR. SIE JHC	Winchester	231	.400"	1.260"	5.2	944	29,700 PSI	5.8	1061	34,900 PSI
180 GR. SIE JHC	Hodgdon	HP-38	.400"	1.260"	5.2	944	29,700 PSI	5.8	1061	34,900 PSI
180 GR. SIE JHC	IMR	SR 7625	.400"	1.260"				7.0	1140	35,100 PSI
180 GR. SIE JHC	Hodgdon	Titegroup	.400"	1.260"	5.4	1051	27,400 PSI	6.0	1141	34,300 PSI
200 GR. HDY FMJ	Hodgdon	Longshot	.400"	1.260"	7.0	1034	23,900 PSI	8.2	1172	35,000 PSI
200 GR. HDY FMJ	IMR	800-X	.400"	1.260"				7.8	1130	32,500 PSI
200 GR. HDY FMJ	IMR	SR 4756	.400"	1.260"				6.6	1045	35,800 PSI
200 GR. HDY FMJ	Hodgdon	HS-6	.400"	1.260"	7.5	957	26,000 PSI	8.6	1089	35,900 PSI
200 GR. HDY FMJ	Winchester	AutoComp	.400"	1.260"	6.0	959	25,900 PSI	7.0	1100	36,100 PSI
200 GR. HDY FMJ	Hodgdon	Universal	.400"	1.260"	4.9	846	24,300 PSI	5.9	1015	36,900 PSI
200 GR. HDY FMJ	Winchester	WSF	.400"	1.260"	5.2	880	26,200 PSI	6.2	1020	35,600 PSI
200 GR. HDY FMJ	Winchester	231	.400"	1.260"	4.6	827	24,200 PSI	5.6	1011	35,700 PSI
200 GR. HDY FMJ	Hodgdon	HP-38	.400"	1.260"	4.6	827	24,200 PSI	5.6	1011	35,700 PSI
200 GR. HDY FMJ	IMR	SR 7625	.400"	1.260"				6.2	1040	35,700 PSI
200 GR. HDY FMJ	Hodgdon	Titegroup	.400"	1.260"	4.8	946	28,900 PSI	5.3	1024	36,100 PSI

Cartridge: 41 Action Express
Load Type: Pistol

Bullet Weight (Gr.)	Manufacturer	Powder	Bullet Diam.	C.O.L.	Starting Loads			Maximum Loads		
					Grs.	Vel. (ft/s)	Pressure	Grs.	Vel. (ft/s)	Pressure
170 GR. SIE JHC	Hodgdon	HS-6	.410"	1.150"	7.2	940	22,000 PSI	8.4	1114	35,700 PSI
170 GR. SIE JHC	Hodgdon	HP-38	.410"	1.150"	4.7	870	26,100 PSI	5.5	988	34,600 PSI
180 GR. SPR HP	Hodgdon	HS-6	.410"	1.100"	6.9	890	26,000 PSI	7.8	1044	30,000 PSI
180 GR. SPR HP	Hodgdon	HP-38	.410"	1.100"	4.4	838	25,900 PSI	5.1	951	34,400 PSI
210 GR. HDY XTP	Hodgdon	HS-6	.410"	1.150"	6.1	797	24,300 PSI	6.6	904	35,800 PSI
210 GR. HDY XTP	Hodgdon	HP-38	.410"	1.150"	4.1	759	26,200 PSI	4.6	839	36,000 PSI

Cartridge: 41 Remington Magnum
Load Type: Pistol

Bullet Weight (Gr.)	Manufacturer	Powder	Bullet Diam.	C.O.L.	Starting Loads			Maximum Loads		
					Grs.	Vel. (ft/s)	Pressure	Grs.	Vel. (ft/s)	Pressure
170 GR. SIE JHC	Hodgdon	H4227	.410"	1.575"	22.5	1582	26,100 CUP	24.9	1745	35,600 CUP

Bullet	Mfr	Powder	Diameter	OAL	Charge	Velocity	Pressure	Charge	Velocity	Pressure
170 GR. SIE JHC	Winchester	296	.410"	1.575"	23.5	1669	21,400 CUP	26.5	1887	37,400 CUP
170 GR. SIE JHC	Hodgdon	H110	.410"	1.575"	23.5	1669	21,400 CUP	26.5	1887	37,400 CUP
170 GR. SIE JHC	Hodgdon	Longshot	.410"	1.575"	11.0	1504	29,400 CUP	12.5	1646	38,700 CUP
170 GR. SIE JHC	Hodgdon	HS-6	.410"	1.575"	12.2	1447	28,100 CUP	13.7	1597	37,200 CUP
170 GR. SIE JHC	Hodgdon	Universal	.410"	1.575"	8.0	1229	21,600 CUP	10.3	1488	38,700 CUP
170 GR. SIE JHC	Hodgdon	HP-38	.410"	1.575"	8.8	1326	29,500 CUP	9.8	1440	38,300 CUP
170 GR. SIE JHC	Hodgdon	Titegroup	.410"	1.575"	8.2	1361	29,800 CUP	9.2	1470	37,700 CUP
170 GR. SIE JHC	IMR	700-X	.410"	1.575"				8.4	1375	39,800 CUP
200 GR. CAST LFP	Hodgdon	Titegroup	.410"	1.550"	4.5	897	11,400 CUP	5.5	1030	15,300 CUP
200 GR. CAST LFP	Hodgdon	Clays	.410"	1.550"	4.0	854	13,400 CUP	5.2	997	21,200 CUP
210 GR. HDY XTP	Hodgdon	H4227	.410"	1.580"	19.3	1379	28,000 CUP	21.5	1518	38,000 CUP
210 GR. HDY XTP	Winchester	296	.410"	1.580"	19.8	1465	25,600 CUP	22.0	1631	36,400 CUP
210 GR. HDY XTP	Hodgdon	H110	.410"	1.580"	19.8	1465	25,600 CUP	22.0	1631	36,400 CUP
210 GR. HDY XTP	Hodgdon	Lil'Gun	.410"	1.580"	20.5	1505	23,500 CUP	22.5	1626	29,900 CUP
210 GR. HDY XTP	Hodgdon	Longshot	.410"	1.580"	10.0	1316	31,600 CUP	11.0	1410	38,200 CUP
210 GR. HDY XTP	Hodgdon	HS-6	.410"	1.580"	10.6	1186	27,300 CUP	11.8	1321	35,700 CUP
210 GR. HDY XTP	Winchester	AutoComp	.410"	1.580"	9.1	1216	30,500 CUP	9.9	1303	38,200 CUP
210 GR. HDY XTP	Hodgdon	Universal	.410"	1.580"	6.9	971	17,700 CUP	8.9	1243	37,700 CUP
210 GR. HDY XTP	Hodgdon	HP-38	.410"	1.580"	8.0	1089	27,800 CUP	8.6	1200	39,800 CUP
210 GR. HDY XTP	IMR	SR 7625	.410"	1.580"				9.1	1245	39,700 CUP
210 GR. HDY XTP	Hodgdon	Titegroup	.410"	1.580"	6.5	1053	24,300 CUP	7.4	1173	33,200 CUP
210 GR. HDY XTP	IMR	700-X	.410"	1.580"				7.6	1185	39,000 CUP
215 GR. CAST LFP	Winchester	AutoComp	.410"	1.585"	7.0	1052	18,100 CUP	8.0	1158	23,600 CUP
215 GR. CAST LFP	IMR	Trail Boss	.410"	1.600"	4.5	752	13,000 CUP	6.5	910	17,100 CUP
215 GR. CAST LFP	Hodgdon	Titegroup	.410"	1.585"	4.5	882	12,800 CUP	5.5	1004	17,400 CUP
215 GR. CAST LFP	Hodgdon	Clays	.410"	1.585"	4.0	825	24,600 CUP	5.2	979	26,700 CUP
220 GR. SPR JSP	Hodgdon	H4227	.410"	1.580"	18.0	1296	29,700 CUP	20.0	1433	37,500 CUP
220 GR. SPR JSP	Winchester	296	.410"	1.580"	18.0	1352	23,000 CUP	20.0	1529	34,000 CUP
220 GR. SPR JSP	Hodgdon	H110	.410"	1.580"	18.0	1352	23,000 CUP	20.0	1529	34,000 CUP
220 GR. SPR JSP	Hodgdon	Lil'Gun	.410"	1.580"	18.0	1431	24,300 CUP	20.5	1563	31,200 CUP
220 GR. SPR JSP	Hodgdon	Longshot	.410"	1.580"	9.0	1208	29,300 CUP	10.1	1311	37,700 CUP
220 GR. SPR JSP	Hodgdon	HS-6	.410"	1.580"	10.0	1159	28,800 CUP	11.3	1271	36,700 CUP
220 GR. SPR JSP	Winchester	AutoComp	.410"	1.580"	8.3	1154	32,500 CUP	9.1	1221	38,300 CUP
220 GR. SPR JSP	Hodgdon	Universal	.410"	1.580"	6.5	921	18,900 CUP	8.5	1178	38,600 CUP
220 GR. SPR JSP	Hodgdon	HP-38	.410"	1.580"	7.2	1031	30,100 CUP	8.0	1125	36,700 CUP
220 GR. SPR JSP	Hodgdon	Titegroup	.410"	1.580"	6.4	997	25,300 CUP	7.3	1127	33,700 CUP
245 GR. CAST LSWC	Hodgdon	H4227	.410"	1.630"	18.0	1272	27,000 CUP	20.0	1444	37,700 CUP

Bullet Weight (Gr.)	Manufacturer	Powder	Bullet Diam.	C.O.L.	Grs.	Vel. (ft/s)	Pressure	Grs.	Vel. (ft/s)	Pressure
245 GR. CAST LSWC	Winchester	296	.410"	1.630"	18.5	1372	22,800 CUP	21.0	1563	37,400 CUP
245 GR. CAST LSWC	Hodgdon	H110	.410"	1.630"	18.5	1372	22,800 CUP	21.0	1563	37,400 CUP
245 GR. CAST LSWC	Hodgdon	Longshot	.410"	1.630"	9.0	1208	29,200 CUP	10.0	1293	37,900 CUP
245 GR. CAST LSWC	Winchester	AutoComp	.410"	1.630"	8.3	1123	26,300 CUP	9.5	1232	36,200 CUP
245 GR. CAST LSWC	Hodgdon	Universal	.410"	1.630"	6.3	1001	21,200 CUP	8.0	1164	36,000 CUP
245 GR. CAST LSWC	IMR	Trail Boss	.410"	1.630"	3.5	683	12,600 CUP	6.0	834	16,100 CUP
245 GR. CAST LSWC	Hodgdon	Titegroup	.410"	1.630"	6.5	1075	28,800 CUP	7.8	1202	39,500 CUP
250 GR. WFNGC	Hodgdon	H4227	.410"	1.540"	17.0	1302	33,600 CUP	18.4	1398	39,700 CUP
250 GR. WFNGC	Winchester	296	.410"	1.540"	17.4	1391	29,400 CUP	18.5	1479	38,700 CUP
250 GR. WFNGC	Hodgdon	H110	.410"	1.540"	17.4	1391	29,400 CUP	18.5	1479	38,700 CUP
250 GR. WFNGC	Hodgdon	Lil'Gun	.410"	1.540"	17.2	1399	30,300 CUP	18.3	1474	36,700 CUP
250 GR. WFNGC	Winchester	AutoComp	.410"	1.540"	7.5	1075	29,600 CUP	8.5	1163	37,600 CUP
250 GR. WFNGC	IMR	Trail Boss	.410"	1.540"	3.7	611	14,600 CUP	5.0	748	20,300 CUP
250 GR. WFNGC	Hodgdon	Titegroup	.410"	1.540"	6.0	1018	30,400 CUP	6.7	1083	38,600 CUP
255 GR. WFNGC	Hodgdon	H4227	.410"	1.660"	18.8	1378	33,900 CUP	20.0	1446	38,800 CUP
255 GR. WFNGC	Winchester	296	.410"	1.660"	18.0	1327	21,000 CUP	19.5	1491	37,200 CUP
255 GR. WFNGC	Hodgdon	H110	.410"	1.660"	18.0	1327	21,000 CUP	19.5	1491	37,200 CUP
255 GR. WFNGC	Hodgdon	Lil'Gun	.410"	1.660"	18.8	1424	26,600 CUP	20.0	1500	32,800 CUP
255 GR. WFNGC	Winchester	AutoComp	.410"	1.660"	7.7	1044	25,300 CUP	8.7	1141	36,000 CUP
255 GR. WFNGC	Hodgdon	Titegroup	.410"	1.660"	7.0	1062	33,300 CUP	7.6	1124	38,600 CUP
265 GR. WLNGC	Hodgdon	H4227	.410"	1.710"	18.6	1366	31,900 CUP	19.8	1429	35,700 CUP
265 GR. WLNGC	Winchester	296	.410"	1.710"	19.5	1410	24,400 CUP	20.8	1540	37,600 CUP
265 GR. WLNGC	Hodgdon	H110	.410"	1.710"	19.5	1410	24,400 CUP	20.8	1540	37,600 CUP
265 GR. WLNGC	Hodgdon	Lil'Gun	.410"	1.710"	20.0	1479	28,700 CUP	21.3	1558	35,400 CUP
265 GR. WLNGC	Winchester	AutoComp	.410"	1.710"	7.7	1040	26,300 CUP	8.7	1132	35,700 CUP
265 GR. WLNGC	Hodgdon	Titegroup	.410"	1.710"	7.0	1064	32,200 CUP	7.6	1116	37,900 CUP

Cartridge: 44 Colt
Load Type: Pistol

Bullet Weight (Gr.)	Manufacturer	Powder	Bullet Diam.	C.O.L.	Starting Loads			Maximum Loads		
					Grs.	Vel. (ft/s)	Pressure	Grs.	Vel. (ft/s)	Pressure
165 GR. LEAD RNFP	Hodgdon	HP-38	.430"	1.310"	4.5	826	6,100 CUP	5.5	983	9,300 CUP
165 GR. LEAD RNFP	IMR	Trail Boss	.430"	1.310"	3.3	698	5,400 CUP	4.5	844	9,700 CUP
165 GR. LEAD RNFP	Hodgdon	Titegroup	.430"	1.310"	4.0	864	6,300 CUP	5.0	1020	9,300 CUP
165 GR. LEAD RNFP	Hodgdon	Clays	.430"	1.310"	3.0	705	6,600 CUP	4.2	944	9,000 CUP
185 GR. LEAD RNFP	Hodgdon	HP-38	.430"	1.350"	4.5	807	6,600 CUP	5.3	928	9,400 CUP
185 GR. LEAD RNFP	IMR	Trail Boss	.430"	1.350"	3.2	643	5,600 CUP	4.0	751	9,600 CUP
185 GR. LEAD RNFP	Hodgdon	Titegroup	.430"	1.350"	3.8	806	6,200 CUP	4.8	950	9,500 CUP
185 GR. LEAD RNFP	Hodgdon	Clays	.430"	1.350"	3.0	692	5,800 CUP	4.2	893	9,600 CUP
200 GR. LEAD RNFP	Hodgdon	Universal	.430"	1.370"	4.8	762	6,100 CUP	5.7	927	9,900 CUP

Bullet Weight (Gr.)	Manufacturer	Powder	Bullet Diam.	C.O.L.	Grs.	Vel. (ft/s)	Pressure	Grs.	Vel. (ft/s)	Pressure
200 GR. LEAD RNFP	Hodgdon	HP-38	.430"	1.370"	4.5	799	7,000 CUP	5.3	881	9,400 CUP
200 GR. LEAD RNFP	IMR	Trail Boss	.430"	1.370"	3.0	595	4,800 CUP	3.9	711	9,300 CUP
200 GR. LEAD RNFP	Hodgdon	Titegroup	.430"	1.370"	4.0	787	6,300 CUP	4.8	912	10,000 CUP
200 GR. LEAD RNFP	Hodgdon	Clays	.430"	1.370"	3.2	710	6,100 CUP	3.9	831	10,000 CUP
240 GR. LEAD RNFP	Hodgdon	Universal	.430"	1.380"	4.5	769	6,400 CUP	5.2	870	10,400 CUP
240 GR. LEAD RNFP	Hodgdon	HP-38	.430"	1.380"	4.2	733	7,200 CUP	4.9	827	9,900 CUP
240 GR. LEAD RNFP	IMR	Trail Boss	.430"	1.380"	3.0	563	6,800 CUP	3.4	625	9,000 CUP
240 GR. LEAD RNFP	Hodgdon	Titegroup	.430"	1.380"	3.5	717	6,300 CUP	4.3	826	10,000 CUP
240 GR. LEAD RNFP	Hodgdon	Clays	.430"	1.380"	4.0	706	6,800 CUP	4.7	818	9,500 CUP

Cartridge: 44 Russian
Load Type: Pistol

					Starting Loads			Maximum Loads		
Bullet Weight (Gr.)	Manufacturer	Powder	Bullet Diam.	C.O.L.	Grs.	Vel. (ft/s)	Pressure	Grs.	Vel. (ft/s)	Pressure
165 GR. LRNFP	Hodgdon	HP-38	.430"	1.165"	4.5	878	8,300 CUP	5.2	1002	10,400 CUP
165 GR. LRNFP	IMR	Trail Boss	.430"	1.165"	3.3	742	7,600 CUP	4.5	878	11,600 CUP
165 GR. LRNFP	Hodgdon	Titegroup	.430"	1.165"	4.0	884	6,100 CUP	5.3	1076	12,000 CUP
165 GR. LRNFP	Hodgdon	Clays	.430"	1.165"	3.0	776	7,300 CUP	4.0	979	11,100 CUP
200 GR. LRNFP	Hodgdon	Universal	.430"	1.245"	4.8	816	8,100 CUP	5.7	970	11,500 CUP
200 GR. LRNFP	Hodgdon	HP-38	.430"	1.245"	4.2	763	7,300 CUP	5.0	900	11,300 CUP
200 GR. LRNFP	IMR	Trail Boss	.430"	1.245"	3.0	647	7,900 CUP	3.9	747	10,400 CUP
200 GR. LRNFP	Hodgdon	Titegroup	.430"	1.245"	3.5	738	5,100 CUP	4.8	963	11,400 CUP
200 GR. LRNFP	Hodgdon	Clays	.430"	1.245"	3.2	747	8,000 CUP	3.7	837	11,100 CUP
240 GR. LRNFP	Hodgdon	Universal	.430"	1.275"	3.8	679	6,400 CUP	4.6	841	11,000 CUP
240 GR. LRNFP	Hodgdon	HP-38	.430"	1.275"	4.0	753	8,900 CUP	4.8	842	11,000 CUP
240 GR. LRNFP	IMR	Trail Boss	.430"	1.275"	3.0	604	8,800 CUP	3.5	661	10,000 CUP
240 GR. LRNFP	Hodgdon	Titegroup	.430"	1.275"	3.5	732	7,300 CUP	4.2	837	11,500 CUP
240 GR. LRNFP	Hodgdon	Clays	.430"	1.275"	3.0	711	9,400 CUP	3.5	769	10,700 CUP

Cartridge: 44 S&W Special
Load Type: Pistol

					Starting Loads			Maximum Loads		
Bullet Weight (Gr.)	Manufacturer	Powder	Bullet Diam.	C.O.L.	Grs.	Vel. (ft/s)	Pressure	Grs.	Vel. (ft/s)	Pressure
165 GR. CAST LRNFP	Winchester	AutoComp	.430"	1.365"	7.4	1028	8,800 CUP	8.0	1112	13,400 CUP
165 GR. CAST LRNFP	Hodgdon	Universal	.430"	1.365"	5.5	851	5,700 CUP	6.3	1042	10,900 CUP
165 GR. CAST LRNFP	Hodgdon	HP-38	.430"	1.365"	4.9	893	8,200 CUP	6.0	1040	12,000 CUP
165 GR. CAST LRNFP	IMR	Trail Boss	.430"	1.365"	4.8	865	10,700 CUP	7.0	1005	12,100 CUP
165 GR. CAST LRNFP	Hodgdon	Titegroup	.430"	1.365"	4.5	865	7,100 CUP	5.8	1035	13,400 CUP

Bullet	Manufacturer	Powder	Diameter	OAL	Charge	Velocity	Pressure	Charge	Velocity	Pressure
165 GR. CAST LRNFP	Hodgdon	Clays	.430"	1.365"	3.6	836	6,000 CUP	4.6	1009	13,400 CUP
185 GR. CAST LRNFP	IMR	800-X	.430"	1.400"	6.3	951	10,200 CUP	7.1	1031	12,700 CUP
185 GR. CAST LRNFP	IMR	SR 4756	.430"	1.400"	7.1	936	10,500 CUP	7.9	1050	14,000 CUP
185 GR. CAST LRNFP	Hodgdon	Universal	.430"	1.400"	5.4	823	7,700 CUP	6.4	1031	13,900 CUP
185 GR. CAST LRNFP	Hodgdon	HP-38	.430"	1.400"	4.4	810	8,000 CUP	5.6	953	12,500 CUP
185 GR. CAST LRNFP	IMR	SR 7625	.430"	1.400	6.4	953	11,300 CUP	7.2	1043	13,600 CUP
185 GR. CAST LRNFP	IMR	PB	.430"	1.400"	5.4	908	10,500 CUP	6.1	1002	13,200 CUP
185 GR. CAST LRNFP	IMR	Trail Boss	.430"	1.400"	4.5	791	10,400 CUP	6.6	944	12,600 CUP
185 GR. CAST LRNFP	Hodgdon	Titegroup	.430"	1.400"	4.0	819	6,600 CUP	5.5	1025	11,600 CUP
185 GR. CAST LRNFP	IMR	700-X	.430"	1.400"	4.8	929	11,800 CUP	5.4	1013	13,500 CUP
185 GR. CAST LRNFP	Hodgdon	Clays	.430"	1.400"	3.5	810	7,800 CUP	4.2	930	13,200 CUP
200 GR. CAST LRNFP	Hodgdon	H4227	.430"	1.450"	13.0	879	8,600 CUP	15.0	1051	13,100 CUP
200 GR. CAST LRNFP	IMR	800-X	.430"	1.450"	6.4	912	10,300 CUP	7.4	1011	12,900 CUP
200 GR. CAST LRNFP	IMR	SR 4756	.430"	1.450"	7.0	838	8,800 CUP	8.2	1002	12,600 CUP
200 GR. CAST LRNFP	Hodgdon	HS-6	.430"	1.450"	8.0	856	7,100 CUP	9.5	1035	12,400 CUP
200 GR. CAST LRNFP	Winchester	AutoComp	.430"	1.450"	6.4	880	9,900 CUP	6.9	944	12,000 CUP
200 GR. CAST LRNFP	Hodgdon	Universal	.430"	1.450"	5.5	802	8,200 CUP	6.5	960	12,900 CUP
200 GR. CAST LRNFP	Hodgdon	HP-38	.430"	1.450"	4.5	743	8,300 CUP	5.6	918	12,500 CUP
200 GR. CAST LRNFP	IMR	SR 7625	.430"	1.450"	6.0	839	8,900 CUP	7.2	989	13,400 CUP
200 GR. CAST LRNFP	IMR	PB	.430"	1.450"	5.0	826	9,000 CUP	6.0	962	11,600 CUP
200 GR. CAST LRNFP	IMR	Trail Boss	.430"	1.450"	4.3	757	8,700 CUP	6.3	885	13,200 CUP
200 GR. CAST LRNFP	Hodgdon	Titegroup	.430"	1.450"	4.5	846	8,600 CUP	5.4	973	13,100 CUP
200 GR. CAST LRNFP	IMR	700-X	.430"	1.450"	4.1	831	9,400 CUP	5.0	943	13,400 CUP
200 GR. CAST LRNFP	Hodgdon	Clays	.429"	1.450"	3.5	748	7,800 CUP	4.5	891	14,000 CUP
200 GR. NOS JHP	Hodgdon	H4227	.429"	1.460"	13.0	848	9,100 CUP	15.0	1021	13,100 CUP
200 GR. NOS JHP	IMR	800-X	.429"	1.450"	6.5	840	10,000 CUP	7.5	972	13,500 CUP
200 GR. NOS JHP	IMR	SR 4756	.429"	1.460"	7.4	855	10,200 CUP	8.2	951	12,800 CUP
200 GR. NOS JHP	Hodgdon	HS-6	.429"	1.460"	8.0	851	8,500 CUP	9.0	960	12,500 CUP
200 GR. NOS JHP	Winchester	AutoComp	.429"	1.460"	6.5	849	9,500 CUP	7.1	937	12,300 CUP
200 GR. NOS JHP	Hodgdon	Universal	.429"	1.460"	6.0	834	9,000 CUP	6.8	967	12,900 CUP
200 GR. NOS JHP	Hodgdon	HP-38	.429"	1.460"	5.5	806	10,100 CUP	6.0	898	13,100 CUP
200 GR. NOS JHP	IMR	SR 7625	.429"	1.460"	6.3	813	9,900 CUP	7.0	913	13,200 CUP
200 GR. NOS JHP	IMR	PB	.429"	1.460"	5.5	829	10,800 CUP	6.1	901	13,100 CUP
200 GR. NOS JHP	Hodgdon	Titegroup	.429"	1.460"	5.0	849	11,000 CUP	5.4	904	12,700 CUP
200 GR. NOS JHP	IMR	700-X	.429"	1.460"	4.7	824	11,000 CUP	5.3	902	13,500 CUP
220 GR. BERB FP	IMR	800-X	.430"	1.460"	6.5	826	10,200 CUP	7.5	959	13,500 CUP
220 GR. BERB FP	IMR	SR 4756	.430"	1.460"	7.1	814	10,100 CUP	7.9	915	12,800 CUP
220 GR. BERB FP	Hodgdon	HS-6	.430"	1.460"	7.2	750	8,500 CUP	8.7	941	13,700 CUP
220 GR. BERB FP	Winchester	AutoComp	.430"	1.460"	6.4	828	8,900 CUP	7.3	937	13,300 CUP

Bullet Weight (Gr.)	Manufacturer	Powder	Bullet Diam.	C.O.L.	Grs.	Vel. (ft/s)	Pressure	Grs.	Vel. (ft/s)	Pressure
220 GR. BERB FP	Hodgdon	Universal	.430"	1.460"	5.7	748	8,700 CUP	6.5	918	13,700 CUP
220 GR. BERB FP	Winchester	231	.430"	1.460"	4.8	695	8,200 CUP	5.8	845	13,000 CUP
220 GR. BERB FP	Hodgdon	HP-38	.430"	1.460"	4.8	695	8,200 CUP	5.8	845	13,000 CUP
220 GR. BERB FP	IMR	SR 7625	.430"	1.460"	6.1	781	9,800 CUP	6.9	898	13,600 CUP
220 GR. BERB FP	IMR	PB	.430"	1.460"	5.3	789	8,100 CUP	6.2	864	12,800 CUP
220 GR. BERB FP	IMR	Trail Boss	.430"	1.460"	4.0	633	7,300 CUP	5.1	766	12,800 CUP
220 GR. BERB FP	Hodgdon	Titegroup	.430"	1.460"	4.7	772	9,600 CUP	5.4	875	13,300 CUP
220 GR. BERB FP	IMR	700-X	.430"	1.460"	4.5	777	9,700 CUP	5.2	872	13,200 CUP
220 GR. BERB FP	Hodgdon	Clays	.430"	1.460"	3.7	638	7,800 CUP	4.4	774	13,600 CUP
240 GR. CAST LSWC	IMR	800-X	.430"	1.450"	6.3	869	10,300 CUP	7.0	945	13,600 CUP
240 GR. CAST LSWC	IMR	SR 4756	.430"	1.450"	6.6	813	10,200 CUP	7.4	921	13,300 CUP
240 GR. CAST LSWC	Hodgdon	HS-6	.430"	1.450"	6.5	761	7,500 CUP	8.0	917	13,000 CUP
240 GR. CAST LSWC	Winchester	AutoComp	.430"	1.450"	5.5	769	8,400 CUP	6.5	903	13,400 CUP
240 GR. CAST LSWC	Hodgdon	Universal	.430"	1.450"	4.9	721	8,000 CUP	5.6	873	13,300 CUP
240 GR. CAST LSWC	Hodgdon	HP-38	.430"	1.450"	4.2	717	8,400 CUP	5.2	858	13,200 CUP
240 GR. CAST LSWC	IMR	SR 7625	.430"	1.450"	6.0	827	11,400 CUP	6.5	892	13,400 CUP
240 GR. CAST LSWC	IMR	PB	.430"	1.450"	4.7	757	9,600 CUP	5.3	863	13,400 CUP
240 GR. CAST LSWC	IMR	Trail Boss	.430"	1.450"	4.0	673	9,700 CUP	5.2	763	11,700 CUP
240 GR. CAST LSWC	Hodgdon	Titegroup	.430"	1.450"	4.0	758	9,400 CUP	4.8	862	13,100 CUP
240 GR. CAST LSWC	IMR	700-X	.430"	1.450"	4.3	811	11,700 CUP	4.9	869	13,800 CUP
240 GR. CAST LSWC	Hodgdon	Clays	.430"	1.450"	3.2	669	9,000 CUP	4.0	771	13,500 CUP

Cartridge: 44-40 Winchester
Load Type: Pistol

Bullet Weight (Gr.)	Manufacturer	Powder	Bullet Diam.	C.O.L.	Starting Loads			Maximum Loads		
					Grs.	Vel. (ft/s)	Pressure	Grs.	Vel. (ft/s)	Pressure
160 GR. CAST LFP	Hodgdon	Titegroup	.430"	1.600"	4.5	750	7,700 PSI	6.2	983	12,200 PSI
160 GR. CAST LFP	Hodgdon	Clays	.430"	1.600"	4.2	747	7,400 PSI	5.5	916	12,700 PSI
200 GR. CAST LRNFP	IMR	800-X	.430"	1.600"	8.0	870	9,400 CUP	8.8	965	12,600 CUP
200 GR. CAST LRNFP	IMR	SR 4756	.430"	1.600"	8.4	821	6,700 CUP	9.3	913	11,200 CUP
200 GR. CAST LRNFP	Hodgdon	Universal	.430"	1.600"	6.6	722	10,000 PSI	7.3	777	11,100 PSI
200 GR. CAST LRNFP	Hodgdon	HP-38	.430"	1.600"	5.5	711	9,800 PSI	6.5	820	12,400 PSI
200 GR. CAST LRNFP	IMR	SR 7625	.430"	1.600"	7.8	857	9,300 CUP	8.5	947	12,900 CUP
200 GR. CAST LRNFP	IMR	Trail Boss	.430"	1.600"	5.5	723	7,800 PSI	6.5	826	11,900 PSI
200 GR. CAST LRNFP	Hodgdon	Titegroup	.430"	1.600"	5.0	758	8,400 PSI	6.2	901	12,900 PSI
200 GR. CAST LRNFP	IMR	700-X	.430"	1.600"	5.0	788	7,100 CUP	5.6	860	11,400 CUP
200 GR. CAST LRNFP	Hodgdon	Clays	.430"	1.600"	4.2	648	8,200 PSI	5.0	765	11,700 PSI

Cartridge: 44 Remington Magnum
Load Type: Pistol

Bullet Weight (Gr.)	Manufacturer	Powder	Bullet Diam.	C.O.L.	Starting Loads Grs.	Starting Loads Vel. (ft/s)	Starting Loads Pressure	Maximum Loads Grs.	Maximum Loads Vel. (ft/s)	Maximum Loads Pressure
165 GR. LRNFP CAST	Winchester	AutoComp	.430"	1.500"	8.0	1072	13,100 PSI	9.0	1185	15,300 PSI
165 GR. LRNFP CAST	Hodgdon	Universal	.430"	1.500"	6.5	918	7,700 CUP	7.2	1059	11,500 CUP
165 GR. LRNFP CAST	Winchester	231	.430"	1.500"	6.0	963	10,100 CUP	7.0	1088	13,900 CUP
165 GR. LRNFP CAST	Hodgdon	HP-38	.430"	1.500"	6.0	963	10,100 CUP	7.0	1088	13,900 CUP
165 GR. LRNFP CAST	IMR	Trail Boss	.430"	1.500"	6.0	960	17,200 PSI	8.0	1086	18,800 PSI
165 GR. LRNFP CAST	Hodgdon	Titegroup	.430"	1.500"	5.3	949	11,800 CUP	6.5	1083	16,400 CUP
165 GR. LRNFP CAST	Hodgdon	Clays	.430"	1.500"	4.4	910	8,500 CUP	5.5	1064	15,500 CUP
180 GR. HDY XTP	IMR	IMR 4227	.430"	1.600"	27.5	1575	24,000 CUP	29.0	1708	31,200 CUP
180 GR. HDY XTP	Winchester	296	.430"	1.600"	29.0	1714	21,800 CUP	31.5	1896	29,900 CUP
180 GR. HDY XTP	Hodgdon	H110	.430"	1.600"	29.0	1714	21,800 CUP	31.5	1896	29,900 CUP
180 GR. HDY XTP	Hodgdon	Lil'Gun	.430"	1.600"	29.0	1749	27,400 CUP	31.5	1859	32,300 CUP
180 GR. HDY XTP	Hodgdon	Longshot	.430"	1.600"	13.5	1499	29,400 PSI	14.8	1604	34,600 PSI
180 GR. HDY XTP	Hodgdon	HS-6	.430"	1.600"	15.0	1463	26,400 CUP	17.0	1642	37,700 CUP
180 GR. HDY XTP	Winchester	AutoComp	.430"	1.600"	12.6	1419	26,800 PSI	13.8	1527	31,700 CUP
180 GR. HDY XTP	Hodgdon	Universal	.430"	1.600"	9.0	1209	19,000 CUP	11.3	1463	36,900 CUP
180 GR. HDY XTP	Winchester	231	.430"	1.600"	10.0	1327	26,500 CUP	12.0	1509	37,300 CUP
180 GR. HDY XTP	Hodgdon	HP-38	.430"	1.600"	10.0	1327	26,500 CUP	12.0	1509	37,300 CUP
180 GR. HDY XTP	Hodgdon	Titegroup	.430"	1.600"	10.3	1459	32,700 CUP	11.5	1544	38,400 CUP
185 GR. LRNFP CAST	Hodgdon	Universal	.430"	1.540"	6.4	919	8,400 CUP	7.4	1070	12,600 CUP
185 GR. LRNFP CAST	Winchester	231	.430"	1.540"	5.9	906	9,400 CUP	7.2	1058	14,700 CUP
185 GR. LRNFP CAST	Hodgdon	HP-38	.430"	1.540"	5.9	906	9,400 CUP	7.2	1058	14,700 CUP
185 GR. LRNFP CAST	IMR	Trail Boss	.430"	1.540"	6.2	936	19,500 PSI	7.8	1050	21,100 PSI
185 GR. LRNFP CAST	Hodgdon	Titegroup	.430"	1.540"	5.3	902	9,500 CUP	6.6	1082	16,500 CUP
185 GR. LRNFP CAST	Hodgdon	Clays	.430"	1.540"	4.2	839	8,900 CUP	6.0	1043	18,400 CUP
200 GR. LRNFP CAST	IMR	800-X	.430"	1.570"				5.9	813	10,500 CUP
200 GR. LRNFP CAST	IMR	SR 4756	.430"	1.570"				7.0	797	10,700 CUP
200 GR. LRNFP CAST	Winchester	AutoComp	.430"	1.570"	7.0	939	13,200 PSI	8.0	1038	15,400 PSI
200 GR. LRNFP CAST	Hodgdon	Universal	.430"	1.570"	6.8	897	10,500 CUP	7.8	1045	15,400 CUP
200 GR. LRNFP CAST	Winchester	231	.430"	1.570"	5.8	875	10,800 CUP	7.4	1039	16,700 CUP
200 GR. LRNFP CAST	Hodgdon	HP-38	.430"	1.570"	5.8	875	10,800 CUP	7.4	1039	16,700 CUP
200 GR. LRNFP CAST	IMR	SR 7625	.430"	1.570"				5.9	812	11,100 CUP
200 GR. LRNFP CAST	IMR	PB	.430"	1.570"				5.1	781	10,700 CUP
200 GR. LRNFP CAST	IMR	Trail Boss	.430"	1.570"	6.1	890	17,900 PSI	7.7	988	20,700 PSI
200 GR. LRNFP CAST	Hodgdon	Titegroup	.430"	1.570"	5.0	878	11,000 CUP	6.6	1061	17,300 CUP
200 GR. LRNFP CAST	IMR	700-X	.430"	1.570"				4.3	818	11,700 CUP

Bullet	Mfr	Powder	Dia	OAL	Start gr	Start vel	Start press	Max gr	Max vel	Max press
200 GR. LRNFP CAST	Hodgdon	Clays	.430"	1.570"	4.2	785	8,500 CUP	6.4	1028	20,200 CUP
200 GR. NOS JHP	IMR	IMR 4227	.429"	1.600"	25.0	1553	29,800 CUP	27.0	1686	37,800 CUP
200 GR. NOS JHP	Winchester	296	.429"	1.600"	27.5	1708	29,000 CUP	28.5	1806	37,800 CUP
200 GR. NOS JHP	Hodgdon	H110	.429"	1.600"	27.5	1708	29,000 CUP	28.5	1806	37,800 CUP
200 GR. NOS JHP	Hodgdon	Lil'Gun	.429"	1.600"	27.5	1667	27,500 CUP	29.5	1794	36,200 CUP
200 GR. NOS JHP	Hodgdon	Longshot	.429"	1.600"	13.0	1440	30,000 PSI	14.3	1534	34,600 CUP
200 GR. NOS JHP	IMR	800-X	.429"	1.600"				15.5	1600	39,800 CUP
200 GR. NOS JHP	IMR	SR 4756	.429"	1.600"				14.6	1475	39,800 CUP
200 GR. NOS JHP	Hodgdon	HS-6	.429"	1.600"	15.0	1440	30,300 CUP	16.7	1569	37,700 CUP
200 GR. NOS JHP	Winchester	AutoComp	.429"	1.600"	12.0	1348	27,000 PSI	13.2	1429	32,500 CUP
200 GR. NOS JHP	Hodgdon	Universal	.429"	1.600"	10.0	1303	30,700 CUP	11.1	1398	38,300 CUP
200 GR. NOS JHP	Winchester	231	.429"	1.600"	10.0	1277	28,000 CUP	11.9	1444	37,400 CUP
200 GR. NOS JHP	Hodgdon	HP-38	.429"	1.600"	10.0	1277	28,000 CUP	11.9	1444	37,400 CUP
200 GR. NOS JHP	IMR	SR 7625	.429"	1.600"				12.1	1350	39,700 CUP
200 GR. NOS JHP	Hodgdon	Titegroup	.429"	1.600"	9.7	1331	31,300 CUP	10.8	1433	38,400 CUP
200 GR. NOS JHP	IMR	700-X	.429"	1.600"				10.1	1300	40,000 CUP
210 GR. SIE JHC	IMR	IMR 4227	.430"	1.600"	25.0	1458	29,200 CUP	27.0	1624	37,600 CUP
210 GR. SIE JHC	Winchester	296	.430"	1.600"	26.0	1615	29,900 CUP	27.0	1665	31,100 CUP
210 GR. SIE JHC	Hodgdon	H110	.430"	1.600"	26.0	1615	29,900 CUP	27.0	1665	31,100 CUP
210 GR. SIE JHC	Hodgdon	Lil'Gun	.430"	1.600"	26.0	1660	35,500 CUP	27.7	1749	37,900 CUP
210 GR. SIE JHC	Hodgdon	Longshot	.430"	1.600"	12.0	1358	28,500 PSI	13.3	1457	35,400 CUP
210 GR. SIE JHC	Hodgdon	HS-6	.430"	1.600"	13.0	1254	21,900 CUP	16.2	1538	37,900 CUP
210 GR. SIE JHC	Winchester	AutoComp	.430"	1.600"	11.5	1341	27,700 PSI	12.5	1414	34,600 CUP
210 GR. SIE JHC	Hodgdon	Universal	.430"	1.600"	9.0	1190	26,000 CUP	11.0	1365	37,600 CUP
210 GR. SIE JHC	Winchester	231	.430"	1.600"	7.5	985	17,300 CUP	11.7	1398	37,500 CUP
210 GR. SIE JHC	Hodgdon	HP-38	.430"	1.600"	7.5	985	17,300 CUP	11.7	1398	37,500 CUP
210 GR. SIE JHC	Hodgdon	Titegroup	.430"	1.600"	9.6	1309	33,500 CUP	10.7	1411	38,500 CUP
220 GR. BERB FP	Hodgdon	Longshot	.430"	1.610"	9.0	894	12,300 PSI	11.8	1189	20,300 PSI
220 GR. BERB FP	IMR	800-X	.430"	1.610"	8.7	930	13,400 PSI	11.8	1231	20,300 PSI
220 GR. BERB FP	Hodgdon	HS-6	.430"	1.610"	10.2	925	12,900 PSI	13.5	1194	19,900 PSI
220 GR. BERB FP	Winchester	AutoComp	.430"	1.610"	8.3	878	12,700 PSI	10.6	1127	19,900 PSI
220 GR. BERB FP	Hodgdon	Universal	.430"	1.610"	7.3	839	12,200 PSI	9.0	1104	21,200 PSI
220 GR. BERB FP	Winchester	231	.430"	1.610"	6.8	811	12,600 PSI	9.4	1104	20,700 PSI
220 GR. BERB FP	Hodgdon	HP-38	.430"	1.610"	6.8	811	12,600 PSI	9.4	1104	20,700 PSI
220 GR. BERB FP	IMR	SR 7625	.430"	1.610"	6.8	754	10,900 PSI	10.0	1112	21,300 PSI
220 GR. BERB FP	Hodgdon	Titegroup	.430"	1.610"	5.8	807	12,300 PSI	8.0	1066	20,600 PSI
220 GR. BERB FP	IMR	700-X	.430"	1.610"	5.0	717	11,400 PSI	8.4	1085	20,700 PSI

Bullet	Mfr	Powder	Diameter	OAL	Charge	Velocity	Pressure	Charge	Velocity	Pressure
225 GR. SPR JHP	IMR	IMR 4227	.429"	1.575"	23.0	1383	27,400 CUP	25.5	1537	35,700 CUP
225 GR. SPR JHP	Winchester	296	.429"	1.575"	23.0	1468	25,600 CUP	25.0	1617	36,300 CUP
225 GR. SPR JHP	Hodgdon	H110	.429"	1.575"	23.0	1468	25,600 CUP	25.0	1617	36,300 CUP
225 GR. SPR JHP	Hodgdon	Lil'Gun	.429"	1.575"	22.5	1508	31,600 CUP	24.7	1623	37,700 CUP
225 GR. SPR JHP	Hodgdon	Longshot	.429"	1.575"	11.2	1291	29,300 PSI	12.5	1402	35,200 PSI
225 GR. SPR JHP	IMR	800-X	.429"	1.575"				15.4	1525	39,800 CUP
225 GR. SPR JHP	Hodgdon	HS-6	.429"	1.575"	11.5	1103	20,100 CUP	15.5	1434	38,000 CUP
225 GR. SPR JHP	Winchester	AutoComp	.430"	1.575"	10.8	1266	28,300 PSI	11.8	1352	34,200 PSI
225 GR. SPR JHP	Hodgdon	Universal	.429"	1.575"	8.0	1041	18,900 CUP	10.5	1291	37,300 CUP
225 GR. SPR JHP	Winchester	231	.429"	1.575"	8.4	1101	23,900 CUP	11.0	1344	38,200 CUP
225 GR. SPR JHP	Hodgdon	HP-38	.429"	1.575"	8.4	1101	23,900 CUP	11.0	1344	38,200 CUP
225 GR. SPR JHP	IMR	SR 7625	.429"	1.575"				11.7	1260	39,900 CUP
225 GR. SPR JHP	Hodgdon	Titegroup	.429"	1.575"	9.3	1262	31,900 CUP	10.4	1360	38,100 CUP
225 GR. SPR JHP	IMR	700-X	.429"	1.575"				9.8	1235	40,000 CUP
240 GR. LSWC CAST	IMR	IMR 4227	.430"	1.620"				22.0C 13.4	1310 1395	33,300 CUP 39,600 CUP
240 GR. LSWC CAST	IMR	800-X	.430"	1.620"				13.4	1395	39,600 CUP
240 GR. LSWC CAST	Winchester	AutoComp	.430"	1.620"	7.0	886	13,800 PSI	8.0	996	16,200 PSI
240 GR. LSWC CAST	Hodgdon	Universal	.430"	1.620"	6.5	852	11,700 CUP	10.2	1276	37,500 CUP
240 GR. LSWC CAST	Winchester	231	.430"	1.620"	5.5	800	12,000 CUP	11.0	1334	38,100 CUP
240 GR. LSWC CAST	Hodgdon	HP-38	.430"	1.620"	5.5	800	12,000 CUP	11.0	1334	38,100 CUP
240 GR. LSWC CAST	IMR	SR 7625	.430"	1.620"				10.7	1190	39,700 CUP
240 GR. LSWC CAST	IMR	Trail Boss	.430"	1.620"	6.0	828	19,100 PSI	7.3	917	21,600 PSI
240 GR. LSWC CAST	Hodgdon	Titegroup	.430"	1.620"	4.7	801	11,100 CUP	10.0	1288	38,400 CUP
240 GR. LSWC CAST	IMR	700-X	.430"	1.620"				9.5	1185	40,000 CUP
240 GR. LSWC CAST	Hodgdon	Clays	.430"	1.620"	4.3	759	14,000 CUP	6.2	940	21,800 CUP
240 GR. NOS JHP	IMR	IMR 4227	.429"	1.600"	22.0	1301	28,400 CUP	24.0	1458	36,100 CUP
240 GR. NOS JHP	Winchester	296	.429"	1.600"	23.0	1413	25,200 CUP	24.0	1522	36,200 CUP
240 GR. NOS JHP	Hodgdon	H110	.429"	1.600"	23.0	1413	25,200 CUP	24.0	1522	36,200 CUP
240 GR. NOS JHP	Hodgdon	Lil'Gun	.429"	1.600"	22.5	1465	30,100 CUP	24.5	1582	38,100 CUP
240 GR. NOS JHP	Hodgdon	Longshot	.429"	1.600"	11.0	1249	29,400 PSI	12.1	1331	34,500 PSI
240 GR. NOS JHP	IMR	800-X	.429"	1.600"				14.2	1415	39,600 CUP
240 GR. NOS JHP	IMR	SR 4756	.429"	1.600"				13.3	1260	39,800 CUP
240 GR. NOS JHP	Hodgdon	HS-6	.429"	1.600"	12.0	1144	22,800 CUP	15.1	1417	38,200 CUP
240 GR. NOS JHP	Winchester	AutoComp	.429"	1.600"	10.0	1129	26,000 PSI	11.5	1250	34,100 PSI
240 GR. NOS JHP	Hodgdon	Universal	.429"	1.600"	8.0	1018	21,900 CUP	10.2	1246	38,200 CUP
240 GR. NOS JHP	Winchester	231	.429"	1.600"	8.0	1021	23,800 CUP	11.0	1272	37,800 CUP
240 GR. NOS JHP	Hodgdon	HP-38	.429"	1.600"	8.0	1021	23,800 CUP	11.0	1272	37,800 CUP
240 GR. NOS JHP	Hodgdon	Titegroup	.429"	1.600"	9.0	1219	33,500 CUP	10.0	1292	37,700 CUP
270 GR. SPR GDSP	IMR	IMR 4227	.429"	1.600"	20.5	1275	28,400 CUP	22.5	1425	37,400 CUP

Bullet	Manufacturer	Powder	OAL	Charge	Velocity	Pressure	Velocity	Pressure
270 GR. SPR GDSP	Winchester	296	.429"	19.5	1295	29,300 CUP	21.5	1421	37,700 CUP
270 GR. SPR GDSP	Hodgdon	H110	.429"	19.5	1295	29,300 CUP	21.5	1421	37,700 CUP
270 GR. SPR GDSP	Hodgdon	Lil'Gun	.429"	19.0	1305	31,800 CUP	21.5	1439	38,300 CUP
270 GR. SPR GDSP	Hodgdon	Longshot	.429"	9.8	1112	27,900 PSI	11.0	1213	34,100 PSI
270 GR. SPR GDSP	Hodgdon	HS-6	.429"	11.0	1036	22,200 CUP	14.0	1305	36,900 PSI
270 GR. SPR GDSP	Winchester	AutoComp	.429"	9.7	1106	28,000 PSI	10.8	1199	34,600 PSI
270 GR. SPR GDSP	Hodgdon	Universal	.429"	8.5	1049	32,100 CUP	9.5	1128	36,700 CUP
270 GR. SPR GDSP	Winchester	231	.429"	8.0	992	26,000 CUP	10.2	1194	37,400 CUP
270 GR. SPR GDSP	Hodgdon	HP-38	.429"	8.0	992	26,000 CUP	10.2	1194	37,400 CUP
270 GR. SPR GDSP	Hodgdon	Titegroup	.429"	8.6	1100	33,100 CUP	9.6	1175	37,700 CUP
270 GR. SPR GDSP	IMR	IMR 4227	.430"	20.0	1215	27,600 CUP	22.0	1373	37,800 CUP
280 GR. SFT JHP	Winchester	296	.430"	18.5	1214	27,000 CUP	20.5	1342	36,100 CUP
280 GR. SFT JHP	Hodgdon	H110	.430"	18.5	1214	27,000 CUP	20.5	1342	36,100 CUP
280 GR. SFT JHP	Hodgdon	Lil'Gun	.430"	18.5	1278	34,300 CUP	20.8	1384	38,400 CUP
280 GR. SFT JHP	Hodgdon	Longshot	.430"	9.8	1076	28,400 PSI	11.0	1189	34,600 PSI
280 GR. SFT JHP	Hodgdon	HS-6	.430"	11.0	1006	23,800 CUP	14.0	1251	37,400 CUP
280 GR. SFT JHP	Winchester	AutoComp	.430"	9.0	1005	26,600 PSI	10.2	1115	32,500 CUP
280 GR. SFT JHP	Hodgdon	Universal	.430"	8.0	917	27,400 CUP	9.7	1090	38,200 CUP
280 GR. SFT JHP	Winchester	231	.430"	8.0	918	26,100 CUP	10.0	1115	37,300 CUP
280 GR. SFT JHP	Hodgdon	HP-38	.430"	8.0	918	26,100 CUP	10.0	1115	37,300 CUP
280 GR. SFT JHP	Hodgdon	Titegroup	.430"	8.6	1059	32,100 CUP	9.6	1152	37,000 CUP
300 GR. HDY XTP	IMR	IMR 4227	.430"	18.0	1180	30,600 CUP	20.0	1312	38,600 CUP
300 GR. HDY XTP	Winchester	296	.430"	18.0	1266	35,100 CUP	19.0	1325	38,800 CUP
300 GR. HDY XTP	Hodgdon	H110	.430"	18.0	1266	35,100 CUP	19.0	1325	38,800 CUP
300 GR. HDY XTP	Hodgdon	Lil'Gun	.430"	15.5	1168	29,600 CUP	17.7	1280	37,600 CUP
300 GR. HDY XTP	Hodgdon	Longshot	.430"	8.5	983	28,600 PSI	9.5	1071	34,700 PSI
300 GR. HDY XTP	Hodgdon	HS-6	.430"	11.0	1048	28,400 CUP	13.0	1214	37,900 CUP
300 GR. HDY XTP	Winchester	AutoComp	.430"	8.0	866	26,300 PSI	9.0	927	33,500 CUP
300 GR. HDY XTP	Hodgdon	Universal	.430"	8.0	972	31,200 CUP	9.6	1113	38,200 CUP
300 GR. HDY XTP	Winchester	231	.430"	8.0	966	29,400 CUP	10.0	1149	38,100 CUP
300 GR. HDY XTP	Hodgdon	HP-38	.430"	8.0	966	29,400 CUP	10.0	1149	38,100 CUP
300 GR. HDY XTP	Hodgdon	Titegroup	.430"	8.6	1079	34,200 CUP	9.6	1186	38,400 CUP
325 GR. BTB LFN GC	IMR	IMR 4227	.430"	17.0	1041	19,200 CUP	21.0C	1278	34,200 CUP
325 GR. BTB LFN GC	Winchester	296	.430"	20.0	1264	30,800 CUP	22.0	1368	38,100 CUP
325 GR. BTB LFN GC	Hodgdon	H110	.430"	20.0	1264	30,800 CUP	22.0	1368	38,100 CUP
325 GR. BTB LFN GC	Hodgdon	Lil'Gun	.430"	17.0	1217	29,400 CUP	20.0	1360	38,600 CUP
325 GR. BTB LFN GC	Hodgdon	Longshot	.430"	10.0	1069	28,500 CUP	11.8	1195	38,700 CUP

Bullet Weight (Gr.)	Manufacturer	Powder	Bullet Diam.	C.O.L.	Grs.	Vel. (ft/s)	Pressure	Grs.	Vel. (ft/s)	Pressure
325 GR. BTB LFN GC	Hodgdon	HS-6	.430"	1.730"	13.0	1155	33,200 CUP	14.0	1218	38,000 CUP
325 GR. BTB LFN GC	Winchester	AutoComp	.430"	1.730"	9.0	1008	26,100 PSI	10.0	1075	30,900 PSI
325 GR. BTB LFN GC	Hodgdon	Universal	.430"	1.730"	8.0	942	27,700 CUP	10.0	1090	38,000 CUP
325 GR. BTB LFN GC	Winchester	231	.430"	1.730"	9.0	1035	32,100 CUP	10.3	1125	38,700 CUP
325 GR. BTB LFN GC	Hodgdon	HP-38	.430"	1.730"	9.0	1035	32,100 CUP	10.3	1125	38,700 CUP
325 GR. BTB LFN GC	Hodgdon	Titegroup	.430"	1.730"	8.0	1001	28,700 CUP	9.2	1091	38,300 CUP
325 GR. BTB LFN GC	IMR	IMR 4227	.430"	1.730"	18.0	1132	25,900 CUP	20.7C	1278	34,200 CUP
330 GR. BTB LFN GC	Winchester	296	.430"	1.730"	19.0	1239	30,200 CUP	20.8	1350	38,800 CUP
330 GR. BTB LFN GC	Hodgdon	H110	.430"	1.730"	19.0	1239	30,200 CUP	20.8	1350	38,800 CUP
330 GR. BTB LFN GC	Hodgdon	Lil'Gun	.430"	1.730"	16.0	1186	29,800 CUP	19.0	1332	38,000 CUP
330 GR. BTB LFN GC	Hodgdon	Longshot	.430"	1.730"	9.5	1026	27,600 CUP	11.3	1158	38,700 CUP
330 GR. BTB LFN GC	Hodgdon	HS-6	.430"	1.730"	12.0	1098	29,900 CUP	13.6	1202	39,000 CUP
330 GR. BTB LFN GC	Winchester	AutoComp	.430"	1.730"	8.8	976	25,200 PSI	9.8	1056	30,900 PSI
330 GR. BTB LFN GC	Hodgdon	Universal	.430"	1.730"	8.0	943	27,800 CUP	9.5	1058	37,000 CUP
330 GR. BTB LFN GC	Winchester	231	.430"	1.730"	8.5	992	33,700 CUP	9.7	1081	38,700 CUP
330 GR. BTB LFN GC	Hodgdon	HP-38	.430"	1.730"	8.5	992	33,700 CUP	9.7	1081	38,700 CUP
330 GR. BTB LFN GC	Hodgdon	Titegroup	.430"	1.730"	7.5	952	29,700 CUP	8.5	1035	38,000 CUP
355 GR. BTB LFN GC	IMR	IMR 4227	.430"	1.710"	17.5	1125	28,100 CUP	19.0	1223	37,800 CUP
355 GR. BTB LFN GC	Winchester	296	.430"	1.710"	17.5	1168	29,300 CUP	18.8	1245	38,000 CUP
355 GR. BTB LFN GC	Hodgdon	H110	.430"	1.710"	17.5	1168	29,300 CUP	18.8	1245	38,000 CUP
355 GR. BTB LFN GC	Hodgdon	Lil'Gun	.430"	1.710"	16.0	1178	31,700 CUP	17.5	1247	37,900 CUP
355 GR. BTB LFN GC	Hodgdon	Longshot	.430"	1.710"	9.0	987	28,400 CUP	10.5	1096	37,800 CUP
355 GR. BTB LFN GC	Hodgdon	HS-6	.430"	1.710"	11.0	1019	26,800 CUP	12.0	1091	37,400 CUP
355 GR. BTB LFN GC	Winchester	AutoComp	.430"	1.710"	7.8	906	25,600 PSI	8.5	959	29,900 PSI
355 GR. BTB LFN GC	Hodgdon	Universal	.430"	1.710"	7.8	922	30,700 CUP	8.8	991	37,300 CUP
355 GR. BTB LFN GC	Winchester	231	.430"	1.710"	7.8	928	31,000 CUP	8.8	1001	38,700 CUP
355 GR. BTB LFN GC	Hodgdon	HP-38	.430"	1.710"	7.8	928	31,000 CUP	8.8	1001	37,700 CUP
355 GR. BTB LFN GC	Hodgdon	Titegroup	.430"	1.710"	7.0	907	29,900 CUP	8.2	994	37,600 CUP

Cartridge: 44 Auto Mag
Load Type: Pistol

Bullet Weight (Gr.)	Manufacturer	Powder	Bullet Diam.	C.O.L.	Starting Loads			Maximum Loads		
					Grs.	Vel. (ft/s)	Pressure	Grs.	Vel. (ft/s)	Pressure
180 GR. SIE JHC	Hodgdon	H4227	.430"	1.610"	25.0	1316		27.0	1478	
180 GR. SIE JHC	Hodgdon	H110	.430"	1.610"	25.0	1483		27.0	1564	
200 GR. HDY XTP	Hodgdon	H4227	.430"	1.610"	25.0	1379		26.0	1427	
200 GR. HDY XTP	Hodgdon	H110	.430"	1.610"	23.0	1415		25.0	1485	
225 GR. SPR JHP SWC	Hodgdon	H4227	.429"	1.595"	20.0	1126		22.0	1269	
225 GR. SPR JHP SWC	Hodgdon	H110	.429"	1.595"	19.0	1243		22.0	1358	
240 GR. NOS HP	Hodgdon	H4227	.429"	1.600"	20.0	1125		21.0	1183	

| 240 GR. NOS HP | | Hodgdon | H110 | .429" | 1.600" | 19.0 | 1182 | 21.0 | 1241 |

Cartridge: 445 Super Mag
Load Type: Pistol

					Starting Loads			Maximum Loads	
Bullet Weight (Gr.)	Manufacturer	Powder	Bullet Diam.	C.O.L.	Grs.	Vel. (ft/s)	Pressure	Grs.	Vel. (ft/s)	Pressure
180 GR. SIE JHC	Hodgdon	H4227	.430"	1.925"	34.5	1655		37.0	1901	
180 GR. SIE JHC	Hodgdon	H110	.430"	1.925"	34.5	1695		38.9	1907	
180 GR. SIE JHC	Hodgdon	Lil'Gun	.430"	1.925"	32.5	1812		35.0	1992	
200 GR. BAR X	Hodgdon	H4227	.430"	1.925"	35.0	1795		38.0	1885	
200 GR. BAR X	Hodgdon	H110	.430"	1.925"	33.5	1707		36.0	1855	
200 GR. BAR X	Hodgdon	Lil'Gun	.430"	1.925"	31.5	1701		34.0	1868	
225 GR. BAR X	Hodgdon	H4227	.430"	1.925"	34.0	1708		37.5	1864	
225 GR. BAR X	Hodgdon	H110	.430"	1.925"	29.5	1701		32.5	1831	
225 GR. BAR X	Hodgdon	Lil'Gun	.430"	1.925"	30.5	1672		33.0	1738	
240 GR. HDY XTP	Hodgdon	H110	.430"	1.925"	29.0	1640		33.0	1798	
240 GR. HDY XTP	Hodgdon	Lil'Gun	.430"	1.925"	31.0	1525		32.0	1682	

Cartridge: 444 Marlin
Load Type: Pistol

					Starting Loads			Maximum Loads		
Bullet Weight (Gr.)	Manufacturer	Powder	Bullet Diam.	C.O.L.	Grs.	Vel. (ft/s)	Pressure	Grs.	Vel. (ft/s)	Pressure
200 GR. BAR XFB	Hodgdon	H335	.429"	2.550"	53.0	1861	27,800 CUP	56.0	2001	33,800 CUP
200 GR. BAR XFB	Hodgdon	Benchmark	.429"	2.550"	50.0	1940	27,600 CUP	54.0	2102	35,800 CUP
200 GR. BAR XFB	Hodgdon	H322	.429"	2.550"	50.0	1940	30,200 CUP	52.0C	2037	33,600 CUP
200 GR. BAR XFB	Hodgdon	H4198	.429"	2.550"	46.0	2086	34,400 CUP	51.2C	2348	42,900 CUP
225 GR. BAR XFB	Hodgdon	H335	.429"	2.550"	49.0	1713	25,500 CUP	52.0	1853	34,500 CUP
225 GR. BAR XFB	Hodgdon	Benchmark	.429"	2.550"	49.0	1901	34,500 CUP	52.0C	2044	38,100 CUP
225 GR. BAR XFB	Hodgdon	H322	.429"	2.550"	47.0	1846	33,400 CUP	50.0C	1986	37,000 CUP
225 GR. BAR XFB	Hodgdon	H4198	.429"	2.550"	42.2	1916	32,300 CUP	46.9	2158	42,300 CUP
240 GR. SIE JHC	Hodgdon	H335	.430"	2.535"	52.5	1818	29,200 CUP	56.0	2009	38,900 CUP
240 GR. SIE JHC	Hodgdon	H4895	.430"	2.535"	51.0	1760	29,600 CUP	53.0C	1862	33,100 CUP
240 GR. SIE JHC	Hodgdon	Benchmark	.430"	2.535"	51.0	1948	31,600 CUP	55.0C	2093	40,600 CUP
240 GR. SIE JHC	Hodgdon	H322	.430"	2.535"	49.5	1900	31,400 CUP	52.0C	2012	35,900 CUP
240 GR. SIE JHC	Hodgdon	H4198	.430"	2.535"	44.0	1969	36,100 CUP	49.2C	2179	42,100 CUP
265 GR. HDY JFP	Hodgdon	H335	.430"	2.550"	52.5	1867	32,100 CUP	56.0	2009	39,700 CUP
265 GR. HDY JFP	Hodgdon	H4895	.430"	2.550"	50.0	1763	29,300 CUP	53.0C	1891	34,800 CUP
265 GR. HDY JFP	Hodgdon	Benchmark	.430"	2.550"	49.0	1855	31,000 CUP	53.0C	2004	40,700 CUP

265 GR. HDY JFP	Hodgdon	H322	.430"	2.550"	47.0	1803	33,200 CUP	52.0C	2028	38,300 CUP
265 GR. HDY JFP	Hodgdon	H4198	.430"	2.550"	42.0	1867	31,200 CUP	47.0	2092	41,100 CUP
270 GR. SPR JFP	Hodgdon	H335	.429"	2.540"	51.0	1823	31,800 CUP	55.8	2102	42,100 CUP
270 GR. SPR JFP	Hodgdon	H4895	.429"	2.540"	50.0	1781	29,300 CUP	53.0C	1893	33,400 CUP
270 GR. SPR JFP	Hodgdon	Benchmark	.429"	2.540"	50.0	1902	33,500 CUP	54.0C	2041	41,700 CUP
270 GR. SPR JFP	Hodgdon	H322	.429"	2.540"	47.0	1823	31,700 CUP	52.0C	2026	38,100 CUP
270 GR. SPR JFP	Hodgdon	H4198	.429"	2.540"	42.0	1898	34,900 CUP	46.5	2083	41,400 CUP
275 GR. BAR FP	Hodgdon	H335	.430"	2.520"	50.0	1807	35,300 CUP	53.5	1987	41,100 CUP
275 GR. BAR FP	Hodgdon	H4895	.430"	2.520"	47.0	1705	27,100 CUP	52.0C	1941	36,200 CUP
275 GR. BAR FP	Hodgdon	Benchmark	.430"	2.520"	48.0	1866	35,900 CUP	51.0C	1964	43,300 CUP
275 GR. BAR FP	Hodgdon	H322	.430"	2.520"	46.0	1802	33,800 CUP	51.0C	2044	43,100 CUP
275 GR. BAR FP	Hodgdon	H4198	.430"	2.520"	40.0	1866	33,500 CUP	44.5	2049	41,800 CUP
280 GR. SFT HP	Hodgdon	Varget	.430"	2.620"	49.0	1707	33,000 CUP	52.0C	1875	36,800 CUP
280 GR. SFT HP	Hodgdon	H335	.430"	2.620"	49.5	1888	36,100 CUP	52.8	2043	42,000 CUP
280 GR. SFT HP	Hodgdon	H4895	.430"	2.620"	47.0	1760	30,300 CUP	52.0C	1973	37,600 CUP
280 GR. SFT HP	Hodgdon	Benchmark	.430"	2.620"	46.0	1815	38,300 CUP	49.5C	1941	42,600 CUP
280 GR. SFT HP	Hodgdon	H322	.430"	2.620"	44.5	1809	33,400 CUP	49.5	1986	42,400 CUP
280 GR. SFT HP	Hodgdon	H4198	.430"	2.620"	38.0	1765	37,300 CUP	42.5	1977	42,300 CUP
300 GR. SFT HP	Hodgdon	Varget	.430"	2.620"	47.0	1631	30,700 CUP	50.0C	1753	35,700 CUP
300 GR. SFT HP	Hodgdon	H335	.430"	2.620"	49.0	1811	37,600 CUP	52.0	1964	42,300 CUP
300 GR. SFT HP	Hodgdon	H4895	.430"	2.620"	47.0	1722	33,600 CUP	50.0C	1853	35,600 CUP
300 GR. SFT HP	Hodgdon	Benchmark	.430"	2.620"	46.0	1790	36,200 CUP	48.5	1893	41,900 CUP
300 GR. SFT HP	Hodgdon	H322	.430"	2.620"	43.0	1694	30,600 CUP	48.0	1905	42,600 CUP
300 GR. SFT HP	Hodgdon	H4198	.430"	2.620"	38.5	1816	36,200 CUP	42.5	1946	42,500 CUP

Cartridge: 45 S&W (Schofield)
Load Type: Pistol

Bullet Weight (Gr.)	Manufacturer	Powder	Bullet Diam.	C.O.L.	Starting Loads			Maximum Loads		
					Grs.	Vel. (ft/s)	Pressure	Grs.	Vel. (ft/s)	Pressure
200 GR. LRNFP	Hodgdon	Universal	.452"	1.430"	6.0	773	9,100 CUP	7.0	938	13,100 CUP
200 GR. LRNFP	Winchester	231	.452"	1.430"	5.2	745	8,800 CUP	6.2	877	13,000 CUP
200 GR. LRNFP	Hodgdon	HP-38	.452"	1.430"	5.2	745	8,800 CUP	6.2	877	13,000 CUP
200 GR. LRNFP	IMR	Trail Boss	.452"	1.430"	4.0	684	9,000 CUP	5.0	791	13,200 CUP
200 GR. LRNFP	Hodgdon	Titegroup	.452"	1.430"	4.5	715	6,700 CUP	6.0	925	12,100 CUP
200 GR. LRNFP	Hodgdon	Clays	.452"	1.430"	4.0	733	8,300 CUP	5.0	845	13,100 CUP
230 GR. LRNFP	Hodgdon	Universal	.452"	1.430"	5.5	738	9,400 CUP	6.0	816	11,400 CUP
230 GR. LRNFP	Winchester	231	.452"	1.430"	5.0	719	9,900 CUP	5.7	816	12,700 CUP
230 GR. LRNFP	Hodgdon	HP-38	.452"	1.430"	5.0	719	9,900 CUP	5.7	816	12,700 CUP
230 GR. LRNFP	IMR	Trail Boss	.452"	1.430"	4.0	649	9,000 CUP	5.0	739	13,000 CUP
230 GR. LRNFP	Hodgdon	Titegroup	.452"	1.430"	4.5	702	7,800 CUP	5.8	866	12,300 CUP

Bullet Weight	Manufacturer	Powder	Bullet Diam.	C.O.L.	Grs.	Vel. (ft/s)	Pressure
230 GR. LRNFP	Hodgdon	Clays	.452"	1.430"	4.0	697	9,400 CUP
250 GR. LRNFP	Hodgdon	Universal	.452"	1.430"	6.0	724	9,900 CUP
250 GR. LRNFP	Winchester	231	.452"	1.430"	4.5	664	10,100 CUP
250 GR. LRNFP	Hodgdon	HP-38	.452"	1.430"	4.5	664	10,100 CUP
250 GR. LRNFP	IMR	Trail Boss	.452"	1.430"	3.5	537	7,300 CUP
250 GR. LRNFP	Hodgdon	Titegroup	.452"	1.430"	4.5	716	7,900 CUP
250 GR. LRNFP	Hodgdon	Clays	.452"	1.430"	4.0	674	11,000 CUP

(continued — Maximum Loads)

Bullet Weight	Grs.	Vel. (ft/s)	Pressure
230 GR. LRNFP	4.7	783	13,600 CUP
250 GR. LRNFP	6.3	830	13,800 CUP
250 GR. LRNFP	5.2	741	12,100 CUP
250 GR. LRNFP	5.2	741	12,100 CUP
250 GR. LRNFP	4.8	685	13,200 CUP
250 GR. LRNFP	5.3	811	11,600 CUP
250 GR. LRNFP	4.2	710	12,500 CUP

Cartridge: 45 GAP (Glock Auto)
Load Type: Pistol

Bullet Weight (Gr.)	Manufacturer	Powder	Bullet Diam.	C.O.L.	Starting Loads Grs.	Starting Loads Vel. (ft/s)	Starting Loads Pressure	Maximum Loads Grs.	Maximum Loads Vel. (ft/s)	Maximum Loads Pressure
155 GR. LSWC CAST	Winchester	AutoComp	.452"	1.110"	6.9	937	17,500 PSI	7.5	1089	21,200 PSI
155 GR. LSWC CAST	Hodgdon	Titegroup	.452"	1.110"	4.7	1014	17,500 PSI	5.3	1152	21,300 PSI
155 GR. LSWC CAST	Hodgdon	Clays	.452"	1.110"	3.9	974	18,000 PSI	4.4	1047	22,300 PSI
185 GR. HDY XTP	Hodgdon	Longshot	.451"	1.060"	6.5	923	16,400 PSI	7.5	1075	22,500 PSI
185 GR. HDY XTP	Hodgdon	HS-6	.451"	1.060"	8.0	890	17,700 PSI	9.0	1017	22,500 PSI
185 GR. HDY XTP	Winchester	AutoComp	.451"	1.060"	6.7	809	18,100 PSI	7.3	911	21,400 PSI
185 GR. HDY XTP	Hodgdon	Universal	.451"	1.060"	5.5	864	17,700 PSI	6.3	1027	22,300 PSI
185 GR. HDY XTP	Winchester	231	.451"	1.060"	4.8	841	18,200 PSI	5.5	951	21,500 PSI
185 GR. HDY XTP	Hodgdon	HP-38	.451"	1.060"	4.8	841	18,200 PSI	5.5	951	21,500 PSI
185 GR. HDY XTP	Hodgdon	Titegroup	.451"	1.060"	4.3	875	18,200 PSI	4.9	974	21,300 PSI
185 GR. HDY XTP	Hodgdon	Clays	.451"	1.060"	3.7	816	18,800 PSI	4.1	881	21,400 PSI
200 GR. SPR GDHP	Hodgdon	Longshot	.451"	1.080"	6.0	892	19,100 PSI	6.8	1000	22,300 PSI
200 GR. SPR GDHP	Hodgdon	HS-6	.451"	1.080"	7.0	795	17,100 PSI	8.0	921	21,200 PSI
200 GR. SPR GDHP	Winchester	AutoComp	.451"	1.080"	6.3	727	17,400 PSI	6.9	814	21,100 PSI
200 GR. SPR GDHP	Hodgdon	Universal	.451"	1.080"	5.2	838	18,500 PSI	5.7	924	20,900 PSI
200 GR. SPR GDHP	Winchester	231	.451"	1.080"	4.5	796	18,400 PSI	4.9	860	20,700 PSI
200 GR. SPR GDHP	Hodgdon	HP-38	.451"	1.080"	4.5	796	18,400 PSI	4.9	860	20,700 PSI
200 GR. SPR GDHP	Hodgdon	Titegroup	.451"	1.080"	4.1	829	18,300 PSI	4.6	908	21,700 PSI
200 GR. SPR GDHP	Hodgdon	Clays	.451"	1.080"	3.3	718	17,300 PSI	3.7	796	20,400 PSI

Cartridge: 45 ACP
Load Type: Pistol

Bullet Weight (Gr.)	Manufacturer	Powder	Bullet Diam.	C.O.L.	Starting Loads Grs.	Starting Loads Vel. (ft/s)	Starting Loads Pressure	Maximum Loads Grs.	Maximum Loads Vel. (ft/s)	Maximum Loads Pressure
155 GR. CAST LSWC	IMR	800-X	.451"	1.230"	7.8	1019	13,600 CUP	8.5	1117	17,000 CUP
155 GR. CAST LSWC	IMR	SR 4756	.451"	1.230"	8.2	996	13,100 CUP	8.8	1108	17,200 CUP

Bullet	Powder Mfr	Powder	Diameter	OAL	Start Load	Vel	Max Load	Vel	Pressure
155 GR. CAST LSWC	Hodgdon	HS-6	.451"	1.230"	9.0	988	12,000 CUP	10.0	1126	16,300 CUP
155 GR. CAST LSWC	Winchester	AutoComp	.451"	1.230"	7.6	1006	13,700 CUP	8.2	1079	16,600 CUP
155 GR. CAST LSWC	Hodgdon	Universal	.451"	1.230"	6.5	1015	13,000 CUP	7.0	1135	16,700 CUP
155 GR. CAST LSWC	Winchester	WSF	.451"	1.230"	7.1	934	11,600 CUP	7.9	1064	15,900 CUP
155 GR. CAST LSWC	Winchester	231	.451"	1.230"	6.0	998	13,400 CUP	6.7	1112	17,100 CUP
155 GR. CAST LSWC	Hodgdon	HP-38	.451"	1.230"	6.0	998	13,400 CUP	6.7	1112	17,100 CUP
155 GR. CAST LSWC	IMR	SR 7625	.451"	1.230"	7.0	941	11,800 CUP	7.7	1056	16,100 CUP
155 GR. CAST LSWC	IMR	PB	.451"	1.230"	5.8	989	13,600 CUP	6.5	1095	17,500 CUP
155 GR. CAST LSWC	Winchester	WST	.451"	1.230"	4.9	919	13,100 CUP	5.4	1017	16,700 CUP
155 GR. CAST LSWC	Hodgdon	Titegroup	.451"	1.230"	5.7	1039	14,300 CUP	6.2	1132	17,000 CUP
155 GR. CAST LSWC	IMR	700-X	.451"	1.230"	5.4	1004	13,500 CUP	6.0	1076	16,400 CUP
155 GR. CAST LSWC	Hodgdon	Clays	.451"	1.230"	4.9	1040	16,100 CUP	5.2	1082	17,700 CUP
155 GR. CAST LSWC	Hodgdon	Titewad	.451"	1.230"	4.6	1015	15,800 PSI	5.0	1082	18,800 PSI
155 GR. SFIRE	Hodgdon	Universal	.451"	1.220"	5.4	828	12,300 CUP	6.0	1050	16,900 CUP
155 GR. SFIRE	Winchester	231	.451"	1.220"	5.6	944	13,800 CUP	6.2	1057	16,700 CUP
155 GR. SFIRE	Hodgdon	HP-38	.451"	1.220"	5.6	944	13,800 CUP	6.2	1057	16,700 CUP
155 GR. SFIRE	IMR	PB	.451"	1.220"	5.3	901	12,100 CUP	5.8	1016	16,600 CUP
155 GR. SFIRE	Hodgdon	Titegroup	.451"	1.220"	5.0	974	13,600 CUP	5.5	1036	16,900 CUP
155 GR. SFIRE	IMR	700-X	.451"	1.220"	5.3	955	14,500 CUP	5.8	1045	16,200 CUP
180 GR. LFP	Hodgdon	Longshot	.452"	1.140"	6.5	788	9,800 CUP	8.0	1015	16,900 CUP
180 GR. LFP	IMR	800-X	.452"	1.140"	7.2	925	13,100 CUP	8.0	1031	16,800 CUP
180 GR. LFP	IMR	SR 4756	.452"	1.140"	7.6	919	12,900 CUP	8.4	1047	16,900 CUP
180 GR. LFP	Hodgdon	HS-6	.452"	1.140"	7.8	805	10,900 CUP	9.0	961	16,600 CUP
180 GR. LFP	Winchester	AutoComp	.452"	1.140"	6.8	903	12,800 CUP	7.6	1008	16,500 CUP
180 GR. LFP	Hodgdon	Universal	.452"	1.140"	5.3	755	11,100 CUP	6.4	1019	17,600 CUP
180 GR. LFP	Winchester	WSF	.452"	1.140"	6.6	887	12,200 CUP	7.3	1003	16,500 CUP
180 GR. LFP	Winchester	231	.452"	1.140"	5.0	778	11,300 CUP	6.0	950	16,800 CUP
180 GR. LFP	Hodgdon	HP-38	.452"	1.140"	5.0	778	11,300 CUP	6.0	950	16,800 CUP
180 GR. LFP	IMR	SR 7625	.452"	1.140"	6.7	928	14,100 CUP	7.4	1024	17,800 CUP
180 GR. LFP	IMR	PB	.452"	1.140"	5.4	885	12,900 CUP	6.0	976	16,300 CUP
180 GR. LFP	Winchester	WST	.452"	1.140"	4.4	846	13,300 CUP	4.9	912	16,100 CUP
180 GR. LFP	IMR	Trail Boss	.452"	1.140"	3.5	664	7,100 CUP	5.0	852	13,700 CUP
180 GR. LFP	Hodgdon	Titegroup	.452"	1.140"	4.2	771	10,200 CUP	5.2	946	16,600 CUP
180 GR. LFP	IMR	700-X	.452"	1.140"	5.0	903	13,300 CUP	5.6	982	16,000 CUP
180 GR. LFP	Hodgdon	Clays	.452"	1.140"	3.8	783	11,600 CUP	4.5	910	16,700 CUP
180 GR. LFP	Hodgdon	Titewad	.452"	1.140"	3.7	855	14,800 PSI	4.3	948	19,200 PSI
185 GR. HDY JSWC	Hodgdon	Longshot	.451"	1.135"	7.2	919	11,300 CUP	8.2	1044	17,000 CUP
185 GR. HDY JSWC	IMR	800-X	.451"	1.135"	7.1	883	13,600 CUP	7.9	991	16,700 CUP
185 GR. HDY JSWC	IMR	SR 4756	.451"	1.135"	7.4	853	12,300 CUP	8.2	991	16,700 CUP

Bullet	Mfr	Powder	Diameter	OAL	Start Gr.	Start Vel.	Start Pressure	Max Gr.	Max Vel.	Max Pressure
185 GR. HDY JSWC	Hodgdon	HS-6	.451"	1.135"	8.6	888	12,200 CUP	9.5	996	16,800 CUP
185 GR. HDY JSWC	Winchester	AutoComp	.451"	1.135"	6.7	856	12,600 CUP	7.4	958	16,200 CUP
185 GR. HDY JSWC	Hodgdon	Universal	.451"	1.135"	6.0	908	13,100 CUP	6.4	977	16,800 CUP
185 GR. HDY JSWC	Winchester	WSF	.451"	1.135"	6.8	886	13,400 CUP	7.5	981	17,400 CUP
185 GR. HDY JSWC	Winchester	231	.451"	1.135"	5.0	762	12,000 CUP	5.9	906	15,800 CUP
185 GR. HDY JSWC	Hodgdon	HP-38	.451"	1.135"	5.0	762	12,000 CUP	5.9	906	15,800 CUP
185 GR. HDY JSWC	IMR	SR 7625	.451"	1.135"	6.8	890	14,800 CUP	7.3	970	16,500 CUP
185 GR. HDY JSWC	IMR	PB	.451"	1.135"	5.2	804	11,400 CUP	5.8	935	16,200 CUP
185 GR. HDY JSWC	Winchester	WST	.451"	1.135"	4.4	794	14,100 CUP	4.9	866	16,500 CUP
185 GR. HDY JSWC	Hodgdon	Titegroup	.451"	1.135"	5.0	892	14,600 CUP	5.5	956	17,000 CUP
185 GR. HDY JSWC	IMR	700-X	.451"	1.135"	4.9	873	14,000 CUP	5.5	959	17,100 CUP
185 GR. HDY JSWC	Hodgdon	Clays	.451"	1.135"	4.5	855	14,500 CUP	4.9	981	17,400 CUP
185 GR. HDY JSWC	Hodgdon	Titewad	.451"	1.135"	3.5	754	14,900 PSI	4.2	887	19,400 PSI
200 GR. CAST LSWC	IMR	800-X	.451"	1.225"	6.9	861	12,200 CUP	7.7	958	15,700 CUP
200 GR. CAST LSWC	IMR	SR 4756	.451"	1.225"	7.4	875	13,500 CUP	8.2	966	17,100 CUP
200 GR. CAST LSWC	Hodgdon	HS-6	.451"	1.225"	8.2	860	14,400 CUP	8.4	907	16,300 CUP
200 GR. CAST LSWC	Winchester	AutoComp	.451"	1.225"	6.5	843	11,500 CUP	7.2	914	15,100 CUP
200 GR. CAST LSWC	Hodgdon	Universal	.451"	1.225"	5.8	889	13,900 CUP	6.3	962	16,800 CUP
200 GR. CAST LSWC	Winchester	WSF	.451"	1.225"	6.0	870	15,200 PSI	6.7	970	19,400 PSI
200 GR. CAST LSWC	Winchester	231	.451"	1.225"	4.4	771	11,000 CUP	5.6	914	16,900 CUP
200 GR. CAST LSWC	Hodgdon	HP-38	.451"	1.225"	4.4	771	11,000 CUP	5.6	914	16,900 CUP
200 GR. CAST LSWC	IMR	SR 7625	.451"	1.225"	6.2	836	13,000 CUP	6.9	952	17,200 CUP
200 GR. CAST LSWC	IMR	PB	.451"	1.225"	5.2	831	12,200 CUP	5.7	915	15,900 CUP
200 GR. CAST LSWC	Winchester	WST	.451"	1.225"	4.4	830	15,400 PSI	5.1	910	19,900 PSI
200 GR. CAST LSWC	IMR	Trail Boss	.451"	1.225"	3.5	652	9,200 CUP	5.5	816	16,100 CUP
200 GR. CAST LSWC	Hodgdon	Titegroup	.451"	1.225"	4.8	877	13,400 CUP	5.4	957	16,800 CUP
200 GR. CAST LSWC	IMR	700-X	.451"	1.225"	4.6	821	12,100 CUP	5.3	921	16,300 CUP
200 GR. CAST LSWC	Hodgdon	Clays	.451"	1.225"	3.6	759	11,800 CUP	4.3	888	17,000 CUP
200 GR. CAST LSWC	Hodgdon	Titewad	.451"	1.225"	3.6	816	15,400 PSI	4.5	940	20,000 PSI
200 GR. SPR JHP	Hodgdon	Longshot	.451"	1.155"	7.0	918	13,300 CUP	7.8	1013	16,900 CUP
200 GR. SPR JHP	IMR	800-X	.451"	1.155"	6.8	877	13,600 CUP	7.4	954	16,600 CUP
200 GR. SPR JHP	IMR	SR 4756	.451"	1.155"	7.0	842	11,100 CUP	7.6	941	14,200 CUP
200 GR. SPR JHP	Hodgdon	HS-6	.451"	1.155"	8.2	868	14,000 CUP	9.0	948	16,400 CUP
200 GR. SPR JHP	Winchester	AutoComp	.451"	1.155"	6.4	856	12,600 CUP	7.0	930	16,000 CUP
200 GR. SPR JHP	Hodgdon	Universal	.451"	1.155"	5.8	889	15,100 CUP	6.2	949	17,200 CUP
200 GR. SPR JHP	Winchester	WSF	.451"	1.155"	6.1	807	12,500 CUP	6.8	929	16,700 CUP
200 GR. SPR JHP	Winchester	231	.451"	1.155"	5.2	794	12,700 CUP	5.9	906	16,700 CUP

Bullet	Manufacturer	Powder	Diameter	Charge	Velocity	Pressure	Charge	Velocity	Pressure
200 GR. SPR JHP	Hodgdon	HP-38	.451"	5.2	794	12,700 CUP	5.9	906	16,700 CUP
200 GR. SPR JHP	IMR	SR 7625	.451"	6.0	861	13,600 CUP	6.6	941	17,100 CUP
200 GR. SPR JHP	IMR	PB	.451"	5.0	798	12,800 CUP	5.5	873	16,100 CUP
200 GR. SPR JHP	Winchester	WST	.451"	4.6	789	15,900 CUP	5.1	898	17,500 CUP
200 GR. SPR JHP	Hodgdon	Titegroup	.451"	4.7	812	13,700 CUP	5.2	884	16,900 CUP
200 GR. SPR JHP	IMR	700-X	.451"	4.8	844	14,400 CUP	5.3	911	16,700 CUP
200 GR. SPR JHP	Hodgdon	Clays	.451"	3.9	714	15,200 CUP	4.3	785	17,700 CUP
200 GR. SPR JHP	Hodgdon	Titewad	.451"	3.4	680	15,200 PSI	4.0	834	19,500 PSI
230 GR. HDY FMJ FP	Hodgdon	Longshot	.451"	6.3	848	14,100 CUP	6.8	908	17,200 CUP
230 GR. HDY FMJ FP	IMR	800-X	.451"	6.3	817	13,300 CUP	7.0	900	16,900 CUP
230 GR. HDY FMJ FP	IMR	SR 4756	.451"	6.4	762	12,900 CUP	7.0	867	16,500 CUP
230 GR. HDY FMJ FP	Hodgdon	HS-6	.451"	8.0	790	14,400 CUP	8.2	825	15,400 CUP
230 GR. HDY FMJ FP	Winchester	AutoComp	.451"	6.0	789	13,800 CUP	6.6	871	17,100 CUP
230 GR. HDY FMJ FP	Hodgdon	Universal	.451"	5.1	716	11,800 CUP	5.6	844	16,800 CUP
230 GR. HDY FMJ FP	Winchester	WSF	.451"	5.7	766	12,100 CUP	6.4	851	15,700 CUP
230 GR. HDY FMJ FP	Winchester	231	.451"	4.2	751	13,800 CUP	5.3	832	16,800 CUP
230 GR. HDY FMJ FP	Hodgdon	HP-38	.451"	4.2	751	13,800 CUP	5.3	832	16,800 CUP
230 GR. HDY FMJ FP	IMR	SR 7625	.451"	5.4	745	12,200 CUP	6.0	848	16,600 CUP
230 GR. HDY FMJ FP	IMR	PB	.451"	4.5	709	12,200 CUP	5.0	807	16,500 CUP
230 GR. HDY FMJ FP	Winchester	WST	.451"	4.1	733	13,900 CUP	4.9	848	16,100 CUP
230 GR. HDY FMJ FP	Hodgdon	Titegroup	.451"	4.4	744	15,000 CUP	4.8	818	16,700 CUP
230 GR. HDY FMJ FP	IMR	700-X	.451"	4.4	758	12,700 CUP	4.9	842	16,600 CUP
230 GR. HDY FMJ FP	Hodgdon	Clays	.451"	3.7	670	15,900 CUP	4.0	732	17,000 CUP
230 GR. LRN	Hodgdon	Longshot	.452"	6.0	747	12,000 CUP	6.8	875	16,800 CUP
230 GR. LRN	IMR	800-X	.452"	6.5	867	15,100 CUP	7.0	939	17,300 CUP
230 GR. LRN	IMR	SR 4756	.452"	6.3	813	14,200 CUP	6.8	892	16,400 CUP
230 GR. LRN	Hodgdon	HS-6	.452"	7.0	751	12,900 CUP	8.0	859	16,600 CUP
230 GR. LRN	Winchester	AutoComp	.452"	6.1	832	13,700 CUP	6.6	896	16,400 CUP
230 GR. LRN	Hodgdon	Universal	.452"	4.5	703	11,400 CUP	5.4	857	16,800 CUP
230 GR. LRN	Winchester	WSF	.452"	5.8	832	14,500 CUP	6.3	892	16,800 CUP
230 GR. LRN	Winchester	231	.452"	4.3	699	12,200 CUP	5.3	834	16,900 CUP
230 GR. LRN	Hodgdon	HP-38	.452"	4.3	699	12,200 CUP	5.3	834	16,900 CUP
230 GR. LRN	IMR	SR 7625	.452"	5.5	828	15,100 CUP	6.0	897	17,300 CUP
230 GR. LRN	IMR	PB	.452"	4.2	736	11,600 CUP	4.7	833	15,900 CUP
230 GR. LRN	Winchester	WST	.452"	4.0	776	14,300 CUP	4.3	812	16,400 CUP
230 GR. LRN	IMR	Trail Boss	.452"	3.5	658	11,200 CUP	4.5	761	15,100 CUP
230 GR. LRN	Hodgdon	Titegroup	.452"	4.0	751	12,500 CUP	4.8	855	17,000 CUP
230 GR. LRN	IMR	700-X	.452"	4.5	831	14,500 CUP	5.0	893	17,700 CUP
230 GR. LRN	Hodgdon	Clays	.452"	3.5	716	13,700 CUP	4.0	793	16,800 CUP

| 230 GR. LRN | Hodgdon | Titewad | .452" | 1.200" | 2.8 | 684 | 14,700 PSI | 3.3 | 767 | 19,400 PSI |

Cartridge: 45 SUPER
Load Type: Pistol

					Starting Loads			Maximum Loads		
Bullet Weight (Gr.)	Manufacturer	Powder	Bullet Diam.	C.O.L.	Grs.	Vel. (ft/s)	Pressure	Grs.	Vel. (ft/s)	Pressure
185 GR. HDY JSWC	Hodgdon	Longshot	.451"	1.195"	7.2	919	11,300 CUP	8.4	1120	20,100 CUP
185 GR. HDY JSWC	Hodgdon	HS-6	.451"	1.195"	8.6	888	12,200 CUP	9.9	1086	19,500 CUP
185 GR. HDY JSWC	Winchester	AutoComp	.451"	1.195"	7.0	885	13,000 CUP	8.0	1037	19,600 CUP
185 GR. HDY JSWC	Hodgdon	Universal	.451"	1.195"	6.0	908	13,100 CUP	7.0	1067	20,100 CUP
185 GR. HDY JSWC	Hodgdon	HP-38	.451"	1.195"	5.0	762	12,000 CUP	6.7	1037	19,800 CUP
185 GR. HDY JSWC	Hodgdon	Titegroup	.451"	1.195"	5.0	877	13,400 CUP	6.2	1055	19,800 CUP
200 GR. SPR JHP	Hodgdon	Longshot	.451"	1.155"	7.0	918	13,300 CUP	8.1	1053	20,100 CUP
200 GR. SPR JHP	Hodgdon	HS-6	.451"	1.155"	8.2	868	14,000 CUP	9.5	1032	19,800 CUP
200 GR. SPR JHP	Winchester	AutoComp	.451"	1.155"	6.5	867	14,500 CUP	7.7	1019	19,900 CUP
200 GR. SPR JHP	Hodgdon	Universal	.451"	1.155"	5.8	889	15,100 CUP	6.7	1014	20,100 CUP
200 GR. SPR JHP	Hodgdon	HP-38	.451"	1.155"	5.2	794	12,700 CUP	6.6	1007	20,000 CUP
200 GR. SPR JHP	Hodgdon	Titegroup	.451"	1.155"	4.7	812	13,700 CUP	5.8	986	19,600 CUP
230 GR. HDY FMJ FP	Hodgdon	Longshot	.451"	1.200"	6.3	848	14,100 CUP	7.3	959	19,800 CUP
230 GR. HDY FMJ FP	Hodgdon	HS-6	.451"	1.200"	8.0	790	14,400 CUP	9.0	983	19,500 CUP
230 GR. HDY FMJ FP	Winchester	AutoComp	.451"	1.200"	5.9	757	13,200 CUP	6.9	910	19,800 CUP
230 GR. HDY FMJ FP	Hodgdon	Universal	.451"	1.200"	5.1	716	11,800 CUP	6.0	877	19,400 CUP
230 GR. HDY FMJ FP	Hodgdon	HP-38	.451"	1.200"	4.2	751	13,800 CUP	6.0	915	19,800 CUP
230 GR. HDY FMJ FP	Hodgdon	Titegroup	.451"	1.200"	4.4	670	15,900 CUP	5.4	906	19,600 CUP

Cartridge: 460 Rowland
Load Type: Pistol

					Starting Loads			Maximum Loads		
Bullet Weight (Gr.)	Manufacturer	Powder	Bullet Diam.	C.O.L.	Grs.	Vel. (ft/s)	Pressure	Grs.	Vel. (ft/s)	Pressure
185 GR. HDY JSWC	Hodgdon	Longshot	.451"	1.240"	12.0	1413	34,700 CUP	13.5	1503	38,800 CUP
200 GR. SPR JHP	Hodgdon	Longshot	.451"	1.225"	12.0	1372	34,300 CUP	13.8	1456	39,400 CUP
230 GR. HDY XTP	Hodgdon	Longshot	.451"	1.270"	10.0	1207	32,200 CUP	12.0	1336	39,200 CUP

This data is intended for original Colt revolvers and their replicas. Max pressure, 14,000 CUP.

Cartridge: 45 Colt
Load Type: Pistol

Bullet Weight (Gr.)	Manufacturer	Powder	Bullet Diam.	C.O.L.	Starting Loads Grs.	Starting Loads Vel. (ft/s)	Starting Loads Pressure	Maximum Loads Grs.	Maximum Loads Vel. (ft/s)	Maximum Loads Pressure
160 GR. CAST LRNFP	IMR	800-X	.452"	1.500"	7.0	865	7,700 PSI	10.0	1162	12,800 PSI
160 GR. CAST LRNFP	IMR	SR 4756	.452"	1.500"	8.0	842	7,700 PSI	10.8	1138	13,200 PSI
160 GR. CAST LRNFP	Hodgdon	Universal	.452"	1.500"	6.5	798	7,400 CUP	9.5	1197	12,900 CUP
160 GR. CAST LRNFP	Winchester	231	.452"	1.500"	6.5	917	7,700 CUP	9.0	1177	13,800 CUP
160 GR. CAST LRNFP	Hodgdon	HP-38	.452"	1.500"	6.5	917	7,700 CUP	9.0	1177	13,800 CUP
160 GR. CAST LRNFP	IMR	SR 7625	.452"	1.500"	7.0	850	7,000 PSI	9.5	1157	13,300 PSI
160 GR. CAST LRNFP	IMR	PB	.452"	1.500"	6.0	824	7,500 PSI	8.1	1118	13,100 PSI
160 GR. CAST LRNFP	IMR	Trail Boss	.452"	1.500"	7.0	903	8,100 PSI	8.5	1018	10,800 PSI
160 GR. CAST LRNFP	Hodgdon	Titegroup	.452"	1.500"	6.0	932	6,000 CUP	7.0	1051	9,100 CUP
160 GR. CAST LRNFP	IMR	700-X	.452.	1.500"	4.8	857	8,000 PSI	7.0	1142	13,600 PSI
160 GR. CAST LRNFP	Hodgdon	Clays	.452"	1.500"	5.0	907	7,500 CUP	6.4	1083	13,500 CUP
180 GR. CAST LRNFP	IMR	800-X	.452"	1.540"	7.5	905	9,400 PSI	9.6	1099	13,200 PSI
180 GR. CAST LRNFP	IMR	SR 4756	.452"	1.540"	8.4	830	8,300 PSI	10.5	1048	12,700 PSI
180 GR. CAST LRNFP	Hodgdon	Universal	.452"	1.540"	6.5	791	7,100 CUP	9.2	1161	13,900 CUP
180 GR. CAST LRNFP	Winchester	231	.452"	1.540"	6.0	838	6,500 CUP	8.2	1087	13,900 CUP
180 GR. CAST LRNFP	Hodgdon	HP-38	.452"	1.540"	6.0	838	6,500 CUP	8.2	1087	13,900 CUP
180 GR. CAST LRNFP	IMR	SR 7625	.452"	1.540"	7.0	807	7,800 PSI	9.1	1044	12,600 PSI
180 GR. CAST LRNFP	IMR	PB	.452"	1.540"	6.0	806	7,900 PSI	7.9	1041	12,500 PSI
180 GR. CAST LRNFP	IMR	Trail Boss	.452"	1.540"	6.0	818	9,400 PSI	7.3	935	12,700 PSI
180 GR. CAST LRNFP	Hodgdon	Titegroup	.452"	1.540"	6.0	918	8,600 CUP	6.9	1020	10,900 CUP
180 GR. CAST LRNFP	IMR	700-X	.452"	1.540"	5.0	850	9,100 PSI	6.5	1014	12,600 PSI
180 GR. CAST LRNFP	Hodgdon	Clays	.452"	1.540"	4.8	840	7,900 CUP	6.0	1016	13,800 CUP
200 GR. CAST LRNFP	IMR	800-X	.452"	1.600"	7.2	842	8,700 PSI	9.3	1042	13,500 PSI
200 GR. CAST LRNFP	IMR	SR 4756	.452"	1.600"	7.9	791	8,600 PSI	10.0	986	12,100 PSI
200 GR. CAST LRNFP	Hodgdon	Universal	.452"	1.600"	6.4	749	5,700 CUP	8.8	1067	13,600 CUP
200 GR. CAST LRNFP	Winchester	231	.452"	1.600"	5.9	761	5,800 CUP	8.0	1002	13,800 CUP
200 GR. CAST LRNFP	Hodgdon	HP-38	.452"	1.600"	5.9	761	5,800 CUP	8.0	1002	13,800 CUP
200 GR. CAST LRNFP	IMR	SR 7625	.452"	1.600"	7.0	796	8,700 PSI	9.1	996	12,800 PSI
200 GR. CAST LRNFP	IMR	PB	.452"	1.600"	6.4	814	8,400 PSI	8.2	1053	12,800 PSI
200 GR. CAST LRNFP	IMR	Trail Boss	.452"	1.600"	5.5	706	8,000 PSI	6.5	855	11,000 PSI
200 GR. CAST LRNFP	Hodgdon	Titegroup	.452"	1.600"	6.5	933	9,300 CUP	7.7	1050	12,700 CUP
200 GR. CAST LRNFP	IMR	700-X	.452"	1.600"	5.0	822	8,800 PSI	6.2	933	12,400 PSI
200 GR. CAST LRNFP	Hodgdon	Clays	.452"	1.600"	4.6	777	5,900 CUP	5.9	931	13,100 CUP
200 GR. HDY XTP	IMR	800-X	.452"	1.600"	6.5	808	10,200 PSI	8.8	996	13,400 PSI
200 GR. HDY XTP	IMR	SR 4756	.452"	1.600"	8.8	833	10,200 PSI	10.2	976	12,700 PSI
200 GR. HDY XTP	Hodgdon	HS-6	.452"	1.600"	11.7	994	9,700 CUP	13.0	1111	13,900 CUP

Bullet	Mfr	Powder	Diameter	OAL	Start Grains	Start Velocity	Start Pressure	Max Grains	Max Velocity	Max Pressure
200 GR. HDY XTP	Hodgdon	Universal	.452"	1.600"	8.0	915	9,600 CUP	9.0	1068	13,900 CUP
200 GR. HDY XTP	Winchester	231	.452"	1.600"	7.8	956	11,000 CUP	8.7	1048	14,000 CUP
200 GR. HDY XTP	Hodgdon	HP-38	.452"	1.600"	7.8	956	11,000 CUP	8.7	1048	14,000 CUP
200 GR. HDY XTP	IMR	SR 7625	.452"	1.600"	6.6	740	8,400 PSI	8.6	972	13,200 PSI
200 GR. HDY XTP	IMR	PB	.452"	1.600"	5.5	700	9,000 PSI	7.5	950	13,300 PSI
200 GR. HDY XTP	Hodgdon	Titegroup	.452"	1.600"	6.7	899	9,600 CUP	7.5	989	12,700 CUP
200 GR. HDY XTP	IMR	700-X	.452"	1.600"	5.0	795	10,500 PSI	6.3	940	13,400 PSI
215 GR. CAST LRNFP	IMR	800-X	.452"	1.650"	7.5	845	10,600 PSI	9.2	995	13,200 PSI
215 GR. CAST LRNFP	IMR	SR 4756	.452"	1.650"	8.3	760	7,900 PSI	10.0	935	11,300 PSI
215 GR. CAST LRNFP	Hodgdon	Universal	.452"	1.650"	6.8	777	6,300 CUP	8.6	1001	13,800 CUP
215 GR. CAST LRNFP	Winchester	231	.452"	1.650"	5.9	758	5,900 CUP	7.8	965	13,500 CUP
215 GR. CAST LRNFP	Hodgdon	HP-38	.452"	1.650"	5.9	758	5,900 CUP	7.8	965	13,500 CUP
215 GR. CAST LRNFP	IMR	SR 7625	.452"	1.650"	7.2	797	9,300 PSI	9.0	951	12,600 PSI
215 GR. CAST LRNFP	IMR	PB	.452"	1.650"	5.8	749	8,500 PSI	7.8	948	12,400 PSI
215 GR. CAST LRNFP	IMR	Trail Boss	.452"	1.650"	5.5	725	8,100 PSI	6.5	820	10,300 PSI
215 GR. CAST LRNFP	Hodgdon	Titegroup	.452"	1.650"	6.2	881	8,600 CUP	7.2	983	12,100 CUP
215 GR. CAST LRNFP	IMR	700-X	.452"	1.650"	4.7	752	8,500 PSI	6.2	921	12,800 PSI
215 GR. CAST LRNFP	Hodgdon	Clays	.452"	1.650"	4.6	754	6,400 CUP	5.7	889	13,400 CUP
225 GR. HDY FTX	IMR	800-X	.452"	1.600"	6.2	654	7800 PSI	8.9	937	12,800 PSI
225 GR. HDY FTX	IMR	SR 4756	.452"	1.600"	8.3	762	9000 PSI	10.2	974	13,400 PSI
225 GR. HDY FTX	Hodgdon	HS-6	.452"	1.600"	8.8	790	9200 PSI	10.8	987	13,200 PSI
225 GR. HDY FTX	Winchester	AutoComp	.452"	1.600"	7.1	750	8700 PSI	8.9	973	13,600 PSI
225 GR. HDY FTX	Hodgdon	Universal	.452"	1.600"	6.4	684	7800 PSI	8.2	916	13,200 PSI
225 GR. HDY FTX	Winchester	231	.452"	1.600"	5.7	663	9000 PSI	7.5	897	13,200 PSI
225 GR. HDY FTX	Hodgdon	HP-38	.452"	1.600"	5.7	663	9000 PSI	7.5	897	13,200 PSI
225 GR. HDY FTX	IMR	SR 7625	.452"	1.600"	7.0	743	9200 PSI	8.7	925	13,500 PSI
225 GR. HDY FTX	IMR	PB	.452"	1.600"	6.3	658	8900 PSI	7.9	888	12,900 PSI
225 GR. HDY FTX	Hodgdon	Titegroup	.452"	1.600"	5.1	670	9700 PSI	6.4	863	13,200 PSI
225 GR. HDY FTX	IMR	700-X	.452"	1.600"	5.1	738	10,200 PSI	6.4	885	13,400 PSI
225 GR. HDY FTX	Hodgdon	Clays	.452"	1.600"	4.4	538	9400 PSI	5.5	761	13,600 PSI
230 GR. CAST LRNFP	IMR	800-X	.452"	1.580"	6.2	746	9,100 PSI	9.0	1003	13,200 PSI
230 GR. CAST LRNFP	IMR	SR 4756	.452"	1.580"	8.0	766	9,300 PSI	9.2	898	11,800 PSI
230 GR. CAST LRNFP	Hodgdon	Universal	.452"	1.580"	6.5	761	7,600 CUP	8.1	975	13,800 CUP
230 GR. CAST LRNFP	Winchester	231	.452"	1.580"	5.8	738	7,300 CUP	7.3	941	13,700 CUP
230 GR. CAST LRNFP	Hodgdon	HP-38	.452"	1.580"	5.8	738	7,300 CUP	7.3	941	13,700 CUP
230 GR. CAST LRNFP	IMR	SR 7625	.452"	1.580"	7.0	770	9,600 PSI	8.8	959	13,000 PSI
230 GR. CAST LRNFP	IMR	PB	.452"	1.580"	5.8	751	10,000 PSI	7.3	933	13,200 PSI

Bullet	Powder Mfr	Powder	Diameter	OAL	Start Load	Vel (Start)	Pressure (Start)	Max Load	Vel (Max)	Pressure (Max)
230 GR. CAST LRNFP	IMR	Trail Boss	.452"	1.580"	5.5	685	9,100 PSI	6.5	802	12,400 PSI
230 GR. CAST LRNFP	Hodgdon	Titegroup	.452"	1.580"	5.8	857	10,300 CUP	6.5	934	13,000 CUP
230 GR. CAST LRNFP	IMR	700-X	.452"	1.580"	4.7	771	10,100 PSI	6.0	904	13,500 CUP
230 GR. CAST LRNFP	Hodgdon	Clays	.452"	1.580"	4.4	734	7,600 CUP	5.4	865	13,900 CUP
230 GR. CAST LRNFP	IMR	800-X	.452"	1.600"	6.5	778	9,100 PSI	8.0	911	13,300 PSI
250 GR. CAST LRNFP	IMR	SR 4756	.452"	1.600"	8.2	786	10,600 PSI	9.0	864	12,200 PSI
250 GR. CAST LRNFP	Hodgdon	HS-6	.452"	1.600"	9.0	787	7,800 CUP	10.5	946	13,300 CUP
250 GR. CAST LRNFP	Winchester	AutoComp	.452"	1.600"	7.8	867	12,600 PSI	8.5	923	13,200 PSI
250 GR. CAST LRNFP	Hodgdon	Universal	.452"	1.600"	6.5	742	9,200 CUP	7.8	941	13,000 CUP
250 GR. CAST LRNFP	Winchester	231	.452"	1.600"	5.8	785	9,100 CUP	7.1	916	13,900 CUP
250 GR. CAST LRNFP	Hodgdon	HP-38	.452"	1.600"	5.8	785	9,100 PSI	7.1	916	13,900 CUP
250 GR. CAST LRNFP	IMR	SR 7625	.452"	1.600"	7.0	768	9,600 PSI	8.2	890	13,000 PSI
250 GR. CAST LRNFP	IMR	PB	.452"	1.600"	5.8	746	10,200 CUP	6.8	875	12,700 CUP
250 GR. CAST LRNFP	IMR	Trail Boss	.452"	1.600"	4.5	606	8,800 PSI	5.8	727	12,700 PSI
250 GR. CAST LRNFP	Hodgdon	Titegroup	.452"	1.600"	5.0	716	7,600 CUP	6.2	881	13,000 CUP
250 GR. CAST LRNFP	IMR	700-X	.452"	1.600"	4.8	765	11,300 PSI	5.7	856	13,200 PSI
250 GR. CAST LRNFP	Hodgdon	Clays	.452"	1.600"	4.2	713	8,500 CUP	5.1	817	13,400 CUP
250 GR. HDY XTP	IMR	800-X	.452"	1.595"	6.0	646	10,800 PSI	7.4	790	13,100 PSI
250 GR. HDY XTP	IMR	SR 4756	.452"	1.595"	7.0	653	9,900 PSI	8.6	834	13,600 PSI
250 GR. HDY XTP	Hodgdon	HS-6	.452"	1.595"	9.7	743	9,700 CUP	10.8	862	13,500 CUP
250 GR. HDY XTP	Winchester	AutoComp	.452"	1.595"	7.7	757	12,200 PSI	8.4	839	13,500 PSI
250 GR. HDY XTP	Hodgdon	Universal	.452"	1.595"	7.5	705	10,300 CUP	8.5	856	14,000 CUP
250 GR. HDY XTP	Winchester	231	.452"	1.595"	6.5	692	10,500 CUP	7.3	797	14,000 CUP
250 GR. HDY XTP	Hodgdon	HP-38	.452"	1.595"	6.5	692	10,500 CUP	7.3	797	14,000 CUP
250 GR. HDY XTP	IMR	SR 7625	.452"	1.595"	6.0	630	10,300 PSI	7.5	796	13,700 CUP
250 GR. HDY XTP	IMR	PB	.452"	1.595"	5.0	580	9,900 PSI	6.3	757	13,700 PSI
250 GR. HDY XTP	Hodgdon	Titegroup	.452"	1.595"	5.5	739	9,700 CUP	6.3	830	12,700 CUP
250 GR. HDY XTP	IMR	700-X	.452"	1.595"	4.0	539	10,200 PSI	5.2	710	13,200 PSI
260 GR. SPR JHP	IMR	800-X	.451"	1.595"	6.0	611	10,300 PSI	7.6	803	13,600 PSI
260 GR. SPR JHP	IMR	SR 4756	.451"	1.595"	7.0	574	8,700 PSI	8.6	772	12,900 PSI
260 GR. SPR JHP	Hodgdon	HS-6	.451"	1.595"	9.7	759	10,600 CUP	10.7	865	14,000 CUP
260 GR. SPR JHP	Winchester	AutoComp	.451"	1.595"	7.4	728	11,800 PSI	8.0	770	13,500 PSI
260 GR. SPR JHP	Hodgdon	Universal	.451"	1.595"	7.0	661	9,400 CUP	8.0	813	14,000 CUP
260 GR. SPR JHP	Winchester	231	.451"	1.595"	6.5	722	12,000 CUP	7.1	787	14,000 CUP
260 GR. SPR JHP	Hodgdon	HP-38	.451"	1.595"	6.5	722	12,000 CUP	7.1	787	14,000 CUP
260 GR. SPR JHP	IMR	SR 7625	.451"	1.595"	6.0	608	9,800 PSI	7.5	759	13,500 PSI
260 GR. SPR JHP	IMR	PB	.451"	1.595"	5.0	552	9,800 CUP	6.3	723	13,400 CUP
260 GR. SPR JHP	Hodgdon	Titegroup	.451"	1.595"	5.5	661	8,300 CUP	6.3	797	12,500 CUP
260 GR. SPR JHP	IMR	700-X	.451"	1.595"	4.0	523	10,000 PSI	5.2	714	12,500 PSI

300 GR. SIE JFP	Hodgdon	HS-6	.452"	1.670"	9.0	616	9,600 CUP	10.0	730	13,700 CUP
300 GR. SIE JFP	Hodgdon	Universal	.452"	1.670"	6.6	593	11,200 CUP	7.3	700	13,700 CUP
300 GR. SIE JFP	Hodgdon	Titegroup	.452"	1.670"	5.2	578	11,300 CUP	5.8	682	12,900 CUP

The data is intended for 45 Colt Ruger Blackhawk, Freedom Arms, and Thompson Center Contender/Encore Handguns. Max pressure, 30,000 CUP. **Do not use these data in any other make or model of firearm.**

Cartridge: 45 Colt (Ruger, Freedom Arms & T/C only)
Load Type: Pistol

						Starting Loads			Maximum Loads	
Bullet Weight (Gr.)	Manufacturer	Powder	Bullet Diam.	C.O.L.	Grs.	Vel. (ft/s)	Pressure	Grs.	Vel. (ft/s)	Pressure
225 GR. HDY FTX	IMR	IMR 4227	.452"	1.700"	20.6	1146	20,200 PSI	25.7	1383	30,400 PSI
225 GR. HDY FTX	Winchester	296	.452"	1.700"	26.2	1493	26,600 PSI	27.2	1542	29,900 PSI
225 GR. HDY FTX	Hodgdon	H110	.452"	1.700"	26.2	1493	26,600 PSI	27.2	1542	29,900 PSI
225 GR. HDY FTX	Hodgdon	Lil'Gun	.452"	1.700"	26.5	1551	28,500 PSI	27.5	1594	30,100 PSI
225 GR. HDY FTX	Hodgdon	Longshot	.452"	1.700"	11.7	1221	21,400 PSI	13.2	1351	28,400 PSI
225 GR. HDY FTX	Hodgdon	Titegroup	.452"	1.700"	7.8	1058	19,700 PSI	9.8	1242	29,400 PSI
240 GR. SIE JHC	Hodgdon	H4227	.452"	1.600"	20.0	1169	20,100 CUP	26.0	1413	30,000 CUP
240 GR. SIE JHC	Hodgdon	H110	.452"	1.600"	27.2	1483	27,900 CUP	28.0	1532	30,000 CUP
240 GR. SIE JHC	Hodgdon	Lil'Gun	.452"	1.600"	27.0	1431	23,800 CUP	27.8	1489	29,200 CUP
240 GR. SIE JHC	Hodgdon	Longshot	.452"	1.600"	12.3	1179	21,900 CUP	13.7	1292	29,200 CUP
240 GR. SIE JHC	Hodgdon	Titegroup	.452"	1.600"	8.0	1028	19,000 CUP	10.0	1157	29,100 CUP
250 GR. HDY XTP	Hodgdon	H4227	.452"	1.600"	20.0	1150	23,500 CUP	24.6	1343	30,300 CUP
250 GR. HDY XTP	Hodgdon	H110	.452"	1.600"	25.7	1398	27,000 CUP	26.5	1455	29,800 CUP
250 GR. HDY XTP	Hodgdon	Lil'Gun	.452"	1.600"	23.5	1331	25,800 CUP	25.5	1410	29,800 CUP
250 GR. HDY XTP	Hodgdon	Longshot	.452"	1.600"	12.0	1129	22,100 CUP	13.4	1252	29,900 CUP
250 GR. HDY XTP	Hodgdon	Titegroup	.452"	1.600"	8.0	983	21,100 CUP	9.5	1124	29,100 CUP
260 GR. NOS PART	Hodgdon	H110	.451"	1.650"	23.5	1351	27,700 CUP	24.0	1374	30,100 CUP
260 GR. NOS PART	Hodgdon	Lil'Gun	.451"	1.650"	19.0	1196	24,500 CUP	21.0	1312	30,000 CUP
260 GR. NOS PART	Hodgdon	Longshot	.451"	1.650"	11.5	1068	24,500 CUP	12.7	1188	30,000 CUP
260 GR. NOS PART	Hodgdon	Titegroup	.451"	1.650"	8.0	945	21,900 CUP	9.3	1065	28,800 CUP
300 GR. SPR JFP	Hodgdon	H4227	.451"	1.650"	19.0	1051	23,600 CUP	22.3	1202	29,900 CUP
300 GR. SPR JFP	Hodgdon	H110	.451"	1.650"	21.8	1191	26,700 CUP	22.2	1198	30,100 CUP
300 GR. SPR JFP	Hodgdon	Lil'Gun	.451"	1.650"	18.0	1140	24,500 CUP	20.2	1203	29,800 CUP
300 GR. SPR JFP	Hodgdon	Longshot	.451"	1.650"	11.2	1005	21,100 CUP	12.5	1136	29,200 CUP
300 GR. SPR JFP	Hodgdon	Titegroup	.451"	1.650"	7.5	851	20,400 CUP	9.0	1004	28,500 CUP
325 GR. CPB LFN PB	Hodgdon	H4227	.452"	1.680"	20.0	1053	22,300 CUP	23.0	1189	28,000 CUP

Bullet Weight (Gr.)	Manufacturer	Powder	Bullet Diam.	C.O.L.	Grs.	Vel. (ft/s)	Pressure	Grs.	Vel. (ft/s)	Pressure
325 GR. CPB LFN PB	Hodgdon	H110	.452"	1.680"	21.0	1109	18,100 CUP	24.0	1266	27,400 CUP
325 GR. CPB LFN PB	Hodgdon	Lil'Gun	.452"	1.680"	17.0	1061	20,700 CUP	20.5	1235	29,700 CUP
335 GR. CPB LFN GC	Hodgdon	H4227	.452"	1.680"	20.0	1011	21,100 CUP	22.5C	1155	28,300 CUP
335 GR. CPB LFN GC	Hodgdon	H110	.452"	1.680"	20.5	1109	19,200 CUP	23.5	1240	28,000 CUP
335 GR. CPB LFN GC	Hodgdon	Lil'Gun	.452"	1.680"	17.0	1052	20,100 CUP	20.0	1206	29,600 CUP
360 GR. CPB LFN GC	Hodgdon	H4227	.452"	1.680"	19.5	1004	21,100 CUP	22.0C	1167	29,800 CUP
360 GR. CPB LFN GC	Hodgdon	H110	.452"	1.680"	18.0	1012	20,200 CUP	21.0	1151	28,300 CUP
360 GR. CPB LFN GC	Hodgdon	Lil'Gun	.452"	1.680"	15.5	984	22,400 CUP	18.0	1131	29,700 CUP

Cartridge: 45 Winchester Magnum
Load Type: Pistol

					Starting Loads			Maximum Loads		
Bullet Weight (Gr.)	Manufacturer	Powder	Bullet Diam.	C.O.L.	Grs.	Vel. (ft/s)	Pressure	Grs.	Vel. (ft/s)	Pressure
185 GR. SIE JHP	Hodgdon	HS-6	.451"	1.500"	17.0	1323	32,600 CUP	18.0	1472	38,700 CUP
185 GR. SIE JHP	Hodgdon	HP-38	.451"	1.500"	9.5	1114	28,400 CUP	11.6	1362	37,000 CUP
200 GR. SPR JHP	Hodgdon	HS-6	.451"	1.470"	16.0	1244	32,400 CUP	17.5	1409	37,000 CUP
200 GR. SPR JHP	Hodgdon	HP-38	.451"	1.470"	9.0	1084	28,400 CUP	11.2	1289	37,000 CUP
230 GR. HDY FMJ FP	Hodgdon	H4227	.451"	1.500"	24.0	1160	27,400 CUP	25.0	1259	29,400 CUP
230 GR. HDY FMJ FP	Hodgdon	H110	.451"	1.500"	27.5	1356	27,700 CUP	28.0	1410	29,000 CUP
230 GR. HDY FMJ FP	Hodgdon	HS-6	.451"	1.500"	15.0	1137	31,000 CUP	17.0	1296	36,600 CUP
230 GR. HDY FMJ FP	Hodgdon	HP-38	.451"	1.500"	9.0	994	30,400 CUP	10.8	1191	37,100 CUP
240 GR. SIE JHC	Hodgdon	H4227	.451"	1.555"	24.0	1164	29,000 CUP	25.0	1266	33,000 CUP
240 GR. SIE JHC	Hodgdon	H110	.451"	1.555"	26.5	1359	35,500 CUP	27.0	1411	37,400 CUP
240 GR. SIE JHC	Hodgdon	HS-6	.451"	1.555"	14.0	1077	31,200 CUP	16.0	1300	38,800 CUP
240 GR. SIE JHC	Hodgdon	HP-38	.451"	1.555"	8.6	950	30,200 CUP	10.3	1160	36,800 CUP
250 GR. NOS JHP	Hodgdon	H4227	.451"	1.500"	23.0	1141	34,000 CUP	24.0	1239	37,100 CUP
250 GR. NOS JHP	Hodgdon	H110	.451"	1.500"	25.5	1344	35,700 CUP	26.0	1380	37,400 CUP
250 GR. NOS JHP	Hodgdon	HS-6	.451"	1.500"	13.5	1024	29,900 CUP	15.4	1220	37,700 CUP
250 GR. NOS JHP	Hodgdon	HP-38	.451"	1.500"	7.8	871	30,000 CUP	9.8	1100	38,400 CUP
260 GR. SPR JHP	Hodgdon	H4227	.451"	1.505"	22.0	1148	32,600 CUP	23.0	1209	35,400 CUP
260 GR. SPR JHP	Hodgdon	H110	.451"	1.505"	24.5	1290	34,900 CUP	25.0	1339	37,400 CUP
260 GR. SPR JHP	Hodgdon	HS-6	.451"	1.505"	13.0	1004	31,100 CUP	15.0	1219	37,000 CUP
260 GR. SPR JHP	Hodgdon	HP-38	.451"	1.505"	7.4	833	30,400 CUP	9.6	1066	37,200 CUP

Cartridge: 450 Extreme
Load Type: Pistol

					Starting Loads			Maximum Loads		
Bullet Weight (Gr.)	Manufacturer	Powder	Bullet Diam.	C.O.L.	Grs.	Vel. (ft/s)	Pressure	Grs.	Vel. (ft/s)	Pressure
240 GR. HDY XTP-MAG.	Hodgdon	H4227	.452"	1.725"	31.0	1744	40,100 PSI	33.0C	1827	44,700 PSI
240 GR. HDY XTP-MAG.	Hodgdon	H110	.452"	1.725"	33.7	1869	40,000 PSI	35.5	1955	44,500 PSI

Bullet Weight (Gr.)	Manufacturer	Powder	Bullet Diam.	C.O.L.	Grs.	Vel. (ft/s)	Pressure	Grs.	Vel. (ft/s)	Pressure
240 GR. HDY XTP-MAG.	Hodgdon	Lil'Gun	.452"	1.725"	37.5	1929	39,800 PSI	39.0C	1973	41,000 PSI
240 GR. HDY XTP-MAG.	Hodgdon	Titegroup	.452"	1.725"	12.0	1417	40,000 PSI	13.2	1495	45,000 PSI
260 GR. HDY XTP-MAG.	Hodgdon	H4227	.452"	1.725"	29.5	1649	39,600 PSI	30.5	1722	44,800 PSI
260 GR. HDY XTP-MAG.	Hodgdon	H110	.452"	1.725"	32.0	1766	40,100 PSI	33.0	1827	44,000 PSI
260 GR. HDY XTP-MAG.	Hodgdon	Lil'Gun	.452"	1.725"	32.0	1732	36,200 PSI	33.0C	1781	38,900 PSI
260 GR. HDY XTP-MAG.	Hodgdon	Titegroup	.452"	1.725"	11.3	1303	38,700 PSI	12.0	1368	44,800 PSI
265 GR. CPB LFP/GC	Hodgdon	H4227	.453"	1.670"	29.0	1651	39,900 PSI	31.0	1736	44,900 PSI
265 GR. CPB LFP/GC	Hodgdon	H110	.453"	1.670"	32.0	1773	39,800 PSI	33.0	1833	44,200 PSI
265 GR. CPB LFP/GC	Hodgdon	Lil'Gun	.453"	1.670"	32.0	1710	34,800 PSI	33.0C	1777	37,800 PSI
265 GR. CPB LFP/GC	Hodgdon	Titegroup	.453"	1.670"	11.5	1351	40,300 PSI	12.2	1409	45,100 PSI
300 GR. HDY XTP-MAG.	Hodgdon	H4227	.452"	1.725"	25.6	1465	38,900 PSI	27.3	1564	45,600 PSI
300 GR. HDY XTP-MAG.	Hodgdon	H110	.452"	1.725"	26.8	1556	38,700 PSI	28.0	1627	44,000 PSI
300 GR. HDY XTP-MAG.	Hodgdon	Lil'Gun	.452"	1.725"	26.0	1552	39,500 PSI	28.0	1615	44,900 PSI
300 GR. HDY XTP-MAG.	Hodgdon	Titegroup	.452"	1.725"	10.0	1157	39,400 PSI	10.8	1205	45,000 PSI

Cartridge: 454 Casull
Load Type: Pistol

					Starting Loads			Maximum Loads		
Bullet Weight (Gr.)	Manufacturer	Powder	Bullet Diam.	C.O.L.	Grs.	Vel. (ft/s)	Pressure	Grs.	Vel. (ft/s)	Pressure
240 GR. FA JHP	Hodgdon	H4227	.452"	1.765"	29.0	1512	22,300 CUP	34.0C	1834	43,300 CUP
240 GR. FA JHP	Winchester	296	.452"	1.765"	36.0	1923	38,800 CUP	38.2	2065	51,300 CUP
240 GR. FA JHP	Hodgdon	H110	.452"	1.765"	36.0	1923	38,800 CUP	38.2	2065	51,300 CUP
240 GR. FA JHP	Hodgdon	Lil'Gun	.452"	1.765"	35.0	1952	39,800 CUP	38.0	2033	43,100 CUP
240 GR. SIE JHC	Hodgdon	Longshot	.452"	1.680"	14.0	1375	23,800 CUP	16.0	1541	36,200 CUP
240 GR. SIE JHC	Hodgdon	HS-6	.452"	1.680"	15.5	1360	27,100 CUP	17.5	1508	36,600 CUP
240 GR. SIE JHC	Hodgdon	Universal	.452"	1.680"	10.2	1212	24,400 CUP	11.5	1325	37,500 CUP
240 GR. SIE JHC	Hodgdon	Titegroup	.452"	1.680"	10.0	1214	24,500 CUP	11.0	1309	34,700 CUP
250 GR. BAR X	Hodgdon	H4227	.451"	1.780"	26.0	1580	40,800 CUP	28.5C	1685	50,000 CUP
250 GR. BAR X	Winchester	296	.451"	1.780"	27.5	1725	45,100 CUP	28.5	1785	52,300 CUP
250 GR. BAR X	Hodgdon	H110	.451"	1.780"	27.5	1725	45,100 CUP	28.5	1785	52,300 CUP
250 GR. BAR X	Hodgdon	Lil'Gun	.451"	1.780"	26.0	1620	30,100 CUP	28.0	1738	41,700 CUP
250 GR. MEI LRNFP	IMR	Trail Boss	.452"	1.680"	6.7	862	14,800 CUP	9.0	1011	19,300 CUP
250 GR. NOS JHP	Hodgdon	Longshot	.451"	1.700"	14.5	1377	26,400 CUP	15.5	1492	36,100 CUP
250 GR. NOS JHP	Hodgdon	HS-6	.451"	1.700"	15.0	1295	25,400 CUP	17.0	1428	34,600 CUP
250 GR. NOS JHP	Hodgdon	Universal	.451"	1.700"	10.8	1221	25,700 CUP	12.0	1290	35,300 CUP
250 GR. NOS JHP	Hodgdon	Titegroup	.451"	1.700"	9.7	1193	24,600 CUP	11.2	1298	36,000 CUP
260 GR. FA JFP	Hodgdon	H4227	.452"	1.765"	28.0	1421	19,000 CUP	33.0C	1762	42,100 CUP
260 GR. FA JFP	Winchester	296	.452"	1.765"	34.0	1817	37,100 CUP	36.0	1954	51,600 CUP

Bullet	Mfr	Powder	Diameter	OAL	Start Grs	Start Vel	Start Pressure	Max Grs	Max Vel	Max Pressure
260 GR. FA JFP	Hodgdon	H110	.452"	1.765"	34.0	1817	37,100 CUP	36.0	1954	51,600 CUP
260 GR. FA JFP	Hodgdon	Lil'Gun	.452"	1.765"	33.4	1744	28,800 CUP	35.5	1895	37,900 CUP
260 GR. SPR JHP	Hodgdon	Longshot	.451"	1.675"	14.0	1353	28,200 CUP	15.0	1443	36,600 CUP
260 GR. SPR JHP	Hodgdon	HS-6	.451"	1.675"	14.5	1252	25,000 CUP	16.8	1420	36,400 CUP
260 GR. SPR JHP	Hodgdon	Universal	.451"	1.675"	10.3	1157	25,500 CUP	11.5	1245	34,900 CUP
260 GR. SPR JHP	Hodgdon	Titegroup	.451"	1.675"	9.5	1159	25,200 CUP	11.0	1270	35,900 CUP
265 GR. CPB LFP GC	IMR	Trail Boss	.452"	1.700"	7.0	836	18,800 CUP	9.0	984	27,100 CUP
300 GR. CPB LFN GC	IMR	Trail Boss	.452"	1.800"	6.5	767	14,900 CUP	8.0	865	23,900 CUP
300 GR. FA JFP	Hodgdon	H4227	.452"	1.775"	27.0	1541	41,100 CUP	31.0C	1702	52,400 CUP
300 GR. FA JFP	Winchester	296	.452"	1.775"	28.5	1618	44,200 CUP	30.0	1716	53,700 CUP
300 GR. FA JFP	Hodgdon	H110	.452"	1.775"	28.5	1618	44,200 CUP	30.0	1716	53,700 CUP
300 GR. FA JFP	Hodgdon	Lil'Gun	.452"	1.775"	29.0	1666	39,800 CUP	31.0	1746	45,000 CUP
325 GR. CPB LFN PB	Hodgdon	H4227	.452"	1.760"	24.7	1389	30,300 CUP	25.5C	1452	36,900 CUP
325 GR. CPB LFN PB	Winchester	296	.452"	1.760"	25.2	1345	19,700 CUP	26.0	1511	34,300 CUP
325 GR. CPB LFN PB	Hodgdon	H110	.452"	1.760"	25.2	1345	19,700 CUP	26.0	1511	34,300 CUP
325 GR. CPB LFN PB	Hodgdon	Lil'Gun	.452"	1.760"	23.2	1468	33,200 CUP	24.0	1526	38,900 CUP
325 GR. CPB LFN PB	IMR	Trail Boss	.452"	1.760"	5.0	636	13,600 CUP	7.0	798	23,700 CUP
325 GR. SFT HP	Hodgdon	H4227	.451"	1.750"	23.0	1323	42,600 CUP	25.5	1460	52,600 CUP
325 GR. SFT HP	Winchester	296	.451"	1.750"	23.0	1379	36,800 CUP	26.0	1545	52,600 CUP
325 GR. SFT HP	Hodgdon	H110	.451"	1.750"	23.0	1379	36,800 CUP	26.0	1545	52,600 CUP
325 GR. SFT HP	Hodgdon	Lil'Gun	.451"	1.750"	21.0	1395	41,400 CUP	24.0	1558	52,600 CUP
335 GR. CPB LFN GC	Hodgdon	H4227	.452"	1.770"	23.0	1306	30,000 CUP	25.5	1460	42,800 CUP
335 GR. CPB LFN GC	Winchester	296	.452"	1.770"	23.0	1321	22,200 CUP	26.0	1531	41,600 CUP
335 GR. CPB LFN GC	Hodgdon	H110	.452"	1.770"	23.0	1321	22,200 CUP	26.0	1531	41,600 CUP
335 GR. CPB LFN GC	Hodgdon	Lil'Gun	.452"	1.770"	21.0	1377	34,000 CUP	24.0	1517	44,200 CUP
335 GR. CPB LFN GC	IMR	Trail Boss	.452"	1.770"	4.8	618	15,500 CUP	6.8	778	25,600 CUP
360 GR. CPB LFN GC	Hodgdon	H4227	.452"	1.760"	21.0	1205	31,000 CUP	24.0	1406	48,300 CUP
360 GR. CPB LFN GC	Winchester	296	.452"	1.760"	21.0	1265	24,000 CUP	24.0	1447	43,400 CUP
360 GR. CPB LFN GC	Hodgdon	H110	.452"	1.760"	21.0	1265	24,000 CUP	24.0	1447	43,400 CUP
360 GR. CPB LFN GC	Hodgdon	Lil'Gun	.452"	1.760"	20.0	1330	38,000 CUP	23.0	1477	48,200 CUP
360 GR. CPB LFN GC	IMR	Trail Boss	.452"	1.760"	5.0	615	18,000 CUP	6.0	699	27,300 CUP
395 GR. CPB LFN GC	Hodgdon	H4227	.452"	1.770"	18.0	1076	29,600 CUP	21.0	1269	48,300 CUP
395 GR. CPB LFN GC	Winchester	296	.452"	1.770"	18.5	1169	27,200 CUP	21.0	1309	43,200 CUP
395 GR. CPB LFN GC	Hodgdon	H110	.452"	1.770"	18.5	1169	27,200 CUP	21.0	1309	43,200 CUP
395 GR. CPB LFN GC	Hodgdon	Lil'Gun	.452"	1.770"	17.5	1212	40,100 CUP	20.0	1331	47,100 CUP
395 GR. CPB LFN GC	IMR	Trail Boss	.452"	1.770"	4.0	519	19,200 CUP	5.0	607	23,600 CUP

Cartridge: 460 S&W MAGNUM
Load Type: Pistol

Bullet Weight (Gr.)	Manufacturer	Powder	Bullet Diam.	C.O.L.	Starting Loads Grs.	Starting Loads Vel. (ft/s)	Starting Loads Pressure	Maximum Loads Grs.	Maximum Loads Vel. (ft/s)	Maximum Loads Pressure
200 GR. BAR XPB	Hodgdon	H4227	.451"	2.320"	41.0	2077	35,200 PSI	45.5C	2238	42,200 PSI
200 GR. BAR XPB	Hodgdon	H110	.451"	2.320"	45.0	2237	38,500 PSI	46.5	2315	42,900 PSI
200 GR. BAR XPB	Hodgdon	Longshot	.451"	2.320"	20.0	1752	30,300 PSI	27.0	2161	56,500 PSI
200 GR. BAR XPB	Hodgdon	H4227	.451"	2.110"	37.0	2007	42,100 PSI	41.0C	2191	54,400 PSI
225 GR. BAR X	Winchester	296	.451"	2.110"	39.0	2045	39,400 PSI	42.0	2243	51,800 PSI
225 GR. BAR X	Hodgdon	H110	.451"	2.110"	39.0	2045	39,400 PSI	42.0	2243	51,800 PSI
225 GR. BAR X	Hodgdon	H4227	.451"	2.160"	40.0	2018	43,200 PSI	45.0C	2198	51,800 PSI
240 GR. HDY XTP MAG.	Winchester	296	.452"	2.160"	45.0	2084	43,600 PSI	48.5	2254	52,100 PSI
240 GR. HDY XTP MAG.	Hodgdon	H110	.452"	2.160"	45.0	2084	43,600 PSI	48.5	2254	52,100 PSI
240 GR. HDY XTP MAG.	Hodgdon	H4227	.451"	2.200"	36.0	1938	45,700 PSI	40.0C	2074	57,200 PSI
250 GR. BAR X	Winchester	296	.451"	2.200"	39.0	1985	43,500 PSI	41.5	2133	56,800 PSI
250 GR. BAR X	Hodgdon	H110	.451"	2.200"	39.0	1985	43,500 PSI	41.5	2133	56,800 PSI
250 GR. BAR X	Hodgdon	Lil'Gun	.451"	2.200"	39.0	1945	41,400 PSI	42.0	2044	43,600 PSI
260 GR. NOS PART	Hodgdon	H4227	.451"	2.175"	38.0	1939	45,000 PSI	43.0C	2098	51,300 PSI
260 GR. NOS PART	Winchester	296	.451"	2.175"	41.0	1959	41,600 PSI	46.0	2178	54,000 PSI
260 GR. NOS PART	Hodgdon	H110	.451"	2.175"	41.0	1959	41,600 PSI	46.0	2178	54,000 PSI
260 GR. NOS PART	Hodgdon	Lil'Gun	.451"	2.175"	43.0	1971	39,200 PSI	46.0	2080	43,400 PSI
265 GR. SFT HP	Hodgdon	H4227	.451"	2.180"	38.0	1940	44,800 PSI	43.5C	2109	53,100 PSI
265 GR. SFT HP	Winchester	296	.451"	2.180"	41.0	1932	43,300 PSI	46.5	2183	56,400 PSI
265 GR. SFT HP	Hodgdon	H110	.451"	2.180"	41.0	1932	43,300 PSI	46.5	2183	56,400 PSI
265 GR. SFT HP	Hodgdon	Lil'Gun	.451"	2.180"	43.0	1988	40,800 PSI	46.5	2118	45,900 PSI
300 GR. HDY XTP MAG.	Hodgdon	H4227	.452"	2.160"	36.0	1852	49,000 PSI	40.0C	1988	57,000 PSI
300 GR. HDY XTP MAG.	Winchester	296	.452"	2.160"	38.0	1825	43,200 PSI	42.5	2034	56,100 PSI
300 GR. HDY XTP MAG.	Hodgdon	H110	.452"	2.160"	38.0	1825	43,200 PSI	42.5	2034	56,100 PSI
300 GR. HDY XTP MAG.	Hodgdon	Lil'Gun	.452"	2.160"	40.0	1970	46,300 PSI	44.0	2067	53,600 PSI
325 GR. CPB LFN PB	Hodgdon	H4227	.452"	2.200"	34.0	1790	51,100 PSI	38.0	1897	56,400 PSI
325 GR. CPB LFN PB	Winchester	296	.452"	2.200"	38.0	1810	45,300 PSI	42.0	1953	54,900 PSI
325 GR. CPB LFN PB	Hodgdon	H110	.452"	2.200"	38.0	1810	45,300 PSI	42.0	1953	54,900 PSI
325 GR. CPB LFN PB	Hodgdon	Lil'Gun	.452"	2.200"	39.0	1843	43,700 PSI	42.0	1925	46,400 PSI
325 GR. CPB LFN PB	IMR	Trail Boss	.452"	2.200"	7.0	734	16,500 PSI	11.0	914	20,400 PSI
325 GR. CPB LFN PB	Hodgdon	Titegroup	.452"	2.200"	15.0	1353	48,200 PSI	17.6	1470	55,100 PSI
325 GR. SFT HP	Hodgdon	H4198	.451"	2.175"	37.0	1556	36,200 PSI	41.0C	1695	42,500 PSI
325 GR. SFT HP	Hodgdon	H4227	.451"	2.175"	33.0	1716	46,700 PSI	37.0	1859	57,300 PSI
325 GR. SFT HP	Winchester	296	.451"	2.175"	35.0	1749	46,300 PSI	39.0	1907	56,800 PSI

Bullet Weight (Gr.)	Manufacturer	Powder	Bullet Diam.	C.O.L.	Grs.	Vel. (ft/s)	Pressure	Grs.	Vel. (ft/s)	Pressure
325 GR. SFT HP	Hodgdon	H110	.451"	2.175"	35.0	1749	46,300 PSI	39.0	1907	56,800 PSI
325 GR. SFT HP	Hodgdon	Lil'Gun	.451"	2.175"	36.0	1769	44,500 PSI	41.0	1955	55,600 PSI
335 GR. CPB WLN GC	Hodgdon	H4227	.452"	2.180"	33.0	1719	50,000 PSI	37.5	1849	55,700 PSI
335 GR. CPB WLN GC	Winchester	296	.452"	2.180"	38.0	1790	46,100 PSI	41.0	1917	55,800 PSI
335 GR. CPB WLN GC	Hodgdon	H110	.452"	2.180"	38.0	1790	46,100 PSI	41.0	1917	55,800 PSI
335 GR. CPB WLN GC	Hodgdon	Lil'Gun	.452"	2.180"	39.0	1834	45,000 PSI	41.5	1919	49,300 PSI
335 GR. CPB WLN GC	IMR	Trail Boss	.452"	2.180"	7.0	726	17,700 PSI	10.0	887	22,200 PSI
335 GR. CPB WLN GC	Hodgdon	Titegroup	.452"	2.180"	15.0	1333	46,800 PSI	17.5	1446	55,800 PSI
335 GR. CPB WLN GC	IMR	IMR 4198	.452"	2.190"	34.0	1433	34,400 PSI	37.0C	1538	38,800 PSI
360 GR. CPB WLN GC	Hodgdon	H4198	.452"	2.190"	37.0	1531	38,200 PSI	40.0C	1644	43,200 PSI
360 GR. CPB WLN GC	Hodgdon	H4227	.452"	2.190"	31.0	1632	49,500 PSI	35.5	1776	56,500 PSI
360 GR. CPB WLN GC	Winchester	296	.452"	2.190"	35.0	1713	47,600 PSI	38.0	1836	56,900 PSI
360 GR. CPB WLN GC	Hodgdon	H110	.452"	2.190"	35.0	1713	47,600 PSI	38.0	1836	56,900 PSI
360 GR. CPB WLN GC	Hodgdon	Lil'Gun	.452"	2.190"	36.0	1752	45,100 PSI	40.0	1882	52,600 PSI
360 GR. CPB WLN GC	IMR	Trail Boss	.452"	2.190"	7.0	712	19,600 PSI	9.0	827	24,200 PSI
360 GR. CPB WLN GC	Hodgdon	Titegroup	.452"	2.190"	13.0	1208	40,300 PSI	15.6	1340	55,700 PSI
360 GR. CPB WLN GC	IMR	IMR 4198	.452"	2.185"	32.0	1372	35,200 PSI	35.0C	1486	41,500 PSI
395 GR. CPB WLN GC	Hodgdon	H4198	.452"	2.185"	35.0	1484	40,000 PSI	38.0C	1596	46,600 PSI
395 GR. CPB WLN GC	Hodgdon	H4227	.452"	2.185"	28.0	1516	48,700 PSI	32.0	1647	56,600 PSI
395 GR. CPB WLN GC	Winchester	296	.452"	2.185"	30.0	1553	45,300 PSI	34.0	1693	55,700 PSI
395 GR. CPB WLN GC	Hodgdon	H110	.452"	2.185"	30.0	1553	45,300 PSI	34.0	1693	55,700 PSI
395 GR. CPB WLN GC	Hodgdon	Lil'Gun	.452"	2.185"	33.0	1665	47,200 PSI	36.8	1796	56,400 PSI
395 GR. CPB WLN GC	IMR	Trail Boss	.452"	2.185"	7.0	695	21,100 PSI	8.0	754	24,000 PSI
395 GR. CPB WLN GC	Hodgdon	Titegroup	.452"	2.185"	12.0	1138	41,000 PSI	14.6	1255	55,200 PSI

Cartridge: 45-70 Government
Load Type: Pistol

Bullet Weight (Gr.)	Manufacturer	Powder	Bullet Diam.	C.O.L.	Starting Loads Grs.	Vel. (ft/s)	Pressure	Maximum Loads Grs.	Vel. (ft/s)	Pressure
300 GR. CAST LFP	Hodgdon	Varget	.458"	2.465"	45.0	1276	17,800 CUP	55.0	1530	20,600 CUP
300 GR. CAST LFP	Hodgdon	H4895	.458"	2.465"	45.0	1326	14,400 CUP	51.0	1464	15,500 CUP
300 GR. CAST LFP	Hodgdon	H4198	.458"	2.465"	30.0	1175	14,400 CUP	35.5	1418	16,100 CUP
300 GR. SIE HP	Hodgdon	Varget	.458"	2.525"	57.0	1512	16,300 CUP	63.0C	1821	23,800 CUP
300 GR. SIE HP	Hodgdon	H335	.458"	2.525"	57.0	1645	17,500 CUP	63.5	1926	27,400 CUP
300 GR. SIE HP	Hodgdon	H4895	.458"	2.525"	58.0	1654	16,500 CUP	62.0C	1874	21,000 CUP
300 GR. SIE HP	Hodgdon	H322	.458"	2.525"	54.0	1699	18,100 CUP	60.0	1940	28,000 CUP
300 GR. SIE HP	Hodgdon	H4198	.458"	2.525"	45.0	1774	16,700 CUP	55.0	2076	27,600 CUP
385 GR. CAST LFP	Hodgdon	Varget	.458"	2.505"	42.5	1293	15,400 CUP	52.5	1537	21,800 CUP
385 GR. CAST LFP	Hodgdon	H4895	.458"	2.505"	35.0	1101	11,900 CUP	42.0	1301	23,100 CUP
385 GR. CAST LFP	Hodgdon	H4198	.458"	2.505"	28.0	1077	13,300 CUP	32.0	1249	14,700 CUP

Bullet Weight	Manufacturer	Powder	Bullet Diam.	C.O.L.	Grs.	Vel. (ft/s)	Pressure	Grs.	Vel. (ft/s)	Pressure
405 GR. CAST LFP	Hodgdon	Varget	.458"	2.540"	40.0	1188	15,600 CUP	50.0	1445	20,900 CUP
405 GR. CAST LFP	Hodgdon	H4895	.458"	2.540"	40.0	1261	14,900 CUP	48.0	1453	18,900 CUP
405 GR. CAST LFP	Hodgdon	H4198	.458"	2.540"	27.0	1057	14,200 CUP	31.0	1224	17,100 CUP
485 GR. CAST LFP	Hodgdon	H4895	.458"	2.540"	32.0	1010	15,600 CUP	39.0	1209	22,700 CUP
485 GR. CAST LFP	Hodgdon	H4198	.458"	2.540"	28.0	1065	16,400 CUP	32.0	1233	20,400 CUP

Cartridge: 480 Ruger
Load Type: Pistol

					Starting Loads			Maximum Loads		
Bullet Weight (Gr.)	Manufacturer	Powder	Bullet Diam.	C.O.L.	Grs.	Vel. (ft/s)	Pressure	Grs.	Vel. (ft/s)	Pressure
325 GR. HDY XTP	Hodgdon	H4227	.475"	1.620"	24.0	1295	32,600 PSI	27.2	1477	45,600 PSI
325 GR. HDY XTP	Winchester	296	.475"	1.620"	25.0	1416	37,300 PSI	27.0	1518	44,900 PSI
325 GR. HDY XTP	Hodgdon	H110	.475"	1.620"	25.0	1416	37,300 PSI	27.0	1518	44,900 PSI
325 GR. HDY XTP	Hodgdon	Lil'Gun	.475"	1.620"	22.5	1416	39,300 PSI	25.1	1525	45,200 PSI
325 GR. HDY XTP	Hodgdon	Longshot	.475"	1.620"	13.0	1217	38,800 PSI	14.5	1330	47,000 PSI
325 GR. HDY XTP	Hodgdon	Titegroup	.475"	1.620"	9.0	1016	34,900 PSI	10.7	1158	46,200 PSI
355 GR. BTB LFN GC	IMR	IMR 4227	.476"	1.630"	25.0	1363	38,500 PSI	28.0C	1485	46,500 PSI
355 GR. BTB LFN GC	Winchester	296	.476"	1.630"	26.0	1415	34,700 PSI	27.0	1464	38,400 PSI
355 GR. BTB LFN GC	Hodgdon	H110	.476"	1.630"	26.0	1415	34,700 PSI	27.0	1464	38,400 PSI
355 GR. BTB LFN GC	Hodgdon	Lil'Gun	.476"	1.630"	24.0	1395	34,400 PSI	26.5	1531	44,300 PSI
355 GR. BTB LFN GC	Hodgdon	Longshot	.476"	1.630"	13.0	1221	37,300 PSI	14.5	1313	45,400 PSI
355 GR. BTB LFN GC	IMR	Trail Boss	.476"	1.630"	5.0	621	16,700 PSI	6.5	740	22,700 PSI
355 GR. BTB LFN GC	Hodgdon	Titegroup	.476"	1.630"	9.7	1101	37,100 PSI	10.8	1172	45,000 PSI
370 GR. CPB LFP	Hodgdon	H4227	.475"	1.640"	22.5	1248	32,800 PSI	26.0C	1427	45,900 PSI
370 GR. CPB LFP	Winchester	296	.475"	1.640"	24.0	1348	33,400 PSI	26.0	1454	41,500 PSI
370 GR. CPB LFP	Hodgdon	H110	.475"	1.640"	24.0	1348	33,400 PSI	26.0	1454	41,500 PSI
370 GR. CPB LFP	Hodgdon	Lil'Gun	.475"	1.640"	22.0	1354	34,300 PSI	26.0	1539	46,800 PSI
370 GR. CPB LFP	Hodgdon	Longshot	.475"	1.640"	12.0	1162	36,300 PSI	13.8	1272	45,800 PSI
370 GR. CPB LFP	IMR	Trail Boss	.475"	1.640"	4.5	597	16,000 PSI	5.7	689	20,900 PSI
370 GR. CPB LFP	Hodgdon	Titegroup	.475"	1.640"	9.0	1047	36,300 PSI	10.3	1137	45,800 PSI
400 GR. HDY XTP	Hodgdon	H4227	.475"	1.620"	18.0	1026	31,600 PSI	21.0	1211	46,100 PSI
400 GR. HDY XTP	Winchester	296	.475"	1.620"	18.0	1115	34,400 PSI	20.5	1258	46,600 PSI
400 GR. HDY XTP	Hodgdon	H110	.475"	1.620"	18.0	1115	34,400 PSI	20.5	1258	46,600 PSI
400 GR. HDY XTP	Hodgdon	Lil'Gun	.475"	1.620"	15.0	1067	34,200 PSI	18.0	1229	45,600 PSI
400 GR. HDY XTP	Hodgdon	Longshot	.475"	1.620"	9.5	965	37,900 PSI	11.0	1082	46,900 PSI
400 GR. HDY XTP	Hodgdon	Titegroup	.475"	1.620"	7.0	816	35,000 PSI	8.5	959	46,800 PSI
405 GR. CPB (w/GCK)	Hodgdon	H4227	.475"	1.620"	19.0	1112	33,200 PSI	21.7	1255	45,500 PSI
405 GR. CPB (w/GCK)	Winchester	296	.475"	1.620"	20.0	1213	35,500 PSI	22.3	1328	45,200 PSI

Bullet Weight (Gr.)	Manufacturer	Powder	Bullet Diam.	C.O.L.	Grs.	Vel. (ft/s)	Pressure	Grs.	Vel. (ft/s)	Pressure
405 GR. CPB (w/GCK)	Hodgdon	H110	.475"	1.620"	20.0	1213	35,500 PSI	22.3	1328	45,200 PSI
405 GR. CPB (w/GCK)	Hodgdon	Lil'Gun	.475"	1.620"	19.0	1219	34,400 PSI	21.0	1337	43,900 PSI
405 GR. CPB (w/GCK)	Hodgdon	Longshot	.475"	1.620"	10.0	1023	33,400 PSI	11.8	1140	46,100 PSI
405 GR. CPB (w/GCK)	IMR	Trail Boss	.475"	1.620"	3.5	469	15,200 PSI	5.5	645	25,700 PSI
405 GR. CPB (w/GCK)	Hodgdon	Titegroup	.475"	1.620"	7.5	927	36,100 PSI	8.8	1019	46,500 PSI
420 GR. BTB LFN GC	Hodgdon	H4227	.476"	1.640"	19.5	1125	39,100 PSI	21.3C	1214	46,400 PSI
420 GR. BTB LFN GC	Winchester	296	.476"	1.640"	19.0	1145	34,200 PSI	20.0	1203	38,700 PSI
420 GR. BTB LFN GC	Hodgdon	H110	.476"	1.640"	19.0	1145	34,200 PSI	20.0	1203	38,700 PSI
420 GR. BTB LFN GC	Hodgdon	Lil'Gun	.476"	1.640"	18.0	1157	37,000 PSI	20.0	1267	46,000 PSI
420 GR. BTB LFN GC	Hodgdon	Longshot	.476"	1.640"	9.8	994	37,500 PSI	11.0	1080	46,600 PSI
420 GR. BTB LFN GC	IMR	Trail Boss	.476"	1.640"	3.5	467	16,200 PSI	5.0	597	24,300 PSI
420 GR. BTB LFN GC	Hodgdon	Titegroup	.476"	1.640"	7.0	862	34,100 PSI	8.3	962	46,100 PSI

Cartridge: 475 Linebaugh
Load Type: Pistol

Bullet Weight (Gr.)	Manufacturer	Powder	Bullet Diam.	C.O.L.	Starting Loads			Maximum Loads		
					Grs.	Vel. (ft/s)	Pressure	Grs.	Vel. (ft/s)	Pressure
325 GR. HDY XTP	Hodgdon	H4227	.475"	1.740"	27.0	1288	28,000 PSI	31.2	1546	47,700 PSI
325 GR. HDY XTP	Hodgdon	H110	.475"	1.740"	31.0	1480	36,300 PSI	33.5	1626	47,400 PSI
325 GR. HDY XTP	Hodgdon	Lil'Gun	.475"	1.740"	27.0	1427	34,600 PSI	32.0	1629	47,900 PSI
325 GR. HDY XTP	Hodgdon	Titegroup	.475"	1.740"	8.0	844	21,500 PSI	12.0	1188	48,500 PSI
370 GR. CPB LFP	Hodgdon	H4227	.475"	1.770"	25.5	1259	31,800 PSI	28.5	1443	47,400 PSI
370 GR. CPB LFP	Hodgdon	H110	.475"	1.770"	27.0	1328	31,000 PSI	29.5	1476	45,200 PSI
370 GR. CPB LFP	Hodgdon	Lil'Gun	.475"	1.770"	27.0	1442	41,200 PSI	28.5	1531	46,300 PSI
370 GR. CPB LFP	IMR	Trail Boss	.475"	1.770"	6.0	661	16,000 PSI	8.5	824	27,500 PSI
370 GR. CPB LFP	Hodgdon	Titegroup	.475"	1.770"	8.0	925	27,100 PSI	11.0	1130	48,000 PSI
400 GR. HDY XTP	Hodgdon	H4227	.475"	1.740"	21.0	1049	28,200 PSI	25.0	1301	48,800 PSI
400 GR. HDY XTP	Hodgdon	H110	.475"	1.740"	23.0	1139	30,200 PSI	25.5	1330	43,900 PSI
400 GR. HDY XTP	Hodgdon	Lil'Gun	.475"	1.740"	21.0	1192	35,900 PSI	24.0	1344	46,500 PSI
400 GR. HDY XTP	Hodgdon	Titegroup	.475"	1.740"	8.0	807	35,900 PSI	9.6	961	48,700 PSI
405 GR. CPB LFP GC	Hodgdon	H4227	.475"	1.745"	22.0	1148	32,400 PSI	25.0	1304	46,200 PSI
405 GR. CPB LFP GC	Hodgdon	H110	.475"	1.745"	24.5	1301	40,000 PSI	26.5	1393	48,500 PSI
405 GR. CPB LFP GC	Hodgdon	Lil'Gun	.475"	1.745"	22.0	1278	39,500 PSI	25.0	1389	46,900 PSI
405 GR. CPB LFP GC	IMR	Trail Boss	.475"	1.745"	5.5	603	19,000 PSI	7.5	732	29,600 PSI
405 GR. CPB LFP GC	Hodgdon	Titegroup	.475"	1.745"	8.0	898	36,600 PSI	9.8	1024	48,900 PSI

Cartridge: 50 Action Express
Load Type: Pistol

Bullet Weight (Gr.)	Manufacturer	Powder	Bullet Diam.	C.O.L.	Starting Loads			Maximum Loads		
					Grs.	Vel. (ft/s)	Pressure	Grs.	Vel. (ft/s)	Pressure

325 GR. SPR AE UCHP	Hodgdon	H4227	.500"	1.575"	29.0	1201	30.8	1294
325 GR. SPR AE UCHP	Hodgdon	H110	.500"	1.575"	29.0	1250	32.5	1431

Cartridge: 500 Linebaugh
Load Type: Pistol

					Starting Loads			Maximum Loads		
Bullet Weight (Gr.)	Manufacturer	Powder	Bullet Diam.	C.O.L.	Grs.	Vel. (ft/s)	Pressure	Grs.	Vel. (ft/s)	Pressure
410 GR. LFP	Hodgdon	H4227	.511"	1.800"	32.0	1294	30,400 PSI	33.7	1369	34,800 PSI
410 GR. LFP	Hodgdon	H110	.511"	1.800"	34.0	1383	30,700 PSI	35.5	1458	35,500 PSI
410 GR. LFP	Hodgdon	Lil'Gun	.511"	1.800"	30.0	1353	31,100 PSI	32.5	1436	35,100 PSI
410 GR. LFP	IMR	Trail Boss	.511"	1.800"	8.5	752	15,400 PSI	10.0	815	17,400 PSI
410 GR. LFP	Hodgdon	Titegroup	.511"	1.800"	12.0	1041	29,900 PSI	13.0	1132	34,600 PSI
425 GR. LFP (w/GCK)	Hodgdon	H4227	.511"	1.800"	30.0	1244	29,400 PSI	32.0	1356	35,200 PSI
425 GR. LFP (w/GCK)	Hodgdon	H110	.511"	1.800"	31.5	1331	29,100 PSI	33.0	1421	35,200 PSI
425 GR. LFP (w/GCK)	Hodgdon	Lil'Gun	.511"	1.800"	29.5	1354	30,900 PSI	31.5	1428	34,600 PSI
425 GR. LFP (w/GCK)	IMR	Trail Boss	.511"	1.800"	7.5	664	13,100 PSI	9.5	768	16,400 PSI
425 GR. LFP (w/GCK)	Hodgdon	Titegroup	.511"	1.800"	11.0	993	29,000 PSI	12.0	1064	34,900 PSI
450 GR. MT. BAL LWSC	IMR	Trail Boss	.512"	1.840"	9.2	759	19,700 PSI	10.0	800	25,000 PSI
468 GR. LFP	Hodgdon	H4227	.511"	1.800"	28.5	1209	29,300 PSI	30.5	1297	35,000 PSI
468 GR. LFP	Hodgdon	H110	.511"	1.800"	30.0	1298	31,700 PSI	31.5	1354	35,100 PSI
468 GR. LFP	Hodgdon	Lil'Gun	.511"	1.800"	27.5	1279	31,600 PSI	29.5	1343	34,000 PSI
468 GR. LFP	IMR	Trail Boss	.511"	1.800"	7.3	640	14,400 PSI	9.2	730	18,100 PSI
468 GR. LFP	Hodgdon	Titegroup	.511"	1.800"	10.0	933	27,400 PSI	11.2	996	34,500 PSI

Cartridge: 500 Wyoming Express
Load Type: Pistol

					Starting Loads			Maximum Loads		
Bullet Weight (Gr.)	Manufacturer	Powder	Bullet Diam.	C.O.L.	Grs.	Vel. (ft/s)	Pressure	Grs.	Vel. (ft/s)	Pressure
350 GR. HDY XTP	Hodgdon	H4227	.500"	1.740"	31.0	1378	32,400 PSI	35.0C	1584	44,200 PSI
350 GR. HDY XTP	Hodgdon	H110	.500"	1.740"	32.0	1486	34,600 PSI	35.0	1629	43,100 PSI
350 GR. HDY XTP	Hodgdon	Lil'Gun	.500"	1.740"	29.0	1463	34,500 PSI	32.0	1617	42,700 PSI
350 GR. HDY XTP	Hodgdon	Longshot	.500"	1.740"	17.0	1313	39,900 PSI	19.0	1423	47,200 PSI
350 GR. HDY XTP	Hodgdon	Titegroup	.500"	1.740"	12.0	1138	34,700 PSI	15.0	1296	48,300 PSI
370 GR. CPB LGC	Hodgdon	H4227	.500"	1.740"	31.0	1382	33,600 PSI	34.0C	1535	43,300 PSI
370 GR. CPB LGC	Hodgdon	H110	.500"	1.740"	34.0	1527	37,500 PSI	36.0	1607	41,800 PSI
370 GR. CPB LGC	Hodgdon	Lil'Gun	.500"	1.740"	29.0	1460	34,200 PSI	31.0	1528	37,100 PSI
370 GR. CPB LGC	Hodgdon	Longshot	.500"	1.740"	17.0	1284	38,500 PSI	19.2	1391	48,200 PSI
370 GR. CPB LGC	IMR	Trail Boss	.500"	1.740"	7.0	698	19,100 PSI	10.0	859	23,800 PSI

Bullet Weight (Gr.)	Manufacturer	Powder	Bullet Diam.	C.O.L.	Grs.	Vel. (ft/s)	Pressure	Grs.	Vel. (ft/s)	Pressure
370 GR. CPB LGC	Hodgdon	Titegroup	.500"	1.740"	12.0	1133	34,800 PSI	14.7	1261	46,400 PSI
400 GR. CPB LGC	Hodgdon	H4227	.500"	1.750"	30.0	1390	39,900 PSI	33.0	1509	46,700 PSI
400 GR. CPB LGC	Hodgdon	H110	.500"	1.750"	32.0	1497	39,800 PSI	34.5	1589	47,900 PSI
400 GR. CPB LGC	Hodgdon	Lil'Gun	.500"	1.750"	28.0	1454	38,600 PSI	31.0	1565	45,700 PSI
400 GR. CPB LGC	Hodgdon	Longshot	.500"	1.750"	15.0	1189	36,600 PSI	17.6	1310	48,600 PSI
400 GR. CPB LGC	IMR	Trail Boss	.500"	1.750"	8.0	738	23,200 PSI	10.0	842	28,000 PSI
400 GR. CPB LGC	Hodgdon	Titegroup	.500"	1.750"	11.0	1064	35,700 PSI	13.7	1192	48,100 PSI
420 GR. BAR BLT MTN PB	Hodgdon	H4227	.500"	1.765"	23.0	1038	28,700 PSI	27.0C	1274	31,600 PSI
420 GR. BAR BLT MTN PB	Hodgdon	H110	.500"	1.765"	24.0	1175	29,700 PSI	27.5	1363	45,100 PSI
420 GR. BAR BLT MTN PB	Hodgdon	Lil'Gun	.500"	1.765"	22.0	1198	34,300 PSI	25.5	1372	45,900 PSI
440 GR. CPB LGC	Hodgdon	H4227	.500"	1.740"	26.0	1220	34,400 PSI	30.0C	1413	48,300 PSI
440 GR. CPB LGC	Hodgdon	H110	.500"	1.740"	27.0	1302	34,000 PSI	29.5	1415	44,200 PSI
440 GR. CPB LGC	Hodgdon	Lil'Gun	.500"	1.740"	26.0	1355	38,100 PSI	28.0	1450	46,300 PSI
440 GR. CPB LGC	Hodgdon	Longshot	.500"	1.740"	14.0	1119	36,600 PSI	16.5	1226	48,800 PSI
440 GR. CPB LGC	IMR	Trail Boss	.500"	1.740"	6.0	600	20,100 PSI	8.0	717	24,800 PSI
440 GR. CPB LGC	Hodgdon	Titegroup	.500"	1.740"	10.0	977	34,300 PSI	12.5	1097	47,500 PSI

Cartridge: 500 S&W Magnum
Load Type: Pistol

Bullet Weight (Gr.)	Manufacturer	Powder	Bullet Diam.	C.O.L.	Starting Loads			Maximum Loads		
					Grs.	Vel. (ft/s)	Pressure	Grs.	Vel. (ft/s)	Pressure
275 GR. BAR XPB	Hodgdon	H4227	.500"	2.085"	40.0	1891	41,000 PSI	44.0	2047	48,400 PSI
275 GR. BAR XPB	Winchester	296	.500"	2.085"	42.0	1965	43,900 PSI	45.0	2082	49,300 PSI
275 GR. BAR XPB	Hodgdon	H110	.500"	2.085"	42.0	1965	43,900 PSI	45.0	2082	49,300 PSI
275 GR. BAR XPB	Hodgdon	Lil'Gun	.500"	2.085"	40.5	1977	41,100 PSI	44.0	2137	50,800 PSI
275 GR. BAR XPB	Hodgdon	Longshot	.500"	2.085"	20.0	1594	35,000 PSI	24.5	1824	48,900 PSI
275 GR. BAR XPB	Hodgdon	Titegroup	.500"	2.085"	11.0	1170	22,800 PSI	20.0	1707	50,300 PSI
325 GR. BAR XPB	Hodgdon	H4227	.500"	2.290"	40.0	1788	40,700 PSI	43.0	1920	49,200 PSI
325 GR. BAR XPB	Winchester	296	.500"	2.290"	42.0	1813	40,000 PSI	45.3	1951	48,900 PSI
325 GR. BAR XPB	Hodgdon	H110	.500"	2.290"	42.0	1813	40,000 PSI	45.3	1951	48,900 PSI
325 GR. BAR XPB	Hodgdon	Lil'Gun	.500"	2.290"	40.0	1862	43,700 PSI	44.5	2002	49,100 PSI
325 GR. BAR XPB	Hodgdon	Longshot	.500"	2.290"	22.5	1599	43,300 PSI	24.5	1684	49,500 PSI
325 GR. BAR XPB	Hodgdon	Titegroup	.500"	2.290"	12.0	1144	25,600 PSI	20.0	1575	50,700 PSI
350 GR. HDY XTP	Hodgdon	H4227	.500"	1.985"	38.0	1675	41,400 PSI	42.5	1863	49,900 PSI
350 GR. HDY XTP	Winchester	296	.500"	1.985"	39.0	1712	41,500 PSI	43.0	1877	50,600 PSI
350 GR. HDY XTP	Hodgdon	H110	.500"	1.985"	39.0	1712	41,500 PSI	43.0	1877	50,600 PSI
350 GR. HDY XTP	Hodgdon	Lil'Gun	.500"	1.985"	35.0	1697	41,500 PSI	42.0	1912	48,100 PSI
350 GR. HDY XTP	Hodgdon	Longshot	.500"	1.985"	21.0	1482	41,400 PSI	23.0	1602	50,000 PSI
350 GR. HDY XTP	Hodgdon	Titegroup	.500"	1.985"	11.0	1032	23,100 PSI	18.5	1461	50,000 PSI
370 GR. CPB LGC	Hodgdon	H4227	.500"	2.020"	40.0	1688	38,700 PSI	42.0	1784	48,900 PSI

Bullet	Mfg	Powder								
370 GR. CPB LGC	Winchester	296	.500"	2.020"	44.5	1801	42,800 PSI	47.0	1909	49,900 PSI
370 GR. CPB LGC	Hodgdon	H110	.500"	2.020"	44.5	1801	42,800 PSI	47.0	1909	49,900 PSI
370 GR. CPB LGC	Hodgdon	Lil'Gun	.500"	2.020"	41.0	1831	44,900 PSI	44.5	1949	50,400 PSI
370 GR. CPB LGC	Hodgdon	Longshot	.500"	2.020"	21.5	1476	42,000 PSI	23.3	1576	50,000 PSI
370 GR. CPB LGC	IMR	Trail Boss	.500"	2.020"	8.0	746	13,500 PSI	12.0	926	19,000 PSI
370 GR. CPB LGC	Hodgdon	Titegroup	.500"	2.020"	16.0	1326	40,600 PSI	18.5	1431	49,600 PSI
375 GR. BAR XPB	Hodgdon	H4227	.500"	2.290"	33.0	1550	38,000 PSI	36.8	1717	50,500 PSI
375 GR. BAR XPB	Hodgdon	Lil'Gun	.500"	2.290"	31.0	1605	39,700 PSI	34.0	1738	49,900 PSI
375 GR. BAR XPB	Hodgdon	Longshot	.500"	2.290"	18.0	1347	38,300 PSI	21.0	1487	49,600 PSI
375 GR. BAR XPB	Hodgdon	Titegroup	.500"	2.290"	14.0	1213	37,000 PSI	17.0	1375	50,500 PSI
385 GR. REM. HP	Hodgdon	H4227	.500"	2.150"	37.0	1644	41,900 PSI	41.0	1788	51,800 PSI
385 GR. REM. HP	Winchester	296	.500"	2.150"	39.0	1648	38,700 PSI	42.5	1794	47,300 PSI
385 GR. REM. HP	Hodgdon	H110	.500"	2.150"	39.0	1648	38,700 PSI	42.5	1794	47,300 PSI
385 GR. REM. HP	Hodgdon	Lil'Gun	.500"	2.150"	38.0	1727	42,700 PSI	41.0	1852	51,100 PSI
385 GR. REM. HP	Hodgdon	Longshot	.500"	2.150"	20.0	1398	39,900 PSI	23.0	1523	49,300 PSI
385 GR. REM. HP	Hodgdon	Titegroup	.500"	2.150"	15.5	1250	38,300 PSI	18.5	1396	49,500 PSI
400 GR. SIE JSP	Hodgdon	H4227	.500"	2.050"	36.5	1585	42,000 PSI	39.5	1698	49,100 PSI
400 GR. SIE JSP	Winchester	296	.500"	2.050"	34.0	1514	38,000 PSI	40.0	1721	49,700 PSI
400 GR. SIE JSP	Hodgdon	H110	.500"	2.050"	34.0	1514	38,000 PSI	40.0	1721	49,700 PSI
400 GR. SIE JSP	Hodgdon	Lil'Gun	.500"	2.050"	31.0	1520	38,500 PSI	37.0	1725	49,300 PSI
400 GR. SIE JSP	Hodgdon	Longshot	.500"	2.050"	18.0	1274	36,500 PSI	22.0	1458	49,000 PSI
400 GR. SIE JSP	Hodgdon	Titegroup	.500"	2.050"	15.0	1208	39,700 PSI	17.5	1335	49,900 PSI
440 GR. CPB LGC	Hodgdon	H4227	.500"	2.025"	34.0	1496	41,900 PSI	37.0	1609	49,400 PSI
440 GR. CPB LGC	Winchester	296	.500"	2.025"	34.0	1509	40,700 PSI	38.0	1654	49,900 PSI
440 GR. CPB LGC	Hodgdon	H110	.500"	2.025"	34.0	1509	40,700 PSI	38.0	1654	49,900 PSI
440 GR. CPB LGC	Hodgdon	Lil'Gun	.500"	2.025"	30.0	1483	40,200 PSI	35.0	1653	50,500 PSI
440 GR. CPB LGC	Hodgdon	Longshot	.500"	2.025"	18.5	1300	41,900 PSI	20.7	1393	50,500 PSI
440 GR. CPB LGC	IMR	Trail Boss	.500"	2.025"	7.0	643	14,600 PSI	10.0	799	21,200 PSI
440 GR. CPB LGC	Hodgdon	Titegroup	.500"	2.025"	14.5	1191	42,700 PSI	16.5	1278	50,600 PSI
500 GR. HDY SP	Hodgdon	H4227	.500"	2.065"	30.0	1360	42,300 PSI	32.2	1436	49,300 PSI
500 GR. HDY SP	Winchester	296	.500"	2.065"	31.0	1400	34,400 PSI	33.0	1482	51,900 PSI
500 GR. HDY SP	Hodgdon	H110	.500"	2.065"	31.0	1400	34,400 PSI	33.0	1482	51,900 PSI
500 GR. HDY SP	Hodgdon	Lil'Gun	.500"	2.065"	27.0	1356	41,700 PSI	30.0	1463	50,100 PSI
500 GR. HDY SP	Hodgdon	Longshot	.500"	2.065"	16.0	1115	39,200 PSI	18.5	1222	50,400 PSI
500 GR. HDY SP	Hodgdon	Titegroup	.500"	2.065"	13.0	1020	40,200 PSI	15.0	1111	50,000 PSI

www.ingramcontent.com/pod-product-compliance
Lightning Source LLC
LaVergne TN
LVHW081359060426
835510LV00016B/1897